做直播不焦虑

抖音直播教练带你少走弯路

时博宇 主编

上海交通大学出版社
SHANGHAI JIAO TONG UNIVERSITY PRESS

内容提要

本书是一本关于直播平台全流程运营的指南，主要为已经开始或者正在准备做直播电商的中小企业以及个人编写。全书共分4个部分16章，分别为读者呈现直播电商的发展趋势，分析直播电商运营的底层逻辑，并提出直播团队培养建议，重点介绍了直播间中控岗位技能把握、场控运营岗位技能提升和主播演绎能力进阶等内容，有助于读者完成直播技能提升。同时，作者通过阐述个人成长经历和直播从业经验，旨在帮助直播行业从业者从终身成长的角度找到做好直播带货的价值和意义。

图书在版编目(CIP)数据

做直播，不焦虑：抖音直播教练带你少走弯路 / 时博宇主编. — 上海：上海交通大学出版社，2024.7(2025.6重印)
ISBN 978-7-313-31001-9

Ⅰ. F713.365.2
中国国家版本馆CIP数据核字第2024C8K573号

做直播，不焦虑：抖音直播教练带你少走弯路
ZUO ZHIBO, BU JIAOLÜ: DOUYIN ZHIBO JIAOLIAN DAI NI SHAO ZOU WANLU

主　　编：时博宇
出版发行：上海交通大学出版社　　地　　址：上海市番禺路951号
邮政编码：200030　　电　　话：021-64071208
印　　刷：上海文浩包装科技有限公司　　经　　销：全国新华书店
开　　本：710mm×1000mm　1/16　　印　　张：18
字　　数：295千字
版　　次：2024年7月第1版　　印　　次：2025年6月第2次印刷
书　　号：ISBN 978-7-313-31001-9
定　　价：68.00元

来自直播界的鼎力推荐

推荐人：李天一　交个朋友优选科技有限公司北京分公司资深运营总监

认识博宇是在2020年，彼时他在抖音电商市场部，负责对接“交个朋友”，我们在抖音的多个营销大促中合作过。在接触过程中，我发现博宇是一个“享受思考”的人，也是一个对自己的工作不设边界的人。他时常站在合作方的角度给我们提出建议和思路，除了对接工作，还会主动与我们讨论达人的差异化竞争力，讨论直播内容该怎么做等。我感受到了他迫切想要下场做直播的意愿，就邀请他加入“交个朋友”。

在“交个朋友”，博宇负责达人直播项目的运营工作，也参与了多个垂类直播间的孵化。这些项目无一例外，都是探索性的、创新型的，他在这些项目里“既当爹又当妈”，在成就项目的同时也摸索出了一整套的直播操盘打法。

博宇天生就是老师，他擅长观察分析与归纳总结。直播运营工作庞杂而繁琐，我们常说“直播是一万个细节执行堆叠在一起”，每一个细节动作都会影响消费者行为、影响算法，叠加在一起带来结果的千差万别。在这本书里，博宇把他所亲身体验的繁杂的直播工作梳理成体系，总结出关键岗位的方法论，还贴心地增加了“心理按摩”。看到书里的很多案例，我都能回想起当时发生的故事。博宇把他走过的坑、“流过的泪”都奉献出来，写给他的读者，也仿佛写给当年的他自己。相信本书会对我们直播行业的同行，尤其是新加入行业的从业者有很大帮助。

2024年是“交个朋友”直播间成立的第四年，我们有幸见证和参与了抖音电商行业的蓬勃发展，如今抖音直播带货已经成为各个品牌营销和销售的基础建设。当然，随着行业玩家增多和竞争加剧，行业从业者也越发焦虑，我也不例外。但我始终相信，越是焦虑，越要回归到实打实的业务，把每个岗位的每项工作做扎实，选好每一个品，做好每分每秒的直播。把脚踏在地上，结实地走下去，咱就不焦虑了，与诸位共勉。

推荐人：李浩　卡思咨询、卡思学苑创始人

2020年4月1日，抖音宣布罗永浩入驻抖音平台，开启直播带货。当天有三家媒体约我采访，询问我对这个事情的看法。我讲了三点：一、我认为罗永浩直播带的最大的品不是小龙虾也不是蛋糕，抖音作为一家很擅长做市场传播的公司，用这个事件营销成功地吸引了大家的目光，让大家知道抖音要发力做直播带货了，因此，罗永浩直播带的最大的品是抖音直播电商。二、我对直播电商大盘做了一个预估。我当时预估2020年直播电商大盘会突破1万亿元，2021年会突破2万亿元。从直播电商的业务本质来看，刚开始发力的抖音直播电商，会在两年内反超快手和淘宝直播。三、由于直播电商发展会很快，行业人才供给会严重不足。

基于这个判断，4月底我们做了两件事。4月28日，我派人去长沙，准备直播电商代运营基地的筹备工作。基于对人才供给矛盾的判断，4月底我决定成立一家子公司叫卡思学苑，专注于做直播电商赛道的岗位培训和职业教育。几年下来，随着直播电商高速发展，卡思学苑每个月都在线下开设抖音自播操盘手的进阶班、电商主播带教训练营、千川投手专项进修班等课程。

直播业务真的容易让人焦虑。直播电商行业变化太快，以前说电商一年的变化相当于线下商业的三年，现在直播电商一年的变化相当于传统电商的三年。平台的规则和竞争环境不停在变，直播电商规则复杂程度十倍于货架电商平台。由于在算法的规则下先发效应不明显，不管你之前做得多好，你的直播间每天还要陷入流量的竞争。每个抖音业务的操盘手，脑子里每天想的都是要怎么优化人、货、场才有流量。货盘的竞争力如果一般，那就需要特别优秀的操盘手或者主播。

我跟很多CEO学员讲，直播电商赛道是过去这么多年来在营销板块中对团队的学习力和体力要求最高的，甚至说是一个吃青春饭的行业。你如果凌晨两点在杭州滨江区任意一个摊点吃夜宵，旁边大概率都有刚下播的主播和运营

在复盘。CEO们经常问，怎么才能让团队做直播的时候不那么焦虑呢？

这是个好问题。2023年卡思咨询决定把服务项目定义为1+7：1指的是全域增长战略的规划和设计，由我本人负责；7是指针对做全域业务的企业提供7个子模块的现场指导和“陪跑”服务，由业务合伙人负责。

在这7个子模块中，抖音直播间的能力提升就是其中之一。卡思学苑抖音直播操盘手课程的王牌讲师羽川向我推荐了时博宇老师。跟时老师交流完，我发现他作为直播间操盘手的丰富经验和在“交个朋友”的履历证明了他的实践水平，难得的是他还是抖音认证讲师，拥有系统性的思考和输出能力。因此，2023年卡思学苑和时老师签约，邀约他在卡思学苑开设电商主播带教训练营。2024年卡思咨询进一步和时老师达成合作，邀请他成为我们在抖音模块的业务合伙人，帮助客户指导团队提升业务水平。

这本书就是时老师以个人的实践经历和对行业的深度思考为依据写出来的，我推荐给直播电商行业从业者，希望大家做直播，都能不焦虑。

推荐人：徐明　抖音电商认证讲师，天禧咨询创始人

认识老时也有三年时间了，我们一致认为在这个行业中，焦虑是每一位电商人和直播人都会遇到的问题。所有的焦虑，都是对结果不确定性的一种担忧，归根结底是对这个行业的了解深度不够，对这个平台的运行机制不熟悉。要想解除焦虑状态，唯一的办法就是扩大自己的知识面，丰富自己的知识体系来应对各种各样的变化。老时在这个行业深耕多年，对直播的理解深度超越了绝大部分人，在主播能力提升这块一直是我仰望的存在。这本书会让你更全面地了解平台需求，了解底层运营逻辑，了解团队间的配合。拒绝焦虑，从强大自己开始。

推荐人：刘子健　上海正在开播文化传媒有限公司合伙人

作为见证并参与了博宇一路创业历程的伙伴，也算是最了解他培训课程知识体系的人之一，当我有幸最先读到这本书的原稿时，依然被书中的内容深深震撼。你会发现，这本书不只是一部直播电商从业者的干货实操手册，更总结了作为一名优秀的“互联网运营”，该如何完成不断自我迭代的工作思考方法。当然，我相信读完这本书的你还会对两个角色印象深刻，一个是对

运营细节要求到近乎苛刻的直播操盘手老时，另一个是对学员耐心传授到近乎掏心掏肺的直播教练老时。但无论是哪个角色，博宇一直在身体力行并传递的都是一种简单的工作哲学——认真负责，真诚分享。愿我们都能做终身成长的直播人。

推荐人：朱萧木　交个朋友直播间主播

时博宇是我的老同事，是“交个朋友”垂类直播间矩阵号的开拓者之一。我作为主播，和他的配合非常舒心，与他合作也给我带来了很好的收益。老时对抖音直播运营的理解相当透彻，以至于在离开“交个朋友”以后，还被请回来做运营们的直播教练。“交个朋友”在直播江湖上以运营见长，这本书就是老时对运营方法的精练总结。简单说，做抖音直播想多赚钱，至少别亏钱，就看这本书吧。

做直播，不焦虑

做直播的朋友们，你好，我是直播教练老时。

你焦虑吗？这个问题我在我的自媒体上、线下课堂上，以及和同业朋友的聚会上，问过不少于1000个人。

做直播，没有人不焦虑，包括我自己，我也焦虑。

从2020年加入抖音市场部做直播电商营销工作开始，我就开始焦虑：怎么把每天几个亿的活跃用户引导进入电商的直播间里？怎么让更多的人在抖音上买东西？我们团队经常后半夜才下班，大家看着蒸蒸日上的业务，还是觉得自己做得不够好。

2021年我去了"交个朋友"公司，我更焦虑了，因为我不仅要操盘直播业务，还同时并行多个项目：今天这个直播间"爆发"了，但同时另一个直播间的数据出问题了，我像个灭火队员一样跑来跑去。团队要扩充，新人要培训，项目要盈利……后半夜下班疯狂吃东西，然后胖了15斤。

2022年我离开"交个朋友"，终于踏上了梦寐以求的创业之路。我开始做达人直播培训、企业全直播流程指导、明星重点场次直播统筹，然后自己还搭建了电商直播间，甚至去参加抖音认证的官方考试拿到了讲师资格证。我是典型的自己既要当运动员又要当裁判员，于是我焦虑的地方更多了。

创业两年多以来，我做了大大小小上百场培训，培训对象从主播、中控、场控运营到项目操盘手还有企业老板；写了50～60篇微信公众号文章，拍了好几百条短视频，内容涉及直播行业发展、直播岗位建议、直播团队管理……做着做着，我的微信好友列表从原来的不到1000人，变成了现在的近5000人，而且他们几乎都是直播界的同行。

朋友，你看过直播电商人后半夜的朋友圈吗？我看过。2020年的时候，所有人都在发布销售破纪录的战报，而2024年的电商人朋友圈，战报越来越少，大家的焦虑越来越多。

越来越多的人给我留言，向我求助。他们可能以为我不焦虑，以为我能把一切处理得很好。但其实，我也只是一个普普通通的直播行业从业者；我也遇到了很多新的困难。只能说，我多走了几步，能以过来人的身份帮助大家避避坑，少走一些弯路，所以我给自己的定位是直播教练老时。

怎么招聘人员组建直播团队？怎么培养直播运营的能力？怎么把嘴笨的自己变成一个能卖出去货的主播？怎么快速上手？怎么让自己持续进步？遇到解决不了的直播难题怎么办？这是我创业两年以来，被大家问得最多的问题。

因为淋过雨，所以更懂得给别人撑一把伞，至少能保护一个算一个。于是就有了这本书。

身为直播教练，我知道出版这样一本专门给直播行业从业者的书是很难赚钱的，但我还是想把自己积累下来的经验和对直播行业的思考，以文字的形式分享给真正有需要的朋友，特别是那些已经开始做直播但遇到了很多问题的朋友。

与此同时，我还有两个私心：第一，来找我问问题的朋友越来越多，我的时间已经完全不够用了，而我写的这本书能减少我重复回答问题的时间，提高我的工作效率。第二，读书是最考查一个成年人自我学习能力的事情，如果买了这本书他连看的耐心都没有，我会觉得他很难做好直播。从这个角度看，这本书是筛子，帮我筛选出那些真正愿意学习的朋友。

今天的直播行业已经到了需要精细化学习的阶段，虽然这本书是以抖音为核心平台介绍直播运营的，但书中90%的内容对于微信视频号、快手等平台的直播也是非常实用的。

这本书一共分为4个部分：第1部分是管理经营者开悟，包括本书的前两章，讲的是抖音直播的发展以及高效直播团队人才的选拔和管理。这部分是写给项目管理者看的。

第2部分是中控岗位技能通识，包括本书的第3～第7章，帮助刚接触抖音直播的朋友完成直播前、直播中和直播后的准备工作。刚从事直播运营的朋友建议从这些细节开始阅读。

第3部分是场控运营岗位技能提升，包括本书的第8～第11章。这部分内容可以帮助场控运营岗位的朋友们提升核心能力，并且教会场控运营直播前的策略、直播中的试调整以及直播后的科学复盘，让场控运营变成直播间的智慧大脑。

第4部分是主播演绎能力进阶，包括本书的第12～第16章，涵盖主播角色理解、主播定位、主播讲解商品的核心能力训练，以及情绪演绎等内容。我在这部分不仅为大家举例介绍不同类型的话术，还给主播朋友们分享了微人设打造方法，帮助主播朋友从小白变成讲品高手。

在全书的最后，我以自己的亲身经历为例回答大家如何进行不焦虑的终极思考，如何成为一个终身成长的直播人。

作为一名直播教练，我在写这本书的时候把看这本书的每位朋友都当作自己线下课堂里的学员。为了保证大家的实战能力，我在第2～第4部分增加了很多的课后练习。在我的心里，我不想把一本书写完当作目的，而是希望看这本书的朋友，能跟着我一起练习、一起进步，所以我将我的微信公众号“开播进行时”作为大家看资料和交作业的平台。大家买一本书不是目的，学会直播技能才是目的，我希望这本书可以帮助更多做直播的朋友。只有你学会使用我的方法获得了提升，才会觉得直播教练老时是一个能够真正帮助你的人。

除了技能知识以外，我还在书中通过分享我个人带项目、带学员的成长经历给大家鼓励，让大家看到那些优秀的人在直播行业中是怎么成长起来的。有的朋友觉得直播行业很无聊，有的朋友觉得自己很辛苦但没有成功，还有的朋友压力大到深夜失眠甚至号啕大哭……当你的负面情绪越来越重的时候，一定要来看看我和学员们的故事，它会让你更加坚定地走下去。

经常有朋友问我：“老时，你又当直播教练，又自己带直播项目，还写微信公众号和拍视频，你都累成这样了，是怎么坚持住的呢？”

其实，我也想过不做直播行业，在小区楼下开一家宠物店，安安稳稳地过日子。但我发现直播这个行业太值得我深耕了，因为它的变化让我在过去几年里学会了很多。我坚定地认为掌握直播技能的人将来做其他行业也会游刃有余，因为直播不仅仅是直播，还是一个个体适应社会新形态的过程。我做事的能力和心态都因为直播得到了很大的提升，虽然我也焦虑，但我还是扎扎实实地进步了。只有进步、只有不断创造出不可替代的价值，才不会被这个时代残酷地淘汰。也许有一天我不再做直播，但我依旧感谢直播教会我的生存技能，所以感谢直播，让我们这些选择迎难而上和坚持终身成长的人遇见，共同走了一段路。

朋友，从这个角度看，你会发现直播就是一个工具，是让我们变得更好的工具。而如果你觉得费力，那是因为你在爬坡。祝我们都能看到自己的成长，也能看到自己的远方。

做直播，不焦虑。

时博宇（直播教练老时）

2024年5月30日

关注直播教练老时的公众号“开播进行时”，获取课程所需的电子表格

目 录

Part 1 管理经营者开悟

Part 2 中控岗位技能通识

Part 3 场控运营岗位技能提升

Part 4　主播演绎能力进阶

Part 1　管理经营者开悟

1 看清抖音底层逻辑，才能看清抖音方向

抖音电商的标志性事件是 2020 年 4 月 1 日，罗永浩老师在抖音上的直播带货首秀。我在罗老师首秀后的第 7 天加入抖音集团市场部，参与抖音电商的市场宣发体系的搭建。在以后的一年里，大家看到的明星直播，企业家直播，电商平台“618”“818”“双 11”“双 12”、“三八”女神节、年货节等活动，有一部分是我主导的市场营销工作。

抖音的电商部门成立于 2020 年 6 月，所以我算是这个业务众多参与者和见证者之一。这就是抖音，一家先做业务后成立部门的公司。这句话对我日后走上创业是一个莫大的启发。

2021 年 6 月，我跳槽去了北京交个朋友数码科技有限公司（以下简称“交个朋友”）。此时，罗永浩老师已经带着大部队转战杭州，北京分公司有明星直播业务和达人直播业务，这是在罗老师 IP 下的一个新模块，我主导了内容团队和达人直播业务的从 0 到 1。后来我参与了“交个朋友”垂类直播间的搭建，以操盘手的身份完成了“交个朋友运动户外”和“交个朋友通勤商务”两个团队的搭建以及人才的培养。

这两个直播间至今不仅一直保持在“交个朋友”的业绩前三名，还是抖音平台各自对应行业里的前三名，并且初始团队里的这一批人和这一套人才培养体系渗透到了北京分公司的所有直播间。这也是我离职一年以后，有机会以直播教练的身份和“交个朋友”合作的原因。选新人自己带、直播全流程参与和体系化地打造直播团队，这是我作为直播教练给企业带去的价值。

创业以来，我接触了各种在抖音上做电商的玩家：有拥有千万粉丝量的网红，有行业垂类的头部品牌，还有很多传统渠道转型直播电商的企业……

在过去一年里，我经常被大家问两个方面的问题：

第一，那些在抖音上讲“卡黄线”“进线冲刺260”“刷GPM”[①]等方法的人，他们说得对不对？抖音的算法到底是什么？

第二，抖音和天猫、京东相比，它到底为何能高速增长？它还能高速增长吗？我还能入局吗？

先回答前一个问题，实话实说，没有人摸得清抖音的具体算法规则。抖音的算法足够复杂，就像亚马孙雨林的蝴蝶，扇动了一下翅膀，在世界的某处就刮起了一场龙卷风。所谓的“卡黄线”规则的确在某个阶段奏效过，但抖音机制很灵活，一旦这个规律被商家总结出来，这个规则就失效了。所以，大家看到的很多经验都是阶段性的，一旦被绝大多数人看到，这个算法一定已经被“调整”过了。

做抖音直播，切忌沉迷于单一方法论，因为它很容易失效，这也是为什么很少有人写关于抖音直播的书。出书是一个相对缓慢的过程，可能书还没出版，方法已经“过期”了。而我想用一本书给你分享一套成体系又不容易“过时”的方法，其中包括各个岗位的基础思考方式和团队协作方式，也包含一些技巧。所谓授人以鱼不如授人以渔，当你能掌握更多的底层逻辑时，即使有些技巧过时了，你还是可以找到正确的解题方法。而在回答大家都很关心的后一个问题之前，我们需要先弄清楚抖音电商的本质。

1.1 抖音电商本质上是对供需关系的一次颠覆

抖音平台的厉害之处是天猫、京东无法比拟的。这是一个颠覆时代且不可逆的逻辑。我帮你理清这个逻辑，如果你看懂了，就会重新理解抖音电商2024年以后3～5年的商业规则。直播圈子里的朋友们开玩笑说，这是“新世界的入场券”。

2018年，淘宝平台上已经出现了一个新的搜索词，叫“抖音同款”。实不相瞒，2018年我下载了抖音软件，玩了一次就卸载了。那时候，我特别注重效率，觉得刷抖音太浪费时间。

但是当我在淘宝上看到“抖音同款”的时候，我再一次下载了抖音软件，

① 卡黄线：在直播要结束前，通过运营手段把在线人数拉高，然后尽快下播。进线冲刺260：在直播开播的前几分钟，以直播间分钟级进入人数达到260为标准，判断本场后续直播是不是有更多的流量进入。GPM是英文GMV per Mille的首字母缩写，指千次观看成交金额，是衡量每千次观看带来的成交金额的指标，反映的是直播间购物车商品的吸引力及流量获取能力。

去看了看抖音到底有什么魔力能变成淘宝上一个非常时髦的产品词。看完以后，我非常吃惊：内容！抖音的内容太有魔力了，至少比京东、天猫、淘宝和拼多多的商品详情页更具备吸引力。

自2019年8月开始，直播达人李佳琦等疯狂地上全网热搜，我们每天都能看到他们刷新的销售记录，而且抖音上也出现了一批做直播的主播。2019年的“双11”，广东夫妇大狼狗在抖音直播，刚好被我刷到了。当时我的第一反应是“这个销售爆发力和氛围感太强了”。后来我去了抖音集团才知道，当时抖音并没有电商部门，广东夫妇大狼狗那一场直播的销售额刚过1000万元人民币。但在当时的我看来，这个形式真的很不可思议。

2020年4月，我在京东成功晋升一个月后，义无反顾地入职了抖音集团市场部。不是京东不好，是我自己陷入了一种强烈的好奇和渴望中。2019年，我参加京东3C部门整合营销负责人竞选时，一屋子的候选人说的都是怎么利用好大促的活动页面做转化，只有我说的是做内容。不出意外，那次竞选我失败了，但也正是那一次我提出了对于新电商模式的思考，而正是那一次的思考把我送到了一个新时代的大门前。

去抖音感受新电商模式的种子就这么埋在了我心里。躬身入局，我用3年多的时间去理解抖音电商，得出一个非常底层，但会让我长期受用的结论：抖音是这个时代供需关系改革的产物。

从漫长的农耕时代到现在，天灾人祸都会让老百姓吃不饱饭。有一个成语叫“丰衣足食”，也就是说大家从年初忙到年尾就是希望一家人能不为吃穿发愁，不挨饿不受冻。在很长一段时间里，大家都没见过什么好东西，绝大部分人都在为温饱而奔波。一直到改革开放，让一部分人先富起来的口号震醒了第一批“装睡的”聪明人。为什么说装睡？其实是当时已经有些人开始尝试各种赚钱的门道了。改革开放的号角一响，那一批人率先下海了。

看到这里，你可能觉得诧异：这和抖音电商有什么关系？但所有的历史都是受一个规律推进的，这个规律就是供需关系。

从新中国成立后到改革开放前，我们有段时间实行的是生产队模式，后来开始凭票购物，粮票、布票、肉票、油票……商品，都是限量的。由于产能有限，商品供给小于需求。老百姓的需求太旺盛了，大家迫切想改善自己的生活。改革开放后很多行业开始市场化，商品供给渠道不再单一化，那些聪明的商人终于可以大展拳脚去搞生产了。

中国压抑已久的供给阀门瞬间被打开，大家的消费欲望开始爆发。稍微有点钱的人都开始购买冰箱、电视、洗衣机，给家里安装电话，不太富裕的人家至少在日常饮食上也有所改善，不至于逢年过节才吃上一顿饺子。

市场的产能还是不足，老百姓的物质还是匮乏，所以那时候大家买很多东西都不方便。作为顶级媒体的中央电视台，当年的春节联欢晚会前的广告标王一年比一年高，秦池白酒、太子奶、步步高 VCD、脑白金……随随便便一个广告都是几亿元的投入。

为什么？因为全国受众最广的媒体仅此一家。商品只要上了央视春晚前的广告，那就是家喻户晓。在产能爬坡过程中，供给还是满足不了需求，所以那些年搞生产的企业绝大多数是盈利的。

当你用这个供给和需求的逻辑看京东、天猫的业务，你会发现这几个电商平台都是时代的产物。它们缩短了一个产品从生产到送到用户手中的中间流通环节，中间少了渠道经销商和门店等一系列并不产生实际增值的环节，而每多一个环节，就多了一个利益分配者。

商业的本质就是效率。淘宝、京东这些平台利用互联网优势最大程度地抹平了这些信息差，减少了赚差价的中间商，在互联网蓬勃发展的 20 年间，扮演了至关重要的角色，也做出了非常大的贡献。

这一批电商平台后来被称为传统电商，今天我们也沿用这个说法。传统电商平台在本质上解决了供给的效率问题，而且它们经过近 20 年的发展已经解决得非常好了。

但是，时代变了。今天对于绝大多数行业而言，再也不是供给小于需求的时代了，而是很多行业出现了产能过剩的状况。手机品牌几十个、汽车品牌几百个、服饰品牌几千上万个、食品饮料品牌几万个……用户去天猫超市、京东平台，无论你搜索什么都是好几十页的商品等着你点击，商品从来没有像今天这么丰富过。

当可乐这个品类长期被可口可乐和百事可乐统领了，元气森林另辟蹊径，推出了 0 糖 0 卡 0 脂气泡水……每个新品牌都得试着重新去给自己做一个细分，不然它们就永无出头之日，这就是产能过剩的后果。而传统电商做得最好的部分就是当用户有需求的时候，能提升供给效率。

但资本和商业都足够“聪明”，于是有了以抖音为代表的新商业模式，包括已经充分商业化的快手平台，还有正在试探商业化的 B 站、小红书、微信视频号等平台。抖音电商的出现本质上就是从另一个角度解决了供需关系。

传统电商解决的是供给侧的效率问题，而以抖音为代表的新商业则目标直指需求侧。当绝大多数商家挤破脑袋在供给侧投入广告以抢占细分领域的时候，抖音电商帮助商家实现了“把蛋糕做大”的愿望，它创造了更多的“用户需求”。

传统电商平台很难创造需求，因为它的用户只是在有需求的时候才会打开软件进行搜索。虽然各个平台都有智能推荐的板块“猜你喜欢”，但是和抖音的“内容＋兴趣＋行为＋智能算法”的模式相比，还是显得略为简单。搜索流量永远精准，但也意味着是被动承接用户需求，而抖音等新商业体是让用户在不知不觉中产生需求。

以我个人为例，星空灯、湿厕巾、生发液、给狗吃的零食……这些我以前连想都没有想过的东西就是在抖音的内容“种草”下，在买一单尝试一下的冲动下购买的。我从来不觉得我需要这些莫名其妙的东西，但抖音的短视频、直播间和商城的打折商品卡让我有了尝试一下的冲动。它们换着法儿地在用户耳边“嗡嗡”，最终的意思就是“你需要，你需要，你需要”，而我真的从“我不需要”变成了“我需要”。

我在京东、天猫、拼多多等平台上几乎没有过这种体验，只不过有些时候，抖音上的新奇使我想看看别的平台上的价格，来决定我在哪个平台上下单。但归根结底，我还是在抖音上产生了需求。

经过2023年一整年的发展，今天的抖音已经不仅仅是创造需求了。据官方口径，2023年抖音电商GMV[①]2.3万亿元，其中以抖音商城和搜索为主要载体的货架电商GMV占比超过40%，而且2024年货架电商的增长还会更加迅猛，抖音将继续通过一系列政策给货架电商更多的流量扶持。到此时此刻为止，我们可以说抖音是一个既能创造需求又能满足需求，实现“种收一体”的综合性电商平台。

1.2　单打独斗概率小，团队作战优势多

现在还能做抖音吗？我先给一个比较悲观的结论：今天的抖音带货直播对想单打独斗的个人已经没有那么友好了，但抖音直播依然值得一部分人继续深耕。

在当下产能严重过剩、需求越来越不足的情况下，能让消费者产生购买

① GMV，是英文gross merchandise volume的首字母缩写，中文为商品交易总额，多用于电商行业，一般包含拍下订单金额，含未付款部分。

需求往往排在了电商业务的首位，然后才是用高性价比的商品完成流量转化。因此，没有需求才是最可怕的。

作为一个平台，抖音就是让你源源不断地产生需求：你还记得谷爱凌和冬奥会吉祥物冰墩墩吗？你还记得淄博烧烤和秋天里第一杯奶茶的热度话题吗？你还记得2023年夏季多巴胺和秋冬美拉德的高热度穿搭吗？在产能过剩的当下，生意做到最后，一定不是单纯地拼性价比，至少兴趣和需求变得越来越重要。这就是抖音电商的魅力。

站在供需关系激发和满足的角度，我看到的抖音是另一个商业模式。这个商业模式也天然存在一些弊端，比如退货率怎么降都要比传统电商高；在经济不景气的情况下，需求刺激的有效性会下降；抖音的流量没办法做到高精准，因为人的欲望时时刻刻都在变化。

但做生意，永远要这山望着那山高，因为只有上了山，才能看见更高的山。抖音平台至少是眼下我个人能看到的高山。因此，抖音仍然值得我们深耕。这是时代给予我们每个人的一趟列车，我们只有上了这趟列车，才有机会去更远的地方，看更远的远方，才更有可能真正把生意变成生生不息的创意。

经常有人会问，抖音电商还能增长吗？实话实说，抖音电商会增长，但是已经不会有过去那么高的增速了，因为平台快速扩张的红利期已经过去。2024年以前做抖音电商直播，只需要一个人就可以完成，但越往后，一个人想要单枪匹马取得成功的机会就越小。这也是我觉得以后全职宝妈、学生族等“小白”越来越难做好抖音电商的原因。

我经常给大家用一棵结满果子的苹果树举例。最早的一群人来到苹果树下时，往往只要抬头就能看见苹果，愿意伸手就都摘得到。这个阶段大家都有果子吃，而这部分果子很快会被摘完。接下来，要么你有远见，知道下一棵苹果树在哪里，要么你就修炼自己的本事，准备去摘这棵树上别人摘不到的果子。

我的这本书，其实就是教一部分人组团去摘抖音电商这棵树上更高处的果子，所以这本书教的是团队作战技能，每个人都掌握一门本事，有人搭梯子，有人爬树摘果子，有人在树下准备接果子……抖音电音到了精细化运营阶段，每一个环节进行1%的优化都会给团队带来业绩的提升，所以打磨每一个岗位的每一环工作流程是每个抖音电商直播团队必需掌握的技能。

增量时代靠眼界和勇气，存量时代靠深耕和精细化运营，这不仅仅是企业的生存法则，也是个人的生存策略。一个人的精进不如一个团队的精进，团队在精进的过程中，个人也会获得更多的成长，而人在思想行为上的进步会再一次驱动企业向更好的方向发展。这就是我做抖音直播教练的感受。这本书的价值就是既让你从整体上理解抖音电商直播，又让你从细节处了解抖音电商直播。细节决定成败，直播里所有的失败都在于细节上的失误，直播间网红的翻车都是因为在细节上的把控不到位。所以，直播人的精进之道就在于掌握直播里的层层细节，这本书就是我做直播以来对于所有细节的思考。接下来，我用自己搭建的3+1模型帮助你重新理解一下抖音生意。

1.3 牢记3个基本点，抖音生意不翻车

作为一名抖音直播电商行业的从业者，你是不是也认为抖音直播带货挺玄的？这是我周围很多伙伴共同的困惑。相比于传统电商的搜索模式，抖音电商的兴趣推荐逻辑的可控度的确没有那么高，但也绝非玄学。我在京东3C部门工作过两年，做的是整合营销和用户运营业务。在那两年里，我花了大量的时间和产品同事对接，从而把我的前端需求转化成京东软件里的功能。当这些功能上线的时候，我充分理解了一句俗语："外行看热闹，内行看门道。"

虽然没有人能拆解出抖音电商庞大的算法黑盒，但这丝毫不耽误我们用更加接近"真相"的方法去看待抖音的产品。这就是我反复强调的抖音商业的3个基本点。这3个基本点构成了1个基本面，这个基本面上承载着抖音电商几乎所有的商业变现模式。

我说我能让一个做抖音直播的人不焦虑，底气就来自这3个基本点。看得更加深入一点，你才会对直播心生向往，而不是心生畏惧。

基本点1：抖音的本质是流量变现

我在抖音工作的时候，手里掌握得最多的资源就是"流量"。每个最高级别的项目都匹配着上亿级别的抖音流量，我当时并没有意识到流量的价值。直到后来进了直播间，我看到几百万累计观看人次的直播间就能卖出去上千万元成交总额的货品时，我第一次把流量和钱画上了等号。

如果我把一个亿的抖音站内曝光按照10%的曝光进入率来预估的话，就是1000万的观看人次；如果把千次观看成交金额也按照1000来预估的话，这就是1000万的成交总额。这件事发生在2020年我做抖音的明星直播和企业

家直播的时候。那一年，抖音上的流量还没有这么贵。据留在抖音的朋友们说，今天抖音平台一年也没有几个项目能拿到S+级别的流量了。

流量变现是抖音电商的底层逻辑，也是抖音整个商业版图的底层逻辑。从业务上讲，抖音有本地生活、电商、广告等类型，而电商又包括短视频、图文、直播和商品卡等载体。抖音平台每天的活跃用户数是相对稳定的，那它怎么来赚钱呢？

其实，它就是根据自己的算法和标签来分配流量的，在尽量不伤害用户感受的前提下，把用户分发给本地生活、电商和广告业务。

抖音是算每一个用户每一次曝光的价值的。记住这句话。这句话在直播电商里是最底层的东西。你有没有发现，在你的直播间里，抖音只能给你曝光，没办法给你直接拉人进去。所以，抖音给你曝光，无论是付费的还是免费的，都是表示“对你有信心”。反过来，即使是千川付费，你出价再高也不见得能消耗得动，而你的同行出价比你低却能跑得还不错，就是因为抖音预测你的转化能力比你的同行差。

抖音的本质是流量变现，记住这个基本点，在很多直播失败的时候，虽然不能为你力挽狂澜，但至少不会让你焦虑到失眠。

基本点2：流量是结果，而不是原因

有了前面第1个基本点作铺垫，再看第2个基本点，你是不是感觉豁然开朗？

在给项目做指导的时候，我经常被问到一个问题：“老时，为什么我们的账号没有流量？”每当这时，我往往都会反问一句：“你得先知道你凭什么有流量？”这句话听起来有点火药味儿，但是它值得你仔细琢磨。

谁告诉你抖音上开直播就该有流量呢？没有流量的直播间那不是再正常不过的了吗？在抖音直播里有两个说法，一个是新手保护期，另一个是开场急速流。新手保护期这个说法抖音平台并没有证实，但我根据经验判断，的确是存在的，就像玩游戏的时候，游戏方在前几关都会给你免费装备。但开场急速流这个东西则是抖音对你最大的“投资”。当你开播的时候，平台会给你一波预分配流量，试试你的承接能力，如果你的互动停留等浅层数据做得好，系统会再给你分配一点实时的流量；如果你在急速流的时候不仅浅层做得好，还能把转化成交的深层也做好，那接下来系统会给你更多的“流量奖励”。

注意，抖音平台给你的免费流量其实是对你表现好的流量奖励。为什么

要奖励你？因为你帮抖音平台赚钱了，而不是你赚钱了。抖音平台在乎你有没有高的成交总额，但它更在乎自己有没有赚钱。平台给你流量就是因为它觉得你能帮它赚更多的钱。这句话赤裸裸，但这就是商业，平台型商业永远是平台在盈利：滴滴、美团、淘宝、京东、拼多多都是如此，抖音也不例外。

在抖音平台上哪有什么免费流量？免费是没有门槛的，而抖音上的每一个流量都是要你不断地通过数据告诉平台："我现在转化能力特别好，你可以给我更多的流量了，我能帮你赚钱。"

所以，流量是结果，而不是原因。看清楚这一点，你才有机会在这个竞争残酷的规则下生存下去。我希望每个做抖音电商的人都能理解这个基本点：要么你给抖音平台提供价值，满足抖音用户的需求，你帮平台赚钱，平台给你自然流量；要么你花钱买流量，让抖音平台直接赚你的钱。总之，抖音是要赚钱的。记住这句话，同样会让你在困惑的时候想清楚要做的事儿。

基本点3：标签是你的参赛证，"赛马"是你的宿命

如果你问互联网圈子里做App产品的人，字节跳动这家公司为什么这么牛？90%的人会告诉你一个基本公式，即"用户洞察＋事件营销＋标签算法＋'赛马'机制"。用户洞察和事件营销先不讲，我们先简单说说标签算法和"赛马"机制，等到场控运营环节我会详细讲述相关落地策略。

在抖音电商兴起之前，字节跳动的拳头产品其实是今日头条。当年今日头条打败一系列门户网站的主要原因就在于它使用了算法推荐，根据用户的浏览轨迹和停留时长给用户打上了一堆标签，如张三喜欢社会、军事信息，李四喜欢汽车、旅行、电竞信息……

你喜欢浏览什么，系统就给你推荐什么，你越看越着迷，越看时间越长……你看这个逻辑和抖音是不是一脉相承？抖音的标签体系是非常完善的。作为一名用户，你身上可能有无数个标签，系统会据此给你推荐你喜欢的内容和直播间。作为一名内容创作者，你也带着你的标签，你发布的短视频会直接进入和你有相同标签的赛道去与对手们竞争流量。同样，作为一个带货直播间，你也有你的电商标签，而且抖音平台不仅给你打了标签，还给你定了能力等级。

在抖音巨量百应大屏的右上角有一个不起眼的双向小箭头，当你点开这个箭头的时候，你会看到有一行小字。它会告诉你你的同行同级昨天是什么水平（见图1-1）。

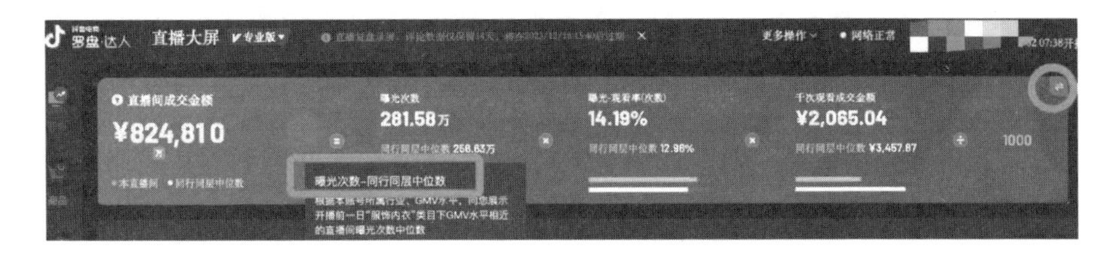

图 1-1　抖音巨量百应综合大屏同行水平表现

所以，做抖音电商，你必须要有标签。有了标签，系统才会把你放到对应的赛道上，你才会获得这个赛道里相对精准的流量。你的标签和用户的标签要像磁铁的两极，你们才会“一拍即合”。没有标签的账号很难获得平台流量，因为系统不知道把谁放到你的直播间会让你实现转化。

同样，有了标签才能开始“赛马”。同行同级是抖音平台流量分配的另一个原则。现在你能理解为什么抖音要把带货直播间分为 L0～L7 级了吧？抖音为了维持生态的健康，是不会把所有流量都给头部主播的。

一个人的业绩大到可以影响平台的业绩，对于平台来说是可怕的。抖音一定不会这么做，所以它要把流量给到 L0～L7 级作者，只不过有个相对固定的分配权益。对于绝大多数直播间而言，你只需要不断地超过你的同行同级，大概率就会有比较好的流量了。之所以说大概率而不是百分之百，是因为流量的分发还受口碑、货品、实时运营能力等因素影响。

这种“赛马”是实时进行的，所以一旦你开始直播，就已经是箭在弦上不得不发了。由于每个时间段进来的流量是有规律的，你其实是和同行同级在抢进来的流量。抖音优先给谁流量，就说明抖音更看好谁。做直播为什么会很累？因为它是直播，是实时变化和调整的。一个人做直播不累，那只能说明他要么对直播缺乏深入了解，没有深度参与；要么就是不够上心，用“摸鱼”的心态做直播。

你以为只有商家在“赛马”吗？大错特错了，整个抖音公司都是“赛马”文化。2016 年 9 月抖音面世，但在那之前，当时的字节跳动公司内部其实同时孵化了 3 个功能类似的产品。3 个团队各自独立开发，独立运营，最后抖音率先杀出重围，成为时代的标志而另外两个团队或解散，或合并。这就是抖音之所以能激发那么多年轻人“卷”起来的原因。

我总是和自己的团队及企业的学员说能适应抖音“赛马”机制的人，往往结局都不会太惨。什么是“赛马”机制？我经常用下面这个故事举例子。

两个伙伴去非洲大草原旅行，突然一头饥肠辘辘的狮子出现在不远处，其中一个人赶忙蹲下系鞋带，另一个人绝望地说："你系鞋带有什么用？你还能跑过狮子？"此时，已经系好鞋带的那个人撒腿就跑，一边跑一边说："我不用跑赢狮子，跑赢你就行！"

这就是"赛马"机制，朋友，这个时代也在"赛马"，而且是一场没有终点的"赛马"。我觉得作为一名直播教练，最该交付给你的不是一个单纯拉高数据的方法，是教你和你的团队理解这套体系，这样才不会被业绩裹挟，不会在成交额不理想的时候垂头丧气，甚至彻夜难眠。

1.4 理解平台趋势比怎么做更重要

我给你简单列举一下抖音这些年是怎么不断引爆流量的。2016 年 9 月抖音软件上线，刚开始崛起时猛砸特效和技术流，代表人物是黑脸 V，他的潮流酷炫圈粉无数。2017 年，流量"给了"才艺、颜值、娱乐主播，代表人物是费启鸣、刘宇宁。2018 年，流量"给了"知识博主，代表为樊登、涂磊、商业小纸条。2019 年，流量"给了"中长视频和电影剪辑号，成就了毒舌电影、小侠说电影。2020 年，直播电商上线，代表为罗永浩、广东夫妇、戚薇、涂磊、蒋爱玲。2021 年，品牌直播间获得流量倾斜，代表为小米、TW、华为、太平鸟，同时这一年抖音开始美好乡村计划，张同学火到无人不知。2022 年，抖音把流量"给了"东方甄选、刘畊宏两个用户停留时长明显高于大盘的直播间，同时开始了本地生活，对标美团业务。2023 年，抖音把流量"给了"淄博烧烤、三只羊、大圆哥、于文亮……

此外，抖音平台增加了货架电商，开始了人找货模式，也就是它开始从更高的维度碾压淘宝、天猫、京东和拼多多平台了。至此，抖音形成了自己的"内容场＋货架场"的全域电商模型。

其实，抖音也没有放过小红书，专门开发了图文种草软件"可颂"，还在软件里大张旗鼓地给图文类内容流量倾斜，并且免佣金。

最不可忽视的，是抖音开始正面对抗微信，因为抖音的社群功能日益完善，甚至还能进行视频通话和打电话。在抖音软件首页上，"朋友"这个功能被放到了"推荐"功能的左边，商业目的极其明显。当然微信也在反击，视频号正在用社交关系加智能推荐"围剿"抖音。视频号直播带货也是一个好生意，虽然两个平台有不同之处，但这本书中 80%关于岗位角色、分工流程及用户洞察的内容是完全可以通用的。

对内，抖音从不会受任何一项成功业务的牵制而放弃开发新业务，所以内部的“赛马”从未停止。对外，抖音也从不放过任何一个能用流量变现的商业机会。所有抢占用户时间的软件或者业务功能，它都会做同城、小时达、打车等业务……慢慢地这些业务都会壮大起来。

做抖音生意，最需要做的就是研究平台趋势，不断揣测平台的新动向。做符合平台发展需求的事儿，你会得到更多的流量倾斜。

所以，每一个做抖音生意的朋友，不仅仅是做抖音直播电商的朋友，我都希望你能认真地把这部分看完。这 3 个基本点加 1 个趋势分析既关注底层逻辑，又包括趋势分析。底层越扎实，地基就越牢固；顶层趋势看得越长远、越精准，就越有长期奋斗的目标，而在顶层和底层之间的这个距离就是你的成长轨迹、思维能力和变现空间。特别是企业或者直播项目的管理者，你的认知决定了业务的成败，所以一定要用这种思维去构建你的抖音商业版图。

我不能在一本书里试图把整个商业逻辑都讲清楚，但至少可以用一本书给你讲清楚在这种思考方式下如何搭建好一支高效的直播团队，如何精细化运营每个岗位的每个环节，如何提升业绩产出，以及如何找到员工个人和直播团队的进阶方向。

2 磨刀不误砍柴工，优秀团队要分工

我们团队有个原则，坚持不给行业"小白"做直播培训，也就是说，我们不赚行业小白的钱，因为抖音已经不再是曾经那个开播就有流量的平台了。

其实单枪匹马还是能做抖音直接带货的，但这个"能"是建立在两个非常稀缺的能力上的，分别叫作影响力和分享欲。影响力是别人对你的认可度，也就是互联网圈子里说的 IP 价值。明星艺人、社会公众人物、行业专家往往都有机会带货，就是因为他们对于特定的人群有影响力，也就是说你的影响力还得匹配上适合的产品才有机会做直播带货。但对普通人来说，构建这个影响力太难了。

很多有影响力的人，特别是很多账号流量比较好的博主，带货也不算成功，究其原因就在于他没有分享欲。这和明星演戏不同，电影拍完是可以剪辑修片的，但是直播不是，直播看到的就是你当时的状态，没有分享欲的直播间是没办法和用户形成关联的。仅仅是影响力和分享欲就把 90%的人拒之门外了。

今天的抖音电商已经没有太多机会留给普通大众了。就像我 2020 年加入抖音时，我的工作是把流量免费给出去，给到有宣传价值的人，而如今抖音的流量已经很难获取了。2020—2021 年的抖音给很多个体创造了红利期，因为当时平台正处于"招兵买马扩地盘"的阶段，所以那时候大大小小的直播间都有流量。而如今抖音平台的新用户增速已经放缓甚至停滞了，在存量市场里单枪匹马进行厮杀，难度可想而知。

同时，抖音对于带货玩家的要求也越来越高，平台的规则也越来越复杂，同行之间的竞争也越来越激烈……以上种种都是想告诉赤手空拳的个体在决定做抖音任何生意之前都要三思。

2024 年，个体真的就没有机会了吗？其实也不是。大约两年前，我曾经听一位博主说过这样一句话："做直播不等于做抖音，同样做抖音也不等于做

直播。”这句话让我豁然开朗。2024年不管是个体和企业经营者，你都要去寻找适合你的流量洼地，做直播的平台还有很多，比如最近正在蓬勃发展的视频号和小红书。同样，抖音平台也在不断推出新的业务模式，比如图文、商品卡等。大家不要把抖音和直播带货画等号，而要留意外部的机会，看清楚平台之间的差异和平台内部的新机会。

2.1 从现在开始，抖音电商需要高质量团队作战

如果说2020—2023年是抖音直播的野蛮扩张期，那2024—2025年我大胆地称之为抖音电商的高质量增长期，2026年以后的抖音电商预计会步入稳定期。

2025年开始，一些玩家要退场，高质量玩家在“厮杀”。流量增速放缓了，行业门槛变高了，单人作战成功的概率就变得更小了。如果是单人作战，最好的模式就是做内容人设型IP，但直接起盘做直播相当于把免费玩家塞进了付费战场里“厮杀”。

抖音电商现在不仅是直播平台，还是一个完善的全域电商，按官方说法，是“内容场＋货架场”。其中内容场包括直播、短视频和图文，货架场包括搜索、商城和店铺/橱窗。当然，能把这个全域模型跑通的玩家一定是高手，但这的确是抖音未来几年发展的方向，也是所有抖音电商人这两年的终极目标。

我们不说终极目标，就说抖音直播这一个板块。要做抖音直播，你得会做内容，这个内容不仅要能给你的账号精准涨粉，还得能帮你完成短视频挂车或者引流直播间变现；你得会选货，得让货匹配你的人设、符合你的目标人群；得会自己上架商品，看得懂直播间运营的基础数据，得会在直播过程中用话术和动作完成十几个指标，还得有精力做用户维护，收集用户的负反馈，帮助用户解决问题……我特别喜欢得到应用程序联合创始人兼CEO脱不花说的一句话，创业一个人要活成一个队伍。我在刚创业时就是这种感受，但是真的做直播带货是很难一个人活成一个队伍的，因为直播过程中很多工作是并行的。

一个人不行，那团队就一定行吗？也未必，草台班子式的团队也很难生存下去。在抖音平台做生意交学费打水漂的企业比比皆是。很多项目血亏退场最主要的原因就是项目负责人自己对直播没有理解，随随便便找几个员工组合成了直播团队，在自然流播了几天效果不理想之后开始转付费模式，

结果付费模式也没弄明白，最后得出一个结论："我们公司不适合做抖音。"

2024年对于很多入局抖音的企业老板而言，他们最需要做的就是组建一支高质量的团队。抖音已经进入"微利阶段"，红利期拼的是老板的眼界和魄力，微利期的业务靠的是在精细化运营的过程中确保利润。这是两种迥异的经营思维。要想在微利期活下去且有利润，组建一支高质量的团队是必不可少的。

2.2　高质量直播团队的4个特点

我带过很多直播团队，有"交个朋友"这种成体系的，有帮助达人或者品牌从0到1搭建的，还有一些抖音网红自己已经组建的，甚至给明星艺人单次直播而临时组建团队。

在做了直播教练以后，我挑选甲方时有两个重要的考虑因素，一是看对方的赛道是不是自己擅长的，这是衡量我们双方的供需是否匹配；二看对方的团队质量，这是判断对方做成事的可能性，具体而言，包括精细化分工、团队共赢意识、成本意识和自我迭代氛围。

以上特点是我站在乙方的角度，挑选指导项目时非常注重的4个方面。同样，作为一个项目的操盘手，你也可以从这4个方面去配备你的团队。

精细化分工：提升每个环节的效率

直播的工作本身很复杂，但是比复杂的工作更让人崩溃的是不明确的分工。我经常会在甲方项目的初期看到因为分工混乱而带来的"灾难"。

为什么分工很重要？因为直播是多个工作内容同时并行的，主播在讲品的同时，中控在调整商品、修改库存，场控运营在看大屏数据和喊单，投手在实时优化投放策略，内容团队在看短视频引流直播间的数据变化。做直播特别像开演唱会，主播是站在台上的歌手，得有灯光、乐队、和声、摄像等人和他实时配合。一场直播的数据好不好，往往不单纯取决于主播的状态，更取决于这个团队配合的默契程度。分工的目的就是让各个岗位形成配合的关系。

有没有人能在直播间身兼数职呢？有，而且越是经验丰富的人，越能同时做好多个岗位的工作，但这是熟能生巧的结果。项目早期很多人做一个岗位都会手忙脚乱，根本没有办法多任务并行。

光有分工还远远不够，还需要精细化的分工。如果一个直播项目想做大，就得把直播间里每个岗位每个环节的效率都提升上来。

以商品链接为例：入门的中控把链接挂到巨量百应中控台，在直播开始后弹链接；合格的中控能观察商品多个数据维度；而优秀的中控是从看到这个链接的时候就开始根据自己直播间的情况做链接优化了，从主图到标题再到副标题、商品详情页、评价、商品属性等，因为优秀的中控明白，一个商品的销售是层层漏斗，他要真能根据自己的经验，让商品的曝光点击率和点击成交率分别增加1%，就能在相同的时间段内让直播间的销售直线上升。此外，这个高权重的链接还能通过商品卡在商城里获得非直播收入，甚至还能提高抖音搜索的成交率。

链接怎么检查？自己直播间的目标用户喜欢什么主图？标题怎么起不违规还有热度？……这都是今天做抖音直播必须掌握的方法。没有精细化的岗位分工，就会对流量造成明显的浪费。你浪费了抖音的流量，抖音就不会再给你流量；你的竞争者把流量的利用效率提升了，抖音就会给对方更多的流量，就这么简单直接。

每个岗位都充满细节，有些细节对各种类型的直播都适用，但也有些细节只对部分类目的直播适用，所以，我在这本书中会给大家讲通用的细节优化技能，帮助大家建立岗位精细分工和运营的意识。

在直播圈子里记住一句话——细节是魔鬼，细节也是GMV。

团队共赢意识：取长补短，共同进退

如果你在做抖音直播之前在其他传统行业工作过，就会发现传统行业里出现问题是很难“甩锅”的，但在抖音直播行业却很容易，特别是直播失败后的复盘会很容易变成“甩锅大会”。场控运营说主播状态不好，主播说场控运营瞎指挥；场控运营说投放没有起量，投放说场控运营没有按照节奏来……

为什么会出现相互甩锅的情况？因为抖音的流量没办法绝对稳定，也因为抖音还有很多数据没有对直播间公布，更因为直播是一个高度分工、互相影响的直播销售。所以就出现了复盘时谁嗓门大、谁气势足、谁吵架能力好，谁就有道理的情况。

但如果做了一场销售数据还不错的直播，大家嘴上都说对方很优秀，但骨子里都认为自己最优秀。商务选品心里想：你看看，还是我会选货吧，不然哪有百万元的销售额。场控运营心里会想：多亏了我现场节奏把控得好，不然怎么可能卖得这么好。主播心里会想：要不是我的状态到位，今天的销售额只能有三分之一。投放都会想：我就说我这计划做得好，不然怎么能跑出来这么高的 ROI[①] 呢。

如果你的直播成功过，看到这里，你一定笑了。这都是我在抖音做直播这几年亲眼看到的。

正因为直播的不确定性如此之高，才更需要一个有协作共赢意识的团队。成功了归功自己，失败了推卸责任，有这种想法的团队是很难走远的。以我创业为例，一开始我一个人做，后来我有了合伙人，开始组建团队，在这个过程中我深刻地体会到了一句话："一个人可以走得很快，但一群人才能走得更远。"做好一个直播间其实就是完成一个创业项目。

在一个直播团队里，你要看到团队里其他人的价值，互相取长补短，共同进步。你要以"我们"为出发点看待每一次成功和失败，因为一场成功的直播是所有人共同努力的结果，而且成功的直播是小概率事件，好的货遇上好的运营策略，遇上好的主播，遇上好的运气，这都是万里挑一的概率；但是一场失败的直播只需要有一个环节失误就足够了。

在失败的时候，越是指责别人的人越是心虚，这是我作为项目负责人和直播教练时最为失望的时刻。直播本来就要应对流量的不确定性，还要和自己人来争论谁对谁错，这简直是毁掉一个项目、拆散一个团队最快的方式了。

但在优秀的项目团队里你会发现，当数据不理想的时候，大家会坐下来认真复盘数据，找自己工作里能提升的点。甚至还会有同事说："今天的数据不理想，主要原因在我。"我非常认可这种从自身找原因然后大家一起去优化的团队。

华为的企业文化里有一句话我很喜欢：胜则举杯相庆，败则拼死相救。我把这句话送给每个看到这本书的朋友。越是重要的岗位，越是希望自己将来能成为项目负责人的人，越应该看到团队的价值，越应该把同事们团结在一起，去迎接每天的外部挑战。

成本意识：高质量团队必备的创业观

花钱如流水，挣钱像见鬼，这是我对很多直播项目虽然获取了高成交总额但没有利润的形象比喻。我每次说到这 10 个字的时候，就有老板说："老时，你说得太对了。一个月热热闹闹的，感觉是全员给抖音打工。"

虽然我一再强调做直播老板要躬身入局，但我也知道老板不可能事无巨细地管理团队的方方面面。如果老板没有一个好的操盘手能像管家一样做

---

① ROI：英文 return on investment 的首字母缩写，中文为"投资回报率"。

团队管理、风险预防和成本管控，这个项目就很难盈利。本质上，一个小的团队组织，一个直播间，就是一个小型创业组织。创业离开成本意识就像造车缺少刹车的零件一样危险。

成本意识是每个高质量团队必须要有的。直播是一个可无限精细化运营的项目，因为算法一直在修改，所以直播项目总有优化空间。首先说流量投放，这是最容易浪费钱的部分。我觉得一个项目早期的流量投放不是训练千川系统，而是给你信任的投放优化师“交学费”。抖音系统是成熟的，会判断你的投放优化师的能力是不是成熟。成熟是指他对抖音流量的理解足够深刻，不会依赖单一方法。因此，一名投放优化师在项目早期如何用最小的成本做有效的探索，在千川的计划或者计划组有了积累之后如何高质量地去放量，以及在计划衰退前如何小成本地去测试新计划，这些都是省钱的关键。

这里有个细节，投放优化师要研究扣除项目平均退货率之后的 ROI，甚至还要考虑平台扣点、人员成本公摊……这一系列操作下来，你就知道为什么很多直播间用付费做得热闹，一算账发现在给抖音打工了。

同样，直播间花钱的地方可不只是流量投放，还有道具物料、超级福袋，甚至场地设备、空调电灯、库房效率……直播的利润正在变得更少。如果上述开销不能控制到合理区间，项目盈利的可能性就会更小。越是高质量的项目，团队越要注意这些细节。直播本质上还是零售，就像线下门店看坪效人效一样，直播也是相同的逻辑。一个把各个环节成本控制到合理区间的团队，本质上都具备了创业的潜力。

如果项目负责人只顾自己赚钱，不能和团队共享收益，这个项目即使快速做成功，也会很快解散。这就需要老板有共赢意识。团队的降本增效是值得奖励的，如果团队在创造了高利润的同时还较好地控制了成本，这部分节省的成本就应该做一个鼓励式的分配。这其实分的不是那一点点钱，而是让员工明白自己帮公司省下来的钱就是自己的钱。

所以，成本意识既是项目成员的主动行为，也是企业老板的奖励行为。作为企业老板，一定要有一套利润共享机制。

自我迭代氛围：本质上是一种学习能力

在创业的早期，作为一名直播教练，我最大的挫败感就是合作期间团队业绩很好，但一旦合作结束，对方业绩就直线下滑。这件事儿让我时常怀疑我对于企业的价值到底是什么。我为什么没能孵化出一个自组织、自管理、自运转的团队呢？当我和一个朋友说这件事儿的时候，他开玩笑地说："这应该是你的目的才对啊。离开你之后他们就玩不转，他们就会发现你的价值，就会继续找你合作。"我觉得这么做是可悲的，因为本质上我没能给企业完成一个交付，就称不上是一名合格的直播教练：让对方对我有了路径依赖，而没有形成真正的核心能力。

在后来的合作中，我尝试用一系列方法去启发甲方企业的操盘手和团队成员，让他们思考清楚自己到底需要什么，以及自己需要做什么和需要我给什么支持。一个项目完美地交付，我只能占 30%，另外 70%就是这个团队的自我迭代能力。一个好的直播团队是迭代出来的，就像你看到的微信、苹果手机和华为手机一样，它们并不是天生就完美的。它们总在不断地适应当下的环境，不断地了解用户的需求，不断地改进升级。

抖音直播带货里能迭代的东西太多了。一方面，平台规则几乎每周都有变化。平台规则变了，直播团队就要快速降低规则变化带来的负面影响，还要尝试适应新规则做直播增量的新方法。另一方面，直播的人、货、场都会变化。每个人都会有优化的点，抖音的流量也是实时的，直播过程中的变量也是繁多的，下播之后如果不能及时复盘迭代，下一场直播大概率还会遇到相同的障碍。

直播的迭代不仅仅体现在直播间上，还体现在一个人的生活里。我有 4 个进行个人能力迭代的习惯：一是研究别人的直播间。当我被一个直播间吸引进来以后，会赶紧录屏，还会思考它用了什么方式把用户吸引住，以及我自己的项目和这场直播的差距。二是观察我生活里遇到的人。我会在直播前给主播过品的时候，讲出来很多对用户的洞察或者场景故事，都是因为我观察得足够多。三是阅读营销学和消费心理学方面的书，来提升自己做直播的理论依据，然后把这些思考放到我的项目中去实践。四是坚持写文章和培训课件来沉淀自己的思考。我的生活微信公众号写了快 8 年了，我的直播经验微信号写了一年了，而且我还录视频、做课件，每天都要写几千字。

所以，一个能自我迭代的人是有潜力的，一个能自我迭代的直播团队也是公司最宝贵的财富。在我的这本书中，我最终交付的就是这样一套"授人以鱼不如授人以渔"的方法。

2.3 3 个锦囊让老板招到靠谱的直播操盘手

我是怎么从"交个朋友"离职走上创业这条路的呢？就是因为我判定离

开“交个朋友”还有更多的机会。像我这样的人，在抖音直播行业里并不少。做抖音直播，没有一个人是绝对专业的，大家都是半路出家，所以这个行业基本上都是实干派。实干的人一旦掌握了一套做事的方法，就会有出来闯一闯的冲动。抖音平台降低了创业门槛。大家会以为既然一个人能创业，而且能赚得比打工多，为什么还要去别的公司打工？

没做过直播的大企业，往往会走进一个误区：高薪招聘有经验的人。传统企业没有系统地做过直播电商，对直播行业的了解是不充分的，招聘人员时首先看的就是简历。在很多行业，这个方法都是非常管用的，但为什么想做直播的企业从大的网络营销公司招来的人却很难复制他在上一家公司的傲人业绩呢？原因有两个：第一，直播太复杂了，一场成功的直播需要多个部门实时协调、全员正确。而一场失败的直播只要有一个环节失误就有可能全场翻车。所以，你挖一个人出来，指望他能带动一个新的团队去做好直播，这就与为了中奖 500 万元而拿 600 万元买彩票的心态是一样的。第二，抖音的流量规则调整得太快了。任何一个普通人都有可能因为踩中了某个规则点在抖音莫名其妙火一次。但一个普通人很难连续火两次，因为规则变化的速度就是颠覆所有人的成功经验。因此，你问公司高薪招来的运营上一次是怎么成功的，多半没几个人能说对，我也很难说对。但是，以下 3 个锦囊却有助于你招到合适的直播操盘手。

锦囊 1：想清楚你到底要招聘什么级别的人

每一位老板都要想清楚自己要找的人是什么级别。你需要的级别和对方能力以及对方的薪酬要求三者是适配的。每次有企业老板来找我推荐直播人才的时候，我都要问清楚他需要什么样的人才。我会帮助他们对自己的需求进行拆解和分析，从而得到这个岗位的候选人画像。以下就是我总结出来的 3 类不同认知运营人才的级别和能力需求。

第 1 类：如果你需要一个能看懂数据、能盯直播、能喊单的单直播间的运营，其实你需要的是他的数据感知、场控运营能力和情绪稳定度。

第 2 类：如果你需要一个能带团队、能定目标、能跨部门协同的多直播间运营，其实你除了要看对方的基础能力，还要看对方的共赢思维、领导能力和行业洞察。

第 3 类：对于很多线上线下生意已经有了一定体量的企业主，如果你需要的是一个从无到有开创新部门的运营，除了看以上两点，还要看他做过不同类型从0到1项目的总结能力和迭代能力，以及他的人品。

第1类人才叫作直播间运营，第2类叫作直播间统筹，第3类叫作直播业务合伙人。好的直播间运营是百里挑一，因为他的经验大概率是可复制的；好的直播间统筹是万里挑一，因为他的思维已经更加偏向于创业者了；好的直播业务合伙人简直就是凤毛麟角，如果遇到这样的人，你应该跟他谈的是对他的“投资”。

同样，这3类人的薪资模式也不太一样：直播间运营的收入直接和岗位业绩挂钩。直播间统筹的除了看业绩，还要考虑他的团队管理能力和团队中长期提升潜力；他能孵化出赚钱的新项目和培养出新团队是重点激励的方向。而对于合伙人级别的人，就要更加注重股权激励了。合伙人这个类型不在我们这本书的讨论范围之内，我们把直播间运营和直播间统筹统称为直播操盘手。

直播运营操盘手这只是一个角色的统称而已，在大厂做过上亿元GMV直播项目的也叫操盘手，小项目里什么事儿都管的角色也叫操盘手。虽然都是操盘手，但差别很大。作为老板，你要想清楚在大厂做过上亿元GMV项目的操盘手和在小公司做过百万元GMV项目的操盘手，哪一个更适合你。

我跟很多企业的老板做过交流，他们更加倾向于招聘有大厂背景的人来自己的公司做直播操盘手。在我和企业的合作中，除了直播团队培养之外，我还会负责帮助企业做直播团队的组建。在面试时，我经常会问应聘者一些问题，问到最后我往往有结论：他在项目中的角色远没有他表述得那么重要，有些人真的不知道一个千万场次直播带货其实并不是他一个人的功劳，还有一些人知道自己没那么重要，但故意把自己包装得很重要。这样的应聘者，都是不合适的。

所以，如果企业老板需要的是一个能从0到1把直播间搭建起来的操盘手，往往是那个有过两段以上0～100万元GMV（0～30万元，或者0～50万元也没问题）的单项目运营更适合，因为小的项目大概率是不会养着一个只会指挥不会实操的人的。这个人最好在直播间所有的岗位都工作过，而且还做得不错。这样的运营人员在开新项目的时候往往更容易成功。

但如果一个老板是做战略规划，打算开多个直播间或者有自己对标的网络营销公司模式，这种情况下招聘的多项目统筹可能拥有大厂经验的人更有优势。但只招聘这个人还是不行的，企业还是要给他配备单项目的直播运营，不能指望他自己开创一个直播间。

锦囊 2:判断操盘手是否具有全流程思维和可复制经验

我在一个甲方的项目里带过一个业绩还不错的直播统筹,但是后来在和她沟通几次无果后,不得不放弃她,果断提拔了另一个业绩不如她的人。直播是一个每次都会“从 0 开始”的工作,它不像商家在京东或者天猫平台的商品链接,只要这个月销量冲上去了,你就会获得稳定上升的流量。直播不是,直播就是昨天播了 100 万元 GMV,今天播 10 万元 GMV 是一点儿也不值得惊讶的。而这个姑娘的失误就在于当她所在的直播间 GMV 达到 100 万元时,她会独自总结一些所谓的“独家操盘小技巧”,然后用这个技巧为公司里其他的项目“落地”使用。为此,她做过 3 次很“离谱”的尝试。

第 1 次,主播在一个直播间被用户感动哭了,用户在线人数随即上涨,最终促使那一场直播的 GMV 达到了平时的 2.5 倍。之后她告诉公司其他主播“哭能涨人”。我打开甲方的几个直播间,看到好几个主播没有眼泪硬挤眼泪,业绩一个不如一个。

第 2 次,一个新直播间的短视频火了,卖了一双用户画像在 35～40 岁的女性喜欢的鞋子。这个姑娘隔天让公司七八个同类直播间都卖同一款鞋子。理由很简单,“火了的产品有热度,都是咱公司的直播间,新号都能火,咱这老号一定能”,结果致使几个原本核心人群是 18～30 岁的账号在线人数只有个位数。

第 3 次,我给她分享了一个竞争直播间的视频,让她思考能从这个案例中得到什么启发。结果第 2 天,她给所有的主播整理了一个话术模板,一比一复刻别人直播间的话术。而在我看来,那个直播间最突出的地方在于节奏,而不是话术。

你说她没有成功过吗?她成功过,她曾经有几次单场 GMV 破百万元。但她没能总结出恰当的经验。她是一个目前还不太有全局观的人,所以经常把一个点状的成功当作方法论,才会出现“哭能涨人”“鞋子能大火”“这套话术好使”的离谱总结。

哭能不能涨人?要看你在什么时候哭,在什么场景哭,怎么哭,怎么能一边哭一边做数据。鞋子能不能大火?要看你在 A 直播间这款鞋子火的真实原因是什么,是短视频拉到了精准的成交人群,还是主播掌握了新的讲品策略。把一双三线小镇青年喜欢的鞋子卖给都市白领和 Z 时代,这简直是强盗逻辑。这套话术好不好使要看你在卖什么产品,产品的核心卖点是什么,和此刻的看播人群关系大不大，以及场控运营和主播是怎么合作的。

错误归因，是一个抖音直播操盘手的致命伤。她没办法因地制宜和因时制宜，就会把全公司的直播间带到一个错误的方向。一场直播，流量来源有17个，17个渠道在分头“赛马”，共同拉着直播间这辆车往前走。直播间的用户在随时进入、随时离开，系统要根据前1～5分钟的成交情况判定接下来的1～5分钟给直播间推荐什么样的成交人群……打开巨量百应，中控台、直播大屏、数据详情3个页面加在一起将近200个数据维度，去重后不少于100个。如果非要归因，至少得把变量看全了，总结出最有可能的3～5个因素，怎么可能简单地归因到“哭”“话术”“鞋子火”这么简单的变量上呢？

所以作为一个老板，你自己一定要对抖音直播业务本身有一定了解，且能识别出来对方是不是有体系且在迭代。以上是我给老板招人的第2个锦囊。

锦囊3：通过不断追问细节，找到最合适人选

我这本书是希望帮到所有做直播电商的中小企业及个人，希望合适的操盘手找到合适的老板，做合适的项目。只有大家都合适，事情才会往好的方向发展。我送给老板招聘的第3个锦囊就是不断地追问对方细节。

俗话叫“外行看热闹，内行看门道”，只有自己操盘过项目的人才知道直播这份工作里的细节有多少。那些从来不进自己项目直播间的操盘手只会说战略和思路，他们已经离直播很远了。所以，如果企业打算从0到1搭建直播项目，最好的方法就是招聘有丰富实操经验的人。

接下来我分享一套面试逻辑，这套逻辑也是我自己在面试操盘手的时候会用到的方法：先请对方分享一下整体的工作履历，再让对方分享一个自己最有个人代表性的项目经历，提醒应聘者尽量多用数字量化自己的产出。

他说的每个数字，老板都可以记录下来，从中挑选出你个人最感兴趣的和直播业绩有关的，请对方详细说说这个数据是怎么得出的。如果应聘者对比的是他刚入职的时候，老板则要问问他从刚入职到做出这个数据的过程中采用了什么方法，遇到了什么困难，以及遇到困难时是怎么克服的。在应聘者叙述的过程中，老板不仅要听他的逻辑，还要记录他的框架和这个过程中提到的新的数字或者其他岗位的同事。

老板要是想进一步了解应聘者在回答上个问题过程中的数字的话，还可以再一次使用前面的方法，这时要注意判断前后逻辑关系。当一名应聘者前

后矛盾很多的时候，大概率说明这个人并不了解实际情况。如果一个老板对直播数据不够敏感，就可以沿着上一问题中提到的岗位，询问岗位分工和合作的具体过程，以及合作过程中有没有比较有代表性的具体事件。直播是一个非常重视现场沟通的工作，这里能详细判断出对方到底是不是一个解决问题的高手。老板可以沿着数字和岗位两个方向继续深挖，但是要适可而止，面试过程通常控制在一个小时以内。

最后，再问两个直播中都会遇到的问题：第一，你的项目经历过低谷吗？详细说说什么低谷，以及你怎么带领团队摸索出来的新方向。第二，直播间出现过紧急状况吗，以及你是怎么带领团队克服困难的？这两个问题如果对方能回答清楚，且有数据能量化，前后还不矛盾，还能说到具体操作动作，基本上可以确定这个人真正具有实操能力。这是我送给企业老板在招聘操盘手环节的第3个锦囊。

以上3招是我个人在这些年的积累，虽然说不上百分之百适用，但从目前服务过的项目反馈情况来看，操盘手的“成材率”还是很高的。除了以上3个锦囊，企业老板们也要注意观察对方的基础能力，如学习能力、共赢思维、个人目标、创业心态以及精神内核等。

2.4 如何搭建一支直播团队

一个初始的直播团队到底需要多少人

在提到直播团队的时候，我往往很谨慎。我自己是创业者，但我服务的很多企业却是规模比较大的公司。大公司做直播时一个常见的举措是把直播团队的每个岗位都先招聘到位，然后再开播。这样搭建出来的组织，往往很难把直播间业绩做得很好，因为这种模式下的团队缺少了一种创业思维。越是成功的大公司，越要在抖音直播这个业务上具备创业思维。一提到创业，我就鼓励大家用最小可行性单元来做业务的验证和最初能力的积累。

我在京东工作过，当时负责了一年的场景运营。所谓的场景运营就是把我的商业目的渗透到关联场景里，比如一个用户买了一台电脑，我应该在用户购买电脑的路径上把配套的电脑包、鼠标、鼠标垫、接口转化器等相关的产品都以场景搭配的形式展示出来，通过系统智能推荐、场景文案和多单优惠让用户迅速下单。这件事儿对我最大的启发就是，我没法让京东的产品经理们为了我一个这么小的功能去调整整个产品的设计，只能在一个最小的三级类目里测试我的想法，尽量少占用产品经理们的资源，然后通过3个月的测试对比，拿到正向数据反馈，再跟自己的领导和集团的产品经理去沟通可以怎么扩大规模，以及可能带来的量化效果。这也是我做项目的时候不贪大而是求成的原因。后来，和我对接的产品经理告诉我，这个思路在他们内部有一个专业术语，叫 MVP，是 minimum viable product 的缩写，可以理解为最小可行产品。

最小可行产品的概念在创业和组织管理上同样适用，特别是对于抖音直播团队。对于资金实力雄厚的企业主，我建议使用最小可行产品单元来搭建直播团队；对于很多中小企业，我更建议这个方法，不单纯是为了节省成本，而是因为每多一个角色，就多一层组织关系。人越多，组织关系越复杂；本来抖音直播的业务就够复杂了，复杂的业务遇上复杂的组织关系，这件事儿的风险就多了一个数量级。这就是为什么往往小的组织做抖音直播更容易成功的原因。

我这个人比较相信“成长”两个字，我觉得成长是大自然最美好的规律，我也用成长的概念去看待自己的生活、创业，也从成长的角度看待我自己的团队。同样，企业做团队搭建的时候，搭建出一个成长型组织也是更优路径。

直播团队的五大角色

一个初始的直播团队可能并不需要太多人，但需要以下5个角色。5个角色并不代表5个人，并不是每个角色都需要一个人专门来负责，要根据组织的人员能力来分配，有时可一人身兼数职。

虽然我整本书都是讲抖音直播的团队能力进阶，但是你会看到我多次提到创业心态。行业有行业的特点，直播行业同样具有它的特点。外行看到的是直播行业的高收入，但这个行业的从业者必须具备的就是创业心态。创业需要的是积累经验，就是不见得一定会成功，就是要把团队拧成一股绳儿才有可能突出重围。

所以，只要找到有基础角色能力、有强烈做直播的意愿和有长期学习态度的人，我们就可以尝试组建一个最小的直播团队。我这本书的内容会对这样的团队起到能力提升的作用。我以下说的五大角色对于店播、达人直播都是适用的。

角色1，货品端。如果是达人直播，货品负责人就是商务选品，主要工作是挑选适合的商品，排除品牌和商品的法律风险，与商家沟通样品、佣金机制等。如果是自营店铺类直播，这个伙伴的角色就是负责自有商品的管理，包括选品、库存、发货物流等工作。货品端的主要角色就是品控和稳定供应，岗位具体的工作职责我们会在第3部分场控运营岗位技能提升中的选品部分给大家详细介绍。

角色2，运营端。运营端的工作可以从前后端来进行分解。我们先说后端，后端的运营叫店铺运营，核心目标是围绕抖音最新的全域模型来进行拆解工作。这部分可以大体上对标天猫或者京东的店铺运营，相似度大约为60%。而前端的运营则是指我们直播间的运营，包括核对链接、弹链接的中控，提词、喊单、控主播节奏的场控运营和负责直播间投放的广告优化师。直播间运营的工作也是本书的重点，我们会拆分得比较细致，但大家不见得要拆分成多个人来完成，很多小型直播项目往往都是一人身兼数职，只要做好工作的分配和取舍即可。第2部分的中控岗位技能通识和第3部分的场控运营岗位技能提升是本书的重中之重。这两个岗位对于直播业务的产出影响巨大。本书没有专门讲投放部分，但我们会把基础的投放技巧渗透在内容中，让大家有所了解。

角色3，主播端。主播这个角色大家一定耳熟能详，主播的核心工作就是负责出镜对产品进行“演绎”，提升用户的购买意愿，完成商品的销售转化。大家注意，我用的词是“演绎”，因为单纯的讲解很难带来商品的动销。这部分内容我会在本书第4部分进行详细讲解。很多项目是以主播和助播搭配的方式进行讲品的，还有很多项目是轮播制，主播倒班做直播，所以主播的数量可多可少。

角色4，内容端。做抖音直播到底要不要做内容？这个在行业内是没有达成共识的。但抖音这个平台的本质就是根据用户兴趣对内容作智能分发。在抖音平台，哪怕不做直播只做货架场，没有内容支撑也很难获得长期有效的收益。所以内容一定是抖音直播必需做的环节，我们一定要重视。这里所说的“内容”我们单纯地指以电商销售为目的的短视频类型。我们在本书的第4部分会提到这部分工作内容。

角色5，服务端。服务端的工作内容主要指客服工作和法务工作。销售任何产品或者服务都要对应着客服工作，抖音对于商家的客服响应速度和用户负反馈非常重视，所以企业也要重视直播间和短视频里的用户负反馈。以客服和法务为代表的服务端内容虽然不在本书的范畴之内，但这里也提醒大家一定要注意安全红线。

我们这本书聚焦在直播间运营体系的中控、场控运营、主播等人员的能力提升上，其中除了角色 5 在本书里没有体现之外，选品、短视频角色工作内容都会在场控运营工作中跟大家做分享。

互动区

针对中控、场控运营、主播、电商短视频的具体岗位分工，我为大家准备了一张组织架构图。关注公众号“开播进行时”，回复关键词“直播岗位分工”，可领取一张团队架构图。

以上就是本书的第 1 部分，我们全方位地为企业老板和项目操盘手讲解了抖音电商的发展历程和时代变化、做直播电商生意的基本思考点以及如何招聘优秀的伙伴和各个岗位的分工。接下来是本书的第 2 部分，我会在这部分详细地和大家分享中控岗位的工作职责、思考方式、操作细节和能力提升方向。

Part 2　中控岗位技能通识

3 了不起的中控

朋友，直播是非常典型的团队作战，我经常把直播比作一场篮球比赛，前锋、中锋和后卫缺一不可。一场成功的直播是团队里每个角色共同努力的结果，而一场失败的直播，只要有一个环节“掉链子”就足够了。在各种电商类型里，大概只有直播类电商会翻车，而且有些损失还是不可避免的，这就是因为直播里变量太多。所以直播中对任何一个岗位的第一要求就是负责，这是最低要求，也是最高要求。在本书的最后，我会给大家分享我个人的成长经历作参考。

在这一部分，我会先和大家详细介绍中控岗位的工作方法和注意事项，目标是培养出一个做事有细节、自己有进步的靠谱中控人员。并不是每家公司都要单独招聘一个人来做中控的工作。中控只是一系列工作的统称而已，你可以没有专门的中控岗位，但中控对应的工作在直播项目中必须有人完成。这是直播的安全红线和基础环节。

同样，做中控的员工非常有挫败感，甚至还有人刚开始对直播带货满腔热情，但是做了 2～3 个月中控工作之后心灰意冷。我总结了一下他们的困惑，主要有以下 3 点：

第一，中控就是打杂的，找样品、像个机器人一样弹链接，喊“好”“是”“库存已加，刷新去拍”……干一年也是这点儿活儿。

第二，中控太累了。直播前准备工作一大堆，直播中还得继续忙，主播可以是轮班制，3～4 个小时一班，而中控却要带两班主播。

第三，没人带。老板总说干好了以后让我做场控运营，但我也不知道自己怎么干才能成为场控运营。

如果你也有以上 3 点困惑，这本书一定会帮助你重新理解中控岗位的价值，并找到你自己的职业发展路径。

我们在这部分只介绍这个岗位中比较常用的基础部分，但这套方法的背后就是非常完整的运营逻辑，所以，一个掌握了基础方法的中控一定是一个潜力很大的场控运营候选人。在我自己负责过的项目里，中控转岗成场控运营的例子有很多；我帮助他们完成了角色的蜕变，让他们的直播生涯又往前走了一步。所以，不要在意你的身份，哪怕今天你在这个直播间只是一个临时工的角色，只要给了你中控的工作，你都要做好它，把本事学到手。

接下来，我们就正式进入直播中控岗位的学习。虽然我看不到你，但我要求你一定要一边看书一边记笔记，再把知识点直接用到你的直播间里。我希望你会因为看了这本书而变得更有实力。

3.1 中控岗位有多重要

第一，中控是直播间货品端的最后一道安全防线。链接一错，瞬间翻车。

2023 年李佳琦花西子事件全网发酵的同时，在 9 月 17 日的一个纸巾品牌抖音直播间里，中控不小心把每箱 56.9 元的纸巾误设为 10 元 6 箱，致使该纸巾瞬间销售 4 万多单。据该品牌官方声明，这一次损失近千万元。中控小手一抖，这个损失就夸张到离谱。有的中控写错了商品副标题，直接导致商品链接被抖音官方下架，甚至扣信用分和冻结佣金……这样的事儿在行业里每天都在发生。

第二，中控是场控运营的最佳战友，是用户购买商品无形的理由。

很多直播间的中控和场控运营是由同一个人完成的，如果你的项目是这样的组织分工，你需要结合本书第 2 和第 3 部分一起看，才能获得该岗位完整的知识。在相对成型的项目里，中控和场控运营是台下的最佳战友，场控运营对于商品的副标题、链接、控库存节奏、福袋发放形式、评论置顶内容等都有明确的需求，且要在指定的时间内完成这些动作，与中控的配合非常重要。一对默契的中控和场控运营会非常迅速地行动，给直播间的运营效率带来显著提升，提高直播间用户下单的概率，再与主播配合后促进商品的销售。一个恰到好处的福袋，一个受用户喜欢的置顶评论，一个极具吸引力的副标题……都会无形间促成用户的购买决定。这种磨合对于中控来说是熟能生巧，但千万不要因此掉进机械性重复工作的误区，这是很多中控觉得工作无聊的第一大原因。

第三，中控是成为场控运营的必经之路，是进入直播和离开直播的分水岭。

“你只要能考上大学，将来就会容易很多。”我小学、初中和高中时的班主任都说过类似的话。虽然真实情况并不是完全如此，但统招大学生仍然是找工作的一道门槛，所以从这个角度讲，考大学是一个分水岭。同样，一个人能不能做好中控，也是能不能在直播行业里走更久的一个分水岭。一个人能用数据思维做好中控，才有机会成为一名合格的场控运营，才有机会成为一个直播项目的负责人，才有机会成为全域经营的操盘手……所以中控是做好抖音电商的地基。

3.2 直播前、中、后，中控分工更通透

在这一小节，我会把中控岗位的工作内容尽量给大家罗列清楚。大家在各自项目的执行过程中，可以根据自身的情况选择性地使用。我们按照直播前、中和后 3 个环节来梳理中控岗位的工作内容。

直播前：

(1)确定当天直播主推商品，分 SKU[①] 检查主推商品的库存、现货以及预售情况；

(2)检查商品链接，确认商品主图、标题、商品详情页、用户评价、直播间价格、优惠形式、物流信息、服务保障信息以及商品副标题；

(3)检查商品口播稿，确保商品信息描述准确无误(店播较少使用，达人直播往往需要)；

(4)开播前将商品链接挂至直播中控台，并与场控运营确定商品挂链顺序；

(5)根据场控运营需求，完成超级福袋采购、福袋用法设计、文案设计等工作，提前设置完成一批福袋，再预留一批以备不时之需；

(6)寻找比价信息、商品演示所需道具、打印展示物料，如关注板、服务保证信息等，准备好直播间所有的电子物料，包括各类直播间贴片。

直播中：

(1)有些直播间会使用专属链接，开播后按照场控运营需求或者主播节奏来控制商品库存，在中控台加单补货；

(2)按照直播间节奏来弹链接；

(3)按照直播间节奏调整购物车内各商品的顺序；

(4)直播中如产品出现问题，及时联系商家协商解决方案，在问题没有解

---

① SKU：英文 stock keeping unit 的首字母缩写，中文为“最小存货单位”，也是商品的最小管理单位，例如 1 件衣服有 2 个颜色，每个颜色就 3 个尺码，那就有 6 个 SKU。

决之前，建议撤下商品链接；

(5)使用评论置顶、飘屏、中控台评论回复等功能解答用户提问以及辅助主播完成销售动作，记录用户的客户投诉信息，重要的信息当场反馈给对应负责人，不紧急的下播后一并反馈；

(6)使用抖币福袋和超级福袋、红包等抖音自带的营销工具提升直播间数据指标和促进商品销售。

直播后：

(1)参加复盘，整理自己所负责的工作数据，并给出有建设性的思考或者建议；

(2)如有客户投诉，汇总反馈到团队，及时写下后续解决方式；

(3)福袋等营销工具使用分析，以及效果优化；

(4)项目成本统计汇总。

各项目的中控岗位职责不完全相同，除以上内容可能还包括样品准备、演示物料准备、现场数据记录、复盘时数据整理和成本汇总等工作。具体工作内容大家要根据自己项目的分工和个人的精力以及事情优先级来调整。

在接下来的部分，我将给大家重点分享两大部分内容：一个是安全红线，防止大家在工作中出现严重失误，给项目带来不可估量的损失；另一个是直播前、中、后过程中，中控岗位的具体工作细节和工作技巧，扭转很多人觉得中控就是打杂，做的都是琐碎没有体系的事情的刻板印象。中控工作不可小看，哪怕仅仅是弹链接这个简单的动作，它也是有讲究的。

链接主图用哪张点击率会更高？

抖音的商品详情页和天猫淘宝的有什么不同？

商品的副标题怎么写更有利于成交？

购物车里的链接怎么排列会提升商品的销售？

评论置顶什么样的内容能提高直播间的转化？

……

看似简单的中控岗位，工作里藏着对抖音电商和用户运营的深层次理解。我很喜欢戏剧大师康斯坦丁·斯坦尼斯拉夫斯基的《演员的自我修养》中的一句话："没有小角色，只有小演员。"当一个中控能把自己的岗位研究得非常透彻的时候，他就不再是中控了，而是一个懂得抖音直播的运营，甚至是一个项目的抖音操盘手。

4 安全红线

朋友，安全红线不是说给中控一个人的，是所有抖音电商岗位都要严格记住的，因为每一个岗位都有违规的可能。

4.1 为什么抖音的规则这么多

我在去抖音市场部工作之前，在京东集团3C部门做整合营销和用户运营。如果你跟我一样有过货架电商的工作经验，就会发现在抖音上做直播，规矩是真的多：这个不能写，那个不能说，这个说晚了要扣分，那个被举报了直播间遭封禁……更可怕的是，抖音电商的规则每天还在不断更新。也就是说，昨天这么做不违规，也许今天这么做就违规了。

抖音不仅是一个电商平台，更是一个集合了社交、新闻、电商等多功能的应用软件。它传播时效快和传播威力大，甚至很多事情在传播层面对社会舆论带来的影响极大，所以抖音必须要用一套非常严格的后置监管体系以确保平台的有序经营。

抖音电商仅仅是抖音的一部分业务，直播也仅仅是抖音电商的一种载体而已。娱乐直播间，在传播方面受国家网信办、广电总局等部门的监管，而带货挂车直播间除了受监管，还受广告法约束。之所以对带货直播间监管更加严格，还有一个主要的因素是直播这种形式无法在开播前做到百分之百的风险把控：主播的临场反应不可控，团队的实时运营策略不可控……种种随机因素叠加导致抖音必须用后置措施来提醒或者处置带货直播间：轻则弹违规提醒，扣除账号信用分，重则封禁直播间。

同时，抖音为了保证平台生态，还会在不同阶段有针对性地制定违规原则，就是因为平台也在不断汇总和收集用户意见，依据国家法律法规和业务不同阶段的需要等实时调整运营环境。

除此之外，还有一个重要的因素，与京东、天猫和拼多多平台相比，在抖音上做生意的门槛非常低。一个个人的抖音账号只要有1000粉丝量就可以开通橱窗功能，就能完成商品销售了，也就是说，你都可以不是商家，也没有公司，就能在抖音上做生意。这么低的门槛一定会有大量想赚钱的人涌入，所以就必须要有非常严格的监管措施，来维护抖音用户和消费者的权益。因此，宽进严出就成为抖音电商的一个重要策略。随着抖音电商平台的完善，越是体量大、影响力大的电商账号越要受到严加监管。

4.2 遵守红线三大类，保证努力不白费

我们把安全红线分成违法、破坏平台生态和违反企业文化三大类。这里的"法"主要指的是《中华人民共和国宪法》、广告法、知识产权法、消费者权益保护法等。而破坏平台生态主要指的是对社会风气有不良影响的行为(血腥低俗类)和破坏平台利益(跨平台导流诱导线下交易类)以及不遵守平台阶段性规则(诱导互动、低价引流等)。这两类安全红线大家可以到抖音电商学习中心了解。各位朋友一定要记住，抖音电商最正规的学习渠道就是抖音电商学习中心。这是抖音官方专门用于更新平台经营政策和给经营者答疑解惑的阵地。

特别是平台生态类的安全红线，大家一定要每周都去抖音电商学习中心的规则中心模块去转一转，看看平台更新的规则里有哪些是与你的业务息息相关的。看这些规则不见得能帮你赚钱，但至少能帮助你少走弯路不赔钱。

处罚措施包括但不限于：

(1)扣除信用分；

(2)暂时或永久关闭商品分享功能(包括但不限于橱窗权限，购物车权限及直播商品分享功能权限)；

(3)扣罚违约金；

(4)暂时或永久封禁抖音账号；

(5)冻结部分或全部账号保证金；

(6)提高保证金应缴额；

(7)不得提取部分或全部未结算/未提现商品分享佣金；

(8)限制提报营销活动；

(9)阶段性或者永久性封禁私信功能、挂车功能、直播功能、封号、封店等。

4.3 主播容易违规，中控、场控运营更容易违规

主播的违规点主要是着装举止和表达两个方面，这部分内容大家在电商学习中心的规则中心都可以找得到，但你可能意识不到，违规中还有很大一部分并不是主播的口误造成的，而是由中控或场控运营造成的。

中控可能造成违规的风险点包括但不限于以下三大类：

第1类，商品副标题飘屏或者评论置顶时涉及了直播违禁词。

(1)极限词：第一、最、国家级……

(2)功效词：减肥、美白、增发……

(3)绝对化：绝对、百分百好用……

(4)平台限制词：秒杀、赠送(没有使用买赠工作时)……

使用了前两种违规词的朋友，就是广告法没有学习明白的漏网之鱼，而误用了平台限制词的朋友，则需要多去规则中心看看。

第2类，副标题对商品信息诠释错误，或者商品详情页信息标记不清。

(1)商品规格错误：把ml(毫升)写成了l(升)，把“斤”写成了“公斤”，把“瓶”写成了“箱”……

(2)赠品信息错误：把“拍2件额外给水杯”写成了“下单有水壶”……

(3)保障类信息错误：把“发京东或者顺丰”，写成了“发顺丰”；“7天无理由”写成“有运费险”……

特别需要注意的是，有赠品的商品一定要确认链接里使用了买赠工具，确认好赠品规格和数量，防止我们的副标题、置顶信息、飘屏的信息因与系统不符而被判违规。商品副标题中如果涉及了商品的规格、价格、数量、成分、售后保障等信息，务必与商品详情页信息逐一核对。

第3类，喊单或者给主播搭话、回答用户问题时引起的违规。

这类违规与主播的违规内容一致，所以中控、场控运营开口要小心，但也不要因噎废食，因为害怕违规而全程不出声。

对于不严重的违规，抖音系统往往会先提醒，商家直播时及时改正就可以，但如果在直播过程中不及时改正，经多次提醒无果，抖音系统会加大处罚力度，所以商家在直播过程中看到违规提醒一定要及时了解具体原因，不要等着下播之后一起处理。

4.4 维护良好直播间氛围的一些小建议

对于做直播的朋友们，我有 4 个小建议，可以帮助大家维护好直播间氛围：

(1)不论你在什么岗位，直播间里都不要训讽、回怼用户，特别是做品牌直播间的朋友，这种言论对于品牌的负面影响可大可小。

(2)可以调侃自己，但不要调侃他人。说自己的产品使用感受，适当暴露自己的糗事或者无伤大雅的缺点往往更容易获得用户的好感。

(3)不发表性别歧视、性取向歧视、体型体态歧视、地域歧视、民族歧视等个人观点，尊重别人就是尊重自己。

(4)不要夸张演绎，更不要低俗演绎，不要鼓励用户打赏礼物，更不要在直播间炫富或者卖惨。

以上也是我每次给新团队做培训的时候一定会反复强调的内容。直播做得越久，越会在意这些价值观层面的问题。会用心留意以上这些方面的人做直播项目，往往都能走得更久，做得更大。

5 开播准备做得好，升职加薪会更早

中控岗位的操作门槛不高，却是一个责任心大于思考和能力的岗位。但就是中控这样看似简单的岗位，却也是最难做好的，因为这个岗位里的细节太多了。

我见过一些中控人员，开播前的态度非常不认真，开播前把直播设备打开，把链接挂到中控台，把商品摆在主播方便拿的位置，就等着开播的时候弹弹链接了，就算是完成工作了。其实该中控做的重要工作他一个都没做！中控岗位的工作抓手是商品链接，而不是简简单单地挂链接，所以我听到一些刚做中控没多久的人抱怨“中控岗位没前途”的时候，第一反应都是：“不是中控岗位没前途，是你没前途。”

在第 2 部分的最后，我会给你讲一个应届毕业生一路逆袭的故事。他大学毕业前两个月开始实习，7 月份转正做中控，当年 12 月份就独立场控运营 7 小时，完成 600 万元销售额。

中控岗位貌似谁都可以做，但往往能做好的人并不多，所以，我用足足一章来介绍一名优秀的中控人员应该做的事情。

很多人觉得直播间最考验人的是现场的瞬息万变和工作人员的应变能力。但真实的情况是，一场直播的成败 70%来自直播前的准备工作，所以往往越是重要的直播场次，直播前的准备工作越是重要。

我永远秉持着一个观点，做一名优秀的中控人员，不是老板对你的要求，是你对自己的要求。所以朋友，成为一个有责任心、有能力、值得被团队信任的中控人员，将来你自己才是第一受益人。

除了打开直播设备、挂中控台这些基本操作之外，我还会教中控人员以下 4 个含金量更高的工作内容：检查商品链接，撰写商品副标题，收集商品比价信息，以及准备福袋基础文案。

5.1 步骤 1：检查商品链接

直播间里的很多“翻车事故”，都是由于准备环节不细致造成的。我们就以商品的链接为例：商品规格错误、商品库存有问题、商品没有使用买赠工具、商品标题有问题、商品信息与主播表达信息不一致，这些问题都可能导致直播“翻车”。直播间一旦开播，很多事都是分秒必争，主播喊开价，但链接有问题导致节奏被打乱，既影响了主播讲品的节奏和状态，也没能带来销售额。

商品链接是我们直播的底线，错误的链接或者错误的描述，会引起顾客投诉，继而造成经济损失。一旦发生这种失误，直播间轻则收到违规提醒，重则被扣分、商品被下架、佣金被扣 30 天，甚至导致停播。所以，准确的链接是一名合格中控的第一要务。

下面我给大家分享一整套检查链接的方法。虽然这一整套方法相对烦琐，细枝末节也特别多，但也是我从在京东做货架电商，到抖音做内容电商，再到今天做全域电商积累下来的经验。大家可以根据自己项目的精细化运营程度和自己的时间精力来选择性地完成这些工作。

最好设置专属链接，方便设计更多的玩法

无论是店播还是达人直播，又或者是人店一体的直播，能控制自己直播间的商品链接一定是非常重要的销售手段。在达人侧，我们称这种链接为专属链接。

在抖音电商学习中心，不同的商品链接对应着不同的佣金结算规则(见表 5-1)，专属商品无疑是更加容易显示出带货直播间能力的一种形式，所以从链接可控角度，建议大家使用专属链接。

专属链接不仅对应专属佣金，也不仅是一个直播间专属身份的象征，更对应着一套在直播间里非常奏效的玩法。所以一名优秀的中控在做商品链接的时候，就已经开始给直播间设计单品玩法了。其中，专属价单独玩法是非常常用的一种形式，例如某商品链接的日常价格为 249 元，专属价可以是 199 元；在塑品的时候，直播间以 249 元 0 库存形式显示成“已抢光”。随着主播塑品节奏的推进，在直播比价、报价环节之后，用户的期待情绪被推到一个更高的水平，中控再开专属价进行销售。这是直播间的一种常见且好用的销售节奏。

表5-1 抖音电商不同商品链接的对应要求

推广计划	简介	设置佣金的区间	达人可见范围	与达人的合作方式	是否提供样品
普通商品	商品将进入作者侧的选品池，可被四端所有作者搜索、添加、推广 *普通计划与专属计划互斥，商品只可以被设置为其中一种； *普通计划的佣金，只对未设置定向计划的达人生效；	1%～50%（不同类目上限以后台显示为准）	所有达人可见商品佣金率	商品添加到联盟里，需要达人自己看	支持设置申样规则
专属商品	仅商家指定的作者可推广相关商品，其他作者不可推广	0%～50%（不同类目上限以后台显示为准）	所有达人可见商品，但指定达人可推广，指定达人有专属导航“专属推广”	线下沟通，先达成合作，后设置	支持设置申样规则
定向佣金	为指定的达人设置定向佣金率	0%～80%	所有达人可见商品，但定向佣金率指定达人可见	线下沟通，先达成合作，后设置	支持设置申样规则
阶梯佣金	为达人设置阶梯佣金，达人完成商家配置的门槛销量后，佣金率自动提高。	基础佣金率和奖励佣金率均为0%～79%，且基础佣金率+奖励佣金率≤80%	所有达人可见商品，阶梯佣金若不支持公开申请则指定达人可见，若支持公开申请则符合报名门槛达人可见	公开：商品添加到联盟里，需要达人自己看 不公开：线下沟通，先达成合作，后设置	支持设置申样规则

一些刚做电商的朋友会提出疑问：“这样的方式对于商品的销售真的有

帮助吗?”这是一个非常好用且古老的销售方式。超市的限时折扣、电商的限时秒杀、房地产的限时特价等销售行为都伴随着一个非常重要的心理学常识,即锚点效应。其实,第一个露出的价格只要不是特别离谱,都会成为用户心中的一个心锚。在直播中,这个概念依旧适用。主播在塑品环节不断地提升用户对产品的期望,在报价环节给用户一个锚点,之后承接一个专属的优惠价格,这是一套非常清晰、完善的调动用户下单欲望的流程。在后边的主播塑品章节里,我们还会进一步讲解阶梯报价。

除此之外,我们还可以叠加直播间红包、指定类型优惠券等,给用户营造“更加划算、更加稀缺”的感受。

中控在做专属链接的时候需要注意一个细节,如果这个商品在抖店里有一个有销售且好评率在95%以上的链接,尽量不使用新链接。这是对直播间的一种保护,可能对于抖店端的运营有一定的难度。为什么要尽量争取在有销量且好评率比较高的链接上做专属呢?主要是有以下4个原因:

第一,抖店在2023年9月之前有一个功能叫商品分层,目前平台显示后期会改版迭代这个功能。在更早一点的2021年巨量百应数据大屏的一个版本中,曾经短暂出现过一个“商品引流人数”功能。这两个先后出现的功能都说明,抖音一直都有对商品进行分级的动作,虽然这个权重的计算方式我们不得而知,但至少说明一个销量高、评价好的链接是有流量倾斜的。同样,如果我们使用的是一个全新的链接,这个链接是没有权重可言的,它在直播间的表现好与坏只能由这个直播间的主播能力和运营能力决定,少了一个很重要的基础权重。2024年抖音做全域经营,这样的链接适用性就更广了,所以能拿到这样的链接做专属对直播间而言一定是如虎添翼。

第二,评价是一个用户在购买前会特别注意观察的位置,这里体现的是其他已经下单消费的用户对商品品质、物流等信息的反馈。如果用户看到一个销量很高的链接,其中好评居多,还有晒图,再配合上直播间主播的精彩讲解,下单的意愿会增加。但如果是一个没有评价的新链接,用户就缺少了这个参考项。

第三,对于商家端也是相同的情况,能把所有带货达人的销量积累到一个链接上增加商品的权重对于商品在全域的动销都是有帮助的,可能会帮助商品冲刺进入某个对应的抖音商品榜单。这可以进一步刺激更多的带货达人来主动合作,减少商家抖店的重复铺货工作。

第四,当一个链接销量足够高时,这个商品极有可能会冲进某个阶段的品类榜单，这又会进一步带来更多的流量。一个热门链接同时还能撬动货架场的流量，让商品有更多的曝光，带来更高的转化。

所以，一个自己可控的专属链接是直播间做销售增量的法宝，对于抖店商家和达人来说都是好事儿。

用做商品详情页的精细程度设计你的商品主图

做过京东、天猫、拼多多等货架电商的人都会明白一张商品主图对于商品的销售是多么有帮助。同样到了抖音电商中，商品主图在直播间、短视频、抖音商城等位置，都在一定程度上决定了商品的曝光点击率。商品的曝光点击率之后是商品的点击成交率。“商品曝光流量×商品曝光点击率×点击成交率×客单价＝商品的销售额”，是做流量生意的每个朋友都要时刻记住的公式。从这个公式里，我们可以看到，在其他因子不变的情况下，商品的曝光点击率越高，商品的销售额就越高。

所以，一个对目标用户有吸引力的商品主图是做好电商的第1步。但抖音是一个审核相对严格的平台，它不允许那些以虚假信息欺骗用户点击的图片，以及网络搬运带有水印的商品图片等出现。关于主图的基本规则，大家到抖音电商学习中心中搜索“商品主图发布规范”，可以明确看到抖音官方对于商品主图的详细要求。

这里我重点和大家说一下抖音的商品主图和其他平台的不同之处。我们提出一个概念，叫“用做商品详情页的细心做抖音的每张主图”。

我们换一个角度，现在假定你是一名天猫或京东的用户，你的购物习惯往往是这样：首先在搜索框里输入一个想要的商品信息，其次按照“综合”或者“销量”进行排序，之后选择一个排名靠前且看起来很不错的主图点击进去，最后去看这个商品的详情页。你还会特别注意去观察用户的评价、晒图、追加，还会看看差评里都是些什么原因，最后决定是否购买。

但在抖音平台，特别是在抖音直播中，用户并不怎么深度浏览商品详情页，因为用户获得信息的主要途径是直播间主播的口述。用户心动之后会点击商品主图，他更加愿意滑动商品的几张主图，然后直接跳转到商品评价。所以，抖音商品这4～6张商品主图其实承载了刺激用户需求的主要作用，商品详情页反而没有那么重要了。

还有一个很重要的原因，就是直播本身是让用户冲动消费，所以直播间往往会伴随着拉库存、主播会渲染商品库存少等行为，用户也会更快速地下单，也因此用户就没有充足的时间看商品详情页里的文字，就更愿意去看商品的主图再迅速做决策。

很多抖音直播的朋友对这些小细节不以为意，但这些都是对流量的精细化运营，背后体现的是对抖音生意的思考和对用户消费行为的洞察。接下来我们就分享一下如何用做小商品详情页的逻辑做商品的主图。

主图视频是加分项。

抖音提倡放主图视频，因为一个商品的链接要适用于短视频挂车、直播间挂车、抖音商城、抖音搜索等多个不同位置，而主图视频是最容易满足在非直播场景里给用户提供有效信息的一种形式。

什么样的视频适合做主图视频？注意，越是大品牌越要注意这个主图视频尽量不要使用通常在电视或者其他货架电商平台使用的广告短视频。广告短视频不仅起不到吸引用户的效果，还容易让用户失去兴趣。这里建议大家用你账号里已经验证过的与产品有关的短视频做主图视频，挑选2秒跳出率低、完播率高的，或者在千川里付费测试过转化率高的短视频或者片段。

第1张主图是重中之重。

说完了视频主图，我们继续分享图片主图的一些制作技巧。主图的第一要务是清晰度，像素至少是600×600。商品主图是激发用户购买欲的重要工具，特别是第1张商品主图更加重要。用抖音官方的说法，进阶的商品主图优化包括有卖点、有促销、有背书和有场景。

有卖点指的是用户看到主图时能迅速理解产品的好处。比如“充电5分钟通话2小时”这句话是2015年OPPO推出闪充功能时的广告词，这是关于产品卖点的非常有冲击力的广告词，经过近10年我们依然记得很清楚。

有促销指的是主图上有价格利益点或者特殊价格机制、有赠品、高客单价商品分期免息或一年之内只换不修等信息。

有背书指的是主图上有产品特殊资质说明、专利技术、明星或行业专家的证言等。

有场景指的是能让用户瞬间明白产品在什么场景里给自己加分或者满足自己的什么需求。在服饰、家居、美妆、食品、生鲜等众多类目里，基本上都存在一个通用的规律：场景效果图＞实物静拍图＞产品白底抠图。场景主图会让你的目标感用户有很强的代入感和购买欲，我们要按照你的商品所处的类目和目标人群去寻找适合的场景主图。

为了提升主图的转化效果，我们可以在适当的位置加上产品的核心卖点，字数通常为4～8个字，注意内容有效性。（关于文案，我会在超级福袋和商品副标题环节给大家做分享。）同样，如果是白底图做第1张商品主图，也可以选择加一个彩色边框，或者在底部加一些吸引用户点击的商品文案，以提升商品的曝光点击率。

每个类目的商品主图都具有不同的特色，但幸好抖音是开卷考试，所以店商可以去看同类目里表现好（销量高、多次刷到、带货的直播间多等条件）的商品主图的构图、颜色搭配、场景搭配等，都会对自己的商品主图优化带来更多有价值的参考。但注意，不要搬运，不要抄袭，要优化。

同样，没必要让自己的第1张商品主图同时满足"四有"特点，往往在不影响美观度的前提下满足其中的1～2个就很好了。

第2张主图重点展示产品核心卖点。

任何一个产品都应该找到一个"人无我有，人有我优"的核心卖点。当用户看完第1张产品主图向左滑动看第2张的时候，这已经说明用户对这个产品产生了兴趣，所以第2张图片是给你用来"秀肌肉"的——告诉用户你的产品和用户看到的其他产品有什么不同。这一点我们也叫作差异化卖点。

例如：耳机的超长待机××天、化妆品的美白特殊证明、零食的健康配料0添加、内衣的抗菌亲肤、服装的科技面料专利等信息。你的目标用户通常最关心的问题，你都应该在这一页上"秀出来"。有资质、有证书、有官方背书的这一页是非常好展示的，但不要只放一个获奖证书之类的，还是要包装一下文案。

如果一些产品在成分上没有特别值得说明的，第2张主图放什么信息比较合适呢？以服饰鞋靴为例，我们可以在第2张图上放目标人群感兴趣的场景穿搭图，给用户展示出和第1张图不一样的场景、风格或者效果，给用户营造更强的场景感。

如果你是做达人直播，可以请商家帮你把第2张图换成你的达人场景实拍图。这里有两个好处，一是达人在讲品的时候会突出粉丝专属感，二是达人会更加愿意讲解，因为这个链接和他有关系。同理，店铺自播也可以换成自己的主播图片。注意，一定要拍得足够好看才会起到效果。

第3张图建议展示特殊机制。

前两张图给用户营造了氛围感和特别感，第3张图建议说一下自己的特别机制。当然如果你的产品主打的就是机制，你可能在第1张图上就要放大展示。

机制环节主要传递的讯息就是今天下单有多划算。怎么划算就怎么呈现：有赠品的拍一得几，同时记得使用买赠工具，防止违规；领券立减的写清楚到手价格；参加官方活动的写清楚活动力度和时间周期。对于有特殊时间限制或者使用了抖音官方秒杀工具的一定要体现时间紧迫性，同样如果是大促前的保价机制，也可以在这一页里体现出来，告诉用户买贵退差价等信息。

如果产品没有比较有吸引力的机制，这一张图可以展示产品的局部细节，如服饰的领口、袖口、内衬，零食生鲜的切面摆盘图片，注意是能体现产品品质和用户有关的细节。

第 4 张图建议展示产品规格或者尺码信息。

这张图属于典型的补充信息。在用户具备了购买意愿，想详细了解一下产品的规格时，第 4 张图在机制页后面呈现规格信息显得更加合适。

很多商品都是多个单品组合机制的，在零食、生鲜、个人美护、家用清洁等类目非常常见，这一页可以详细地给用户呈现商品套装里都有什么，分别是什么规格，多少数量，总数是多少。

服饰类商品有尺码信息，要给用户做好尺码对应关系，身高体重对应的尺码信息，身高写厘米，体重写斤数，须逐一对应（见表 5－2）。如果款式偏大或者偏小，特别是鞋子和贴身的衣服，一定要给用户标记清楚。

表 5－2　尺码推荐表

尺码	身高/厘米	体重/斤
39	165	90～110
40	167	110～130
41	170	130～150
42	175	150～170
43	178	170～190
44	180	190～210

第 5 张图建议展示服务保障。

我们梳理一下目标用户在看主图过程中可能出现的情绪变化：如果目标用户在第 4 张图上看到了合适的尺码信息或者满意的规格，最后一张图就是临门一脚，要解决用户下单的后顾之忧。所以最后一张图建议大家把产品或

者品牌给到用户的常规服务保障信息呈现一下，比如物流发京东或者顺丰、大件家电上门包安装，电子产品只换不修，生鲜破损包赔，化妆品过敏包退……从以往的抖店后台数据反馈来看，主图的后两张用户浏览率偏低，但这样的信息建议大家还是要放在主页里。

作业区

1. 商品主图一定要做5张吗？

这只是根据我以往做京东和抖音业务的经验总结出来的，不过4～5张商品主图也是官方的建议。

2. 主图的顺序一定要这样安排吗？

不一定。以上5张商品主图涵盖了目标用户关心的绝大方面。依据类目和节点的不同，主图是可以随时进行调整优化的。

自己优化的商品主图到底有没有效果呢？这也是大家很关心的问题。做抖音电商也好，做其他的运营工作也罢，我们最需要掌握的就是通过数据去验证自己的想法和动作的有效性。所以，无论是看书，还是上课，你要抱着多次验证总结出适用于自己项目的态度去看待别人分享的知识。

做抖音电商的早期，在还没有积累经验的时候，你可以主观一点或者以前辈的分享为基础依据，但一定要通过数据去优化迭代。接下来，我们就学习一下如何验证自己的商品主图修改是不是起到了正面的促进作用。最有效的方法就是进入商家的抖店，在抖店后台的“商品诊断”模块去看商品卡的曝光点击率。但这个功能抖音一直在变化，所以很多版本中不容易出现。同时，大家可以在抖店商品卡中对主图修改前后的商品卡点击次数/商品卡曝光次数做一个对比，修改后的数据越来越高，往往说明主图修改得越成功。

还有一个位置能看到我们的主图分析，但是只有进入了“猜你喜欢”的商品才能看到这个数据。我们可通过“路径→电商罗盘→商城→商品卡→猜你喜欢分析→主图分析”进行查看，但记得修改你选择的时间。

还有其他办法可以查看商品点击率是不是在提升吗？有。大家可以去看直播时的商品点击率。这个方法对于达人直播和店铺自播都适用。具体方法如下：

第1步，把商品放在购物车的固定位置，比如第5位，静默放置10分钟，记录商品的曝光点击率。

第2步，除了主图以外，在其他信息不更改的前提下，修改新的商品主图，还是放在相同位置，再静默放置10分钟，看一下商品的曝光点击率是不是有所提升。

同样，如果修改后的静默曝光点击率下降了，说明这个主图和目标人群不匹配，建议重新测试。当然，也可以在讲解过程中做测试。注意相同的时长，相同的主播，相同的节奏，总之在尽量减少变量的前提下，才能最大程度上测试出修改后的主图是不是足够有吸引力。

一个有效的商品主图会通过短视频、直播间、商品卡等各个商品露出的位置为商品带来更高的曝光点击率。这是流量漏斗的第一层，这一层的扩大会对商品的成交增量起到促进作用。

能按照这套方法做出来一个有效链接的中控已经掌握了直播间讲品的一套逻辑：首先找到和用户建立联系的场景（第1张图），向用户进一步展示商品的卖点和产品细节（第2张图），花式告诉用户今天的产品有多划算（第3张图），给用户看清楚规格和机制，让用户进一步感觉该商品无论从数量还是质量上都很符合预期（第4张图），告诉用户商品的各种保障，打消下单的后顾之忧，之后开价，用户开始下单购买商品（第5张图）。

虽然前文我说的是用做小商品详情页的方法做商品主图，其实它更是一套完善的用户运营攻略。做中控，做场控运营，甚至是做项目负责人，或者自己创业做生意，都需要这样一套用户思维。我希望这套方法对你以后的工作有所帮助，关键是要用起来。

优化你的商品标题，让它易搜更吸睛

虽然我们这本书介绍的是直播业务，但是无论哪个电商平台，一个有效的链接既能满足直播间的需求，也能在搜索端获得更多的精准流量。如果你有过货架电商的工作经验，优化商品标题的逻辑是可以快速复制过来的。

我们先分享一下商品标题撰写的原则：

第一，标题60个字符，折算成30个汉字，尽量写满、用好。

第二，尽量含有热词和高坑产词。如果你的品牌词、品类词、达人词是热词那就要前置，如果是非知名品牌则可以后置；朋友们还可以去抖店后台的电商罗盘中的搜索模块，去关注一下引流搜索词。这里大家要注意，热词一旦在你的链接有了很高的产出，就变成了高坑产词，这个时候尽量不要动这个词，也不要修改它在链接里的位置。热词前面和后面的词都可以再找其他新的热词来填补，看看效果会不会更好。

第三，要有内容类词汇，主要包括抖音站内能看到的与你的商品有关的内容词或者描述商品独特性的内容词。大家可以在巨量算数里查看近期整个抖音站内与你的商品有关的高热度词。

第四，重要营销信息可以前置。如果这个商品你有特别值得表达的营销信息一定要前置，比如“买一送一”“保价双11”“明星同款”这类可以吸引用户点击的促销信息。

所以，总结下来，我给大家准备一套相对简单的标题撰写公式，即

> 品牌标题：重要的营销词＋品牌品类词＋热词高坑产词＋内容词
> 白牌标题：重要的营销词＋热词高坑产词＋品牌品类词＋内容词

不要照搬京东、天猫的商品详情页，抖音的逻辑大有不同

不是说照搬其他电商平台的商品详情页完全不可以，照搬其他平台的商品详情页是一套安全、保守、不容易出错的逻辑。在货架电商里，用户获得信息的主要渠道是商品详情页，所以商品详情页往往很长，图片数量也很多。但到了抖音平台上，你会发现用户了解一个产品的载体改变了，它可能是短视频，可能是直播间，也可能是主动搜索，即使是主动搜索，用户还是更加喜欢看视频。用户的主图浏览深度往往比纯货架电商的少很多。

如果你的商品是以直播或者短视频为主要销售渠道的话，用户购买商品的兴趣不再单纯依靠商品详情页里的介绍，而更多的是对主播的精彩演绎或者内容的呈现已经产生了兴趣才点开商品主图，进而去浏览商品详情页，我建议你的商品详情页也做一下对应的优化和调整。首先，与成交有关的信息尽量往前放，比如特色服务保证、产品规格或者尺码、商品促销机制，往往这样的内容在前1～2张商品主图中就能覆盖了。此时，用户已经产生购买欲，我们需要给他们此刻就下单的理由。其次，要优化产品的卖点信息和场景信息。当一些用户在犹豫时，说明他们在寻找更多的补充信息，这时商家使用场景类的卖点信息比较有帮助。最后，优化产品的品牌信息，这里主要指关于品牌的介绍情况。

还有一类商家在抖音上主要的销售路径是抖音商城和搜索，他们的商品详情页做法就更接近于其他货架电商平台。这部分不在我们的讨论范围内。

多SKU做好信息维护，偷偷提升商品转化率

朋友，我们先来个互动提问：商品链接中是不是SKU越多越好？很多刚

做抖音电商的朋友都会被这个问题迷惑，认为 SKU 越多越好，因为它给用户提供了更多的选择权，这样用户会更加愿意下单。

我们以直播商品链接为例，其实并不是 SKU 数量越多越好。在直播这个场景里，你会很明显地感觉到，用户购买商品主要考虑的是价格和主播的主推力度，这一点在服装类目上格外明显。所以判断一个商品链接里要加几个 SKU 比较适合，可以从用户点击兴趣度、用户选择舒适度、用户购买决策速度 3 个方面来考量。

什么是用户点击兴趣度？你有没有在直播间看到过标价 9.9 元的蓝莓或者其他非常有价值感的商品，但是这个商品是没有开价的。这不是抖音等平台严厉禁止的虚假宣传行为，而是很多类型商品吸引用户点击链接的一种方式，但前提是链接里要有这个真实可售、大多数区域用户能下单的商品。能让用户有停留点击的欲望，且这个操作不违规的 SKU 就是我们所说的要重点考虑的点击兴趣度商品。做这类操作时，大家一定要经常去抖音电商学习中心里看看最新的规则，以防违规。

什么是用户选择舒适度呢？有时候，用户看到的 SKU 数量是和他购买的欲望成反比的，SKU 越多，用户就越容易挑花眼。大家要结合商品的目标人群来看，整体来说男性用户更加没有耐心。我在做男装的达人直播业务时，会刻意删除很多颜色不符合目标用户的 SKU。这里体现的就是用户选择舒适度。经常有朋友说："老时，SKU 多点，那不就可让用户多看一会直播了吗？这不是增加了用户平均停留时长吗？这不是挺好的吗？"事实上，SKU 太多会显得链接整体很复杂，今天在抖音上女性用户没有耐心，男性用户更没有耐心。一旦商品价值感不强，用户就会弃选，所有选项都不看了。

什么是用户购买决策速度呢？它指的是通过 SKU 排序和 SKU 上的提示信息来促进用户的下单速度。越是主推的 SKU，越应该在链接里靠前的位置。仅仅靠前就够了吗？还不够。还要在这个 SKU 上给主推的商品写上简短的推荐语，比如"主播同款""90%用户选择""划算""少量现货""黄皮拍这个"。如果是服装类的商品，还可以把衣服尺码对应的斤数范围写上。注意，我们要写斤数，不写公斤数，因为省去换算的过程就是提升用户下单意向度的过程。"我是来购物的，不是来算数的"——这是做了多年"双 11"活动之后用户对于货架平台吐槽最多的点。

5.2 步骤2:撰写商品副标题

商品副标题为什么重要

如果你是达人直播,商家不愿意配合你修改商品主标题怎么办?如果你是店铺直播,公司不允许你改动商品主标题怎么办?

这时候别灰心,至少你还能修改商品的副标题。即使成功地干预了商品的主标题,你还是要修改商品的副标题。身为直播的中控或场控运营,就要在这些外行看起来不起眼的地方下功夫,在潜移默化中提升用户的购买欲望。

有了商品主标题,副标题还有什么用?这是很多朋友的困惑。商品主标题是这个商品在抖音全域展示的基础,是用户在搜索时的重要线索,因为标题里包括的词本身是有热度和权重的。但主标题有30个字数的限制,很多营销信息不方便放到主标题里,并且一个链接的主标题只能有一个,这时副标题的作用就凸显出来了。

首先,直播间的商品副标题是主播的第2张名片。我们会根据直播间的产品卖点、目标人群、主播风格做提炼,虽然副标题的字数不能超过15个,但是却能影响用户的购买决策。商品副标题是为数不多的、可以在直播间现场随时修改的“移动广告牌”。

其次,合适的商品副标题会根据直播节奏和场次随时调整。例如开价前商品库存是关闭的,副标题可以用于渲染价格划算、数量少;开价后副标题可以用于渲染产品品质好、使用场景多;爆款循环讲解时,副标题可以强调热销数量、现货库存少……你会发现商品在一场直播里的全生命周期都是可以通过商品的副标题做展示的。

最后,副标题之所以重要,还有一个原因是它足够醒目。当一名用户点开购物车的时候,每个商品大约有3个位置会被显示成醒目的红色,分别是副标题、价格和“去抢购”标签。之所以把副标题也设置成醒目的红色,是因为这是影响用户购买决策的一个重要环节。这么重要的资源位置千万不要忽视。抖音上很多不起眼的功能都是在设计上“别有用心”的。认真去研究每个平台的产品功能设计,你会成为一个非常懂平台的人。

常见的违规和无效的商品副标题

当然,并不是所有的副标题都对商品的销售有帮助。常见的5种违规的副标题有：

(1)广告法、抖音平台明令禁止的违法违规内容；

(2)不能提供资料证明的功能性或者专利技术描述，食品、化妆品、保健品等类目要格外注意；

(3)涉及宗教、政治、性别歧视、地区对立等内容；

(4)副标题描述的信息例如材质、规格、赠品、服务保障、现货预售信息等内容与商品详情页不符；

(5)宣传免费试用、好评返现等诱导用户下单，但不能兑现。

有一些违规的副标题，在写好提交的时候平台会直接通知不过审，但并不意味着所有过审的副标题在直播过程中就不会违规，因为电商平台系统设置了一些高频违规词，一旦直播中出现了此类词会自动触发系统机制。更多的词汇系统会抓取商品的详细信息和直播间的实时变化来进一步判断，商家一旦触发该机制轻则受警告，重则被扣除信用分，所以在撰写副标题时，商家一定要避免违规内容。

这里提醒一下朋友们，当商品的赠品、现货库存变成预售等商品详情页信息发生变化的时候，一定要检查一下你的副标题，防止副标题在直播过程中与商品详情页不符，这种违规情况也经常发生。

介绍了 5 种明确违规的副标题类型之后，我们再来说说无效的商品副标题。副标题处在如此醒目的位置，是一定要给目标用户提供有效信息的。我在给很多大的直播间做精细化运营的时候，就会看到以下这 3 种副标题：

第 1 种，仅仅是把商品主标题的字数浓缩一下，例如商品主标题是“双面德绒打底衫男秋冬款时尚百搭插肩袖卫衣男休闲撞色情侣款长袖”，副标题被浓缩成“秋冬双面德绒，插肩撞色”。这种标题倒不是完全不行，虽然不违规，但也没有给用户提供什么有效的信息。即使要发布这样的信息，至少也应该把德绒对目标用户的好处写出来。

第 2 种，直接把商品价格写在副标题上，比如一件卫衣的价格是 99 元，商家在副标题上直接写着“99 元”，这也是一种的无效信息。本来在购物车里，价格的颜色就是醒目的红色，再次强调价格就显得没有必要，也浪费了副标题的位置优势，哪怕在“99 元”后再补充上“重磅挺阔、显衣型不显身型”都是比较好的副标题。

第 3 种，用户理解难度很大的专业术语。这是我觉得最头疼的一类副标题，比如卖学习桌上的护眼灯，副标题写“色温 4500K”，再比如卖胶原蛋白肽，副标题写“每瓶含3000道尔顿”。这些看似非常专业的内容其实用户是没办法理解的，就像我经常说“充电5分钟，通话2小时”为什么就比“内含骁龙825处理器”效果要更好一样。用户需要有人告诉他购买这款产品的好处和使用场景，而不希望得到一个冰冷的产品参数，就像我们做营销的人总是说：“用户要的不是一把锤子，用户要的可能是墙上那个能挂住相框的钉子。”

有效的商品副标题怎么写

朋友，当意识到这个只有15个字的副标题如此重要时，你会怎么写这个副标题呢？写商品副标题这个看似极其简单的工作，其实是非常有讲究的。

一个能写出好的商品副标题的中控，一定会是一个好的场控运营，甚至会成为一个好的项目操盘手，这一点我非常笃定。这不仅仅是我过去几年带过很多实习生、应届毕业生和中控的感受，更是我自己在追踪项目一年以上看到的数据证明。

一个好的商品副标题的背后逻辑其实是用户思维。如前文所述，写出来无效标题的中控，其实是没有想明白：这个标题是要给谁看的？要给对方看什么？希望对方看到标题后有什么反馈？

单纯把30个字的主标题浓缩成15个字，或者单纯重复价格，本质上都没有站在用户的角度去想清楚自己要传达什么信息。而一个好的副标题要么是站在用户的角度推用户一把，要么是给用户一个明确指向，要么帮助用户解决一个问题。关于商品的副标题，我给大家总结了3种不同的写法。

第1种：打消用户疑虑、催用户付款，几乎所有商品都可以，但特别适用于有服务保障或者特殊机制的商品。

第一，思考你的商品有什么特殊的保障。很多朋友的第一反应都是没什么特殊服务保障。其实，在你的商品链接中一定都包括了保障说明，而保障说明中至少包括了运费险。虽然运费险是一把双刃剑，一方面会增加用户退货的门槛，但另一方面在促销环节，这个信息对用户有一定的吸引力。强调运费险类型的文案往往可以和其他文案搭配使用。

例1：运费险和产品本身利益点搭配

大毫安充电宝——满电能充4次苹果15！运费险

羽绒服——90鸭绒新国标，三防面料运费险

例2：运费险和促销利益点搭配

折扣高——4折现货，运费险放心拍！

有赠品——下单额外有水杯，运费险！

总之，商品副标题的15个字，任何内容之后，如果还有3个字以上的富余位置，只要产品有运费险，都可以加以强调。

第二，很多单品都有自己的特色服务保障，比如食品的坏损包赔、3C大家电的送货上门包安装、数码耳机的一年之内只换不修、化妆品的过敏包退……还有很多商品有试吃、试用或者有赠品，这些也都是可以打动用户的特色服务保障。还有一些如耐克、苹果手机、雅诗兰黛、始祖鸟、茅台等知名产品，本身保真就是很好的利益点，商家往往在系统录入的时候就会写着假一罚几，所以这个利益点也非常好用。还有一些产品是属于抖音二手奢侈品类的，这类商品往往“一物一检”，这就是很好的卖点，也是给用户最好的保障。同时，还有一些商品的物流是京东快递或者顺丰快递，这也是用户会感兴趣的利益点。

例如：运动耳机——超长待机30天，1年内只换不修！

面膜带试用——退货不退试用装，好面膜放心用！

耐克正品——正品！一物一检，今天4折发顺丰

大闸蟹——死蟹包赔！顺丰冷链送到家！

沙发——送货上门包安装！10年质保放心用

茅台——正品！假1罚×！能开发票！冲！

第三，催促用户付款也是促进成交很重要的环节，但不能单纯催用户“快拍”。要给用户一个“感觉机不可失，时不再来”的理由。理由有时候比促销本身还重要。就像大家看到“双11”的电商促销一样，限时优惠也是一种催促。我在京东有过两年的工作经验，参加了两次“双11”，体验过11月11日晚上8点开始的“最后疯狂4小时”。当时的用户是真的能体会到错过再等半年的感觉。所以大促本身就是刺激用户下单的一种催促，如果还能叠加限量赠品、商品秒杀、新品首发等形式就会起到更好的效果。

例如：保价双11，买贵退差价！运费险

双11机制倒计时，现货顺丰

大鹅4折仅1天！立减600元

新款首发！下单带走4件套！

还有一种情况，是以清仓断码、少量现货、工厂放假等形式直接告知用户商品库存有限，或者强调优惠券数量有限，也是一个促销的理由。

例如：新款3折！断货不补！运费险！

不讲不开价，现货库存少！

领券减40，每人限购一次！

经常有朋友会问，如果没有任何促销，还能不能给用户营造催促付款的感觉呢？其实也是可以的，中控只需要控制商品库存就能实现。这就涉及我们要使用的专属链接。这里有一个注意事项，千万不要出现商品库存有20000个，中控把所有商品库存都加上，然后副标题里写着“库存个位数”的字样，这种情况非常破坏用户购买的兴趣。

作业区

你销售的产品是什么？试着根据上述3个方法按照每种风格，分别起一个副标题。

第2种：告知用户如何做选择，特别适合链接里有两个以上SKU的商品。

如果你销售的商品链接里不止一个SKU，你都可以使用这种商品形式作商品的副标题。大家在撰写这类标题的时候，目的是要帮助用户做选择或者推荐，甚至我们要有一定的倾向性，一部分SKU是固定的“炮灰锚点品”。

第一，不同SKU，不同功能效果。如果你销售的产品是有明确不同功能的，例如洗发水、美妆护肤、保健品等产品，你应该尽量缩短用户自己寻找适合SKU的时间。白加黑感冒片曾经有一个广告：“白天吃白片，有精神，晚上吃黑片，睡得香。”这个广告词给我留下了非常深刻的印象。这种给用户指明了具体操作路径的方式，对于商品的销售非常有帮助。

但是撰写这类标题时，如果涉及功效，切记要看看商品的商品详情页中是不是有证明材料，防止我们的商品副标题因为虚假描述而违规。

保健品品牌GNC有一款男士营养包（之所以叫营养包，是因为每一次吃的保健品商家给你组合好了），其中的SKU是按照年龄来区分的：30岁为绿色包装，40岁为蓝色包装，50岁为黑色包装。但是用户在不点击链接之前是不会看到差异的，所以商品的副标题就起着引导用户“对症下药”的作用。例如：30岁拍绿色，40岁蓝色，50岁黑色（只能15个字，所以有些文案要在不会产生阅读障碍的时候选择压缩字数）。

同样，洗发水也会有区分，例如：生姜拍黄色，控油拍红色。为什么我们不说“防脱拍黄色”？就是因为防脱是一个需要特殊证明才能表达的功效。再以迪士尼的童装为例，标题可写成：公主选玲娜贝尔，王子选米老鼠。

有人会问，这种标题有什么好处吗？我以我在生活里观察到的一个例子来做解释。我以前住在北京，楼下有一个做煎饼果子的大姐，我每天早上去抖音上班的时候都会从她那里买一个煎饼果子。这个大姐的生意比旁边其他早点摊的生意好很多，前提一定是她的煎饼果子做得好吃，但她还有一个小秘密，她永远热情洋溢地问："老弟，你要一个鸡蛋还是两个鸡蛋？"几乎大家都说一个鸡蛋。然后她会热情地说："好嘞！辣条、烤肠、土豆丝加哪个？"

朋友，你感觉出来了吗？这位大姐要是不问，我可能也就加一个鸡蛋，但是她问完鸡蛋之后，又来了一个辣条、烤肠、土豆丝的选项。这是一个陷阱型的问题，因为这就把一个附加题变成了一个必选题。同样，我们的副标题也是容易给用户形成很强的心理暗示，从原来用户关注的需不需要，直接变成了用户需要 A 还是 B。

所以，从这个视角看直播，你会发现这哪里是简单地卖货，这就是一场消费心理学和行为经济学的实操课。如果用这样的方式做直播，你会发现直播真的是其乐无穷。

第二，不同 SKU，不同颜色或者款式。在服饰、家居家纺、食品类目中经常会出现不同的 SKU 对应着不同的颜色、款式这种非功能上的偏好。撰写这类商品的副标题时，我们往往有两个原则。一个是我们希望用户购买哪个，尽量在副标题里给出明确引导，同时主播在讲品的过程中展示、口播都要侧重到这个 SKU 上。另一种情况是我们并没有 SKU 上的倾向，这个时候我们就要一边直播，一边观察商品的热销 SKU，根据直播情况及时修改商品的副标题乃至商品主图和主播在讲解时常用的样品。这时，商品的副标题是随着直播不断调整优化的。

例如：男装——兄弟拍黑色！重磅垂直又百搭！

鞋子——姐妹就拍迪奥灰！酷飒甜美好搭配

饮料——信我的！蓝莓口味欲罢不能！

第三，不同 SKU，不同规格。这种情况多出现在食品生鲜、日用百货、美妆面膜、组套服饰、保健品等类目的商品里。这类商品的副标题往往都是刺激用户囤货，所以在 SKU 设置上，往往是规格越大数量越多，核算的单价越便宜。

例如：洗衣液，3 公斤的售价 30 元，核算每公斤 10 元，但链接里另一个 SKU 是 20 公斤 100 元，核算每公斤 5 元。用户一旦对商品感兴趣，就会更加倾向于商品链接里更加划算的那个。所以在副标题上，往往会用价格和保障来明确引导用户购买大规格的商品，即我们的商品副标题可以是“20 公斤划算！花 3 个月钱能用一年”。

这个方法在美妆面膜类产品中也非常常见，都是在给用户计算多规格的有多划算。这里我们再分享一个切片报价的方式，这是主播经常在塑品开价前会用到的话术，即“一片只要 3 块 3！敷完心情美翻天”。

还有保健品也会用到这样的方式，诺特兰德曾经有一段时间风靡抖音，旗下售价 9 块 9 的维生素含片，一年销售了上亿瓶。其中，很多直播间的副标题是“每天 3 毛 3，月花不完一杯咖啡钱”。

在水果品类里也是如此，橙子有小果、中果、大果和精品果，直播间引导用户去拍精品果，可以说“百里挑一精品果！一年一茬明年见”。

这种带有明显导向的商品副标题往往都对商品的转化非常有帮助。如果你看过古斯塔夫·勒庞的《乌合之众》，你会明白什么是群体的非理性行为。其实用户并没有你想象得那么理性，用户非常容易受到外界环境的影响，只要你给了用户一个合适的推荐理由，他就会往成交的方向又前进一步。所以针对这种多规格的 SKU，做好你的推荐是必要动作。

作业区

给你的商品写个指向明确的副标题，让用户能够快速明确自己要下单的商品 SKU。

第 3 种：给用户一个痛点场景，再给用户一个解决方案，几乎适用于所有商品。

朋友，如果你已经能掌握了前两种撰写商品副标题的方式，就比很多同行小伙伴优秀很多了。我总是说要学会像抖音一样的“赛马”生存方式。打铁还需自身硬，我们要想做成一件事儿，就一定要像抖音直播电商一样，比同行同级优秀才有机会杀出重围。

第 3 种副标题的写法相对于前两种更加有难度。这里我们提到一个很重要的词：场景。这个词请你务必牢牢地记住，因为在我们的超级福袋文案部分，在主播塑品部分，在整理商品口播信息的部分，这个词都会反复出现。还有我们前面说过的另一个词——用户思维。这两个词构成了我做抖音电商和做生意的地基，也是让我穿越传统行业和互联网行业去创业的法宝。我会在这本书的最后和大家说说我是怎么从一个燃气公司的一线员工走向京东、抖音和“交个朋友”的。但你一定要记住这个词，场景。简单地说，场景，就是用户什么时候用你的产品解决什么问题。

我从小就被一个广告疯狂地洗脑——今年过节不收礼，收礼只收脑白金。当年的脑白金就是一个找到了场景之后得到爆发产品的典型。当年是电视媒体时代，脑白金其实只在端午节、中秋节、重阳节、春节几个节点做大量广告投放，但效果惊人的好。这就是抓住了儿女们回家看望老人的场景。

同样，如果你能找到一个你的目标用户使用产品的场景，你就给用户购买产品找到了一个理由。

如果你卖的是低卡小蛋糕，你的目标用户大概率是想吃零食又怕胖的女生。那么什么时候一个女生最容易纠结吃还是不吃呢？往往是晚上或者夜里。所以，你的商品副标题可以这样写——半根香蕉的热量，夜里加餐不害怕。

如果你卖的是大码女装，你的目标用户可能是身材不自信的女生。那么什么时候这个女生会感到苦恼呢？大概率是出门参加闺蜜聚会的时候。所以，你的商品副标题可以这样写——藏肉收腰有曲线！闺蜜对你另眼看。

那么如果你卖的是车载剃须刀呢？你的目标用户应该是有车一族的男性用户。他们什么时候需要刮胡子呢？通常是去见重要客户之前需要再处理一遍胡子。所以，你的商品副标题可以这样写——充电一次用半年！随时整理好门面。

写出一个有场景感的好标题其实不难，就是要聚焦到目标用户的具体画像和具体场景，再配合上我这种“7 个字＋7 个字”的押韵句式即可。

作业区

你的产品目标用户是谁？他在什么场景对你的产品需求更加迫切或者你的产品在什么场景里帮助用户解决什么问题？请试着用“7 个字＋7 个字”的模式写一个副标题。

关于商品的副标题，我还有 4 个小妙招。这都是些好用但经常被忽略的细节。

妙招 1：15 个字尽量写满，字数有剩余的时候，加“冲、库存少、就拍它、运费险、现货”等文字补充。

妙招 2：把逗号、句号换成感叹号。

妙招 3：尽量用阿拉伯数字，如“假 1 罚 4”。

妙招 4：有能力的时候使用顺口溜、押韵等形式，让副标题朗朗上口。

到这里，我们就把商品副标题的3种写法给大家分享完了。一个有价值的中控、场控运营就是要在每一次直播、每一个商品链接、每一个不起眼的运营动作里锻炼自己做事的微观体感，正如欧阳修《卖油翁》中的一段所说：

翁曰："以我酌油知之。"乃取一葫芦置于地，以钱覆其口，徐以杓酌油沥之，自钱孔入，而钱不湿。因曰："我亦无他，惟手熟尔。"

做直播也好，做其他工作也罢，其实和卖油翁有很大的相似之处，就是要积累自己的手感，即"熟能生巧"。从长远来看，检查链接、写商品副标题、优化话术等这些"不起眼"的小东西越来越重要。学会了写这样的副标题，你就会给短视频找亮点了，就会写广告文案了……这种能力是可以跨越工种和岗位的，而往往这种跨岗位的技能才是真正值得积累的本事。

5.3　步骤3：收集商品比价信息

商品本身价格划算是最好不过的了，但是怎么可能所有产品都划算呢？当商品不是绝对划算的时候，我们如何让商品显得划算？比价就是一个让商品"显得划算"的重要手段。

无论是店铺自播还是达人直播，比价环节是直播间销售商品时的一个重要动作。比价其实是给用户寻找一个价格锚点，大量的心理学实验证明锚点会影响人们对事物本身的判断，所以经常在营销学里得到广泛的应用。我们比价的目的是告诉用户今天直播间的商品价格有多划算。

我给大家列举8种常用的比价形式，最大限度地帮助大家避免千篇一律的比价逻辑，让你找到花式比价的方式。

第1种：优先与天猫、京东官方旗舰店比价，要是能比价拼多多，偶尔一次也可以。但不要一直比拼多多，容易把用户导流到拼多多，而且我们也很难永远比拼多多划算，我们要的是让用户感觉便宜，而不是绝对低价。

第2种：与"双11""618"或者近期大促价比价。我建议大家把经常销售的产品在大促时候的价格提前做一个截图，如果在大促之后，你销售的产品还会与大促同价或者更低的价格，你就可以用这个方式。同样，在大促之前很多平台是预告到手价，用户要等到指定时间才能购买，如果你的直播间可以此刻就销售，这也是比价的一种。告诉用户不用定闹钟，现在下单物流不拥挤，买贵退差价等，都会帮助你促进本场直播的销售。

第3种：与知名渠道或者店铺(银泰、奥莱、胜道、得物等)比价。能和自己销售商品的其他官方旗舰店渠道比价一定是非常好的选择，但并不见得所有商品都可以，所以我们应该去拿用户知道的其他渠道店铺去比价。这里注意，因为是要给商品找一个锚点，所以一定是大部分目标用户都知道的渠道或者第三方店铺才可以，不然会失去信服力。

第4种：与线下店铺比价。2024年的春节前，很多达人和明星做年货节专场的时候都去了线下商超，主要原因就是因为场景感足够，而且价格比线下超市有明显优势，会刺激用户既相信品质，又感觉到了直播间商品的划算。除了超市，还有专卖店、专柜、连锁门店等也可以用于比价。如果比价线下，在实拍照片的时候记得加上日期，或者录制短视频也可以，这都是给用户更加真实的比价方式，同时还能拍摄引流短视频。

第5种：与同品牌上一代或者下一代产品比价。这是一种非常安全又有效果的比价方式，特别适用于有版本迭代的产品，在3C家电、美妆护肤、服饰鞋靴、食品酒水等类目都可以，在产品科技成分、技术改良、产品规格等方面都可以使用。如果新产品价格和老产品一致或者略微上涨，就可以去与老版本比价，告诉大家升级配方不加价，花相同的钱解决更多的需求，反过来如果你是为了给自己的老版本进行清仓，且新产品的价格明显比老版本的要贵一些，那就可以告诉大家老版本更划算，比如说耐克新版篮球鞋1399元限量发售，老版本399元有现货，你要销售老版本，就可以告诉用户“不是新版买不起，而是老版更有性价比”。

第6种：同品牌或者不同品牌相同成分或科技含量之间做比价。很多品牌都有多条产品线，某些产品成分或者科技水平会在好几个系列里应用，以我比较熟悉的李宁跑鞋为例，李宁跑鞋的鞋底用的是自主研发的超临界发泡技术，叫䨻(beng)科技。这个技术在李宁品牌的千元级跑鞋里率先应用，并获得了很好的口碑。2022年我和李宁合作349元的李宁超轻19代跑鞋的时候，就是用了这个比价方式，指出这个千元级旗舰款跑鞋的䨻科技用在了349元的商品上，让更多的大众跑友能感受到跑步的快乐。同样，化妆品的玻色因、玻尿酸，食物里的安佳奶油，服装里的石墨烯面料等，无论是这个品牌自己的高端产品，还是其他品牌相同成分或者工艺的产品其实都可以帮你比价。

第7种：高认知、高溢价商品“平替”。你知道一个叫作徕芬的吹风机吗？我是在知道戴森吹风机后认识的这个品牌。他们主打的都是高转速、不伤发的概念，但是售价相差了六七倍。当然，徕芬品牌并没有明目张胆地去比价，但在很多消费者心目中，大家还是会觉得它是戴森的平替和高性价比版本。

很多商品都是一样的逻辑，比如某个品牌的面膜，大家原材料里使用的都是一家工厂生产的相同规格的玻尿酸，但两个产品售价悬殊，对于售价便宜的那个就可以渲染这个概念。但品牌方在自己的直播间往往不愿意说自己的产品是某个产品的平替，所以这个方法在达人直播间会比较好用一点。

第8种：和本商品的未来价格比价。这个非常有意思。很多商品在各个平台渠道的价格是相同的，那我们还能和这个商品的未来价格比价。有一个羽绒服品牌叫罗宾汉，它在6－8月做了反季销售，在8月末销售马上要进入淡季低谷的时候使用了一个“发布涨价通知”的策略。所有达人都在自己的直播间里拿着官方通知说：“9月份品牌就要涨价了，因为9月末就到了销售旺季了，羽绒反季买，别墅靠大海，现在下单更划算……”这就是和未来比价，这个策略给品牌带来了不错的销售。当然罗宾汉后续的确升级了款式，价格也上涨了，品牌没有欺骗用户。

以上8种常用比价方法，具体要用哪个取决于两个因素，一个是你的直播间有没有限制哪种比价形式，有些品牌的直播间不允许拉踩其他品牌，有些直播间不允许和同品牌其他渠道的官方旗舰店比价，所以大家一定要注意自己直播间的比价禁忌。另一个要素是你可能要了解多个不同的比价方式，从中找到相对来说用户最容易相信且感知到的价格。注意，我用了一个词叫“最容易相信”。我曾经遇到过一个商家在其他平台做了一个上千元的商品链接，而这个商品在抖音上销售不到百元，商家的目的是希望彰显抖音平台的价格特别划算，但其实这对用户是一种伤害，让用户两个价格都不相信了。所以，比价一定要相对合理且如果是同品牌相比，要给用户一个此刻优惠的理由。

比价之后记得截图，或者复制链接，重要的比价物料也可以打印出来，并且在价格、销量等位置做出醒目标志，让用户能更快速地看到价格。

在一场直播中，主播什么时候比价？比价时要怎么说会起到事半功倍的效果？我们在主播章节再和大家进一步分享。

5.4　步骤4：准备福袋基本文案

有关福袋的3个认知误区

对于直播间福袋，大多数人觉得这个功能很鸡肋。我们总结一下原因，主要有以下3点：

第一，福袋是给明星主播和头部主播准备的，因为人家舍得花钱，能买苹果手机、平板电脑，只有这样的福袋才能起到留人的效果。而对于很多普通直播项目而言，贵的福袋用不起，便宜福袋用了是打水漂，所以不用这个功能。

第二，靠福袋吸引来的人是不精准的，为福袋留下的人都是羊毛党，卖正价的商品几乎都不出单，所以不要用。

第三，有的直播间人手本来就少，无论是抖币福袋还是超级福袋，既要设置又要发放，非常浪费时间，也不一定能促进销售，所以也不用这个功能。

以上 3 条如果你至少命中了 2 条，那这本书就可以帮你大忙。

福袋的 4 个重要作用

福袋是抖音专门给直播间做的重要营销工具，而且是为数不多的直播间专属营销工具。无论是抖币福袋还是超级福袋，只要用得好，都能给直播间带来好处。福袋的作用大体上可以分为 4 种。

第 1 种：帮助我们提升直播间基础内容数据指标。这里引出来一个概念，叫作内容指标，与其相对的还有一个叫作电商指标，你先简单地把点赞、评论、关注、加团、直播间停留等互动行为理解为内容指标，把商品点击、下单等与消费有关的理解为电商指标。我们要想获得更多的抖音电商流量，既要做内容指标，又要做电商指标，所以福袋在我们的直播间里至少可以帮忙完成一部分内容指标。

第 2 种：优秀的福袋文案其实还兼顾着引导用户下单的作用。如果你经常刷一些大主播的直播间，你会看到他们的福袋文案往往很单一，例如：福袋里是苹果手机，离开无效！再例如：××霸气，福袋是华为平板！其实在这些大主播直播间，他们的福袋运营往往不太重要，只要告诉大家福袋里是什么值钱的东西或者几个人可以中奖就可以了。而越是中小直播间，福袋的文案越是重要，因为我们不仅仅要用福袋留住用户，还需要让福袋帮助我们做好氛围，刺激更多的用户转化购买。

第 3 种：福袋本身是直播运营节奏的一部分。别说中控，甚至很多大项目的场控运营都没有想到过这个层面，只是单纯地把福袋当作留人的工具而已。但其实福袋采购什么奖品、文案用什么、设置什么参与门槛、设计多长时间，以及与讲品节奏怎么做组合使用，很多人都是没有想过的。但在高手操盘的项目，从开场到讲一个商品，从这个品的塑品到开价再到逼单，都对应着不同类型的福袋组合。

第 4 种：对于一些类目，福袋其实可以帮你提升自然流。这个就更加神奇了！如果这一场你的整体预算是 1 万元，我猜绝大部分人都会把这些钱用在千川和小店随心推上吧？但你可能想象不到，我在一些中低客单价类目的直播间里，会拿出五分之一左右的预算来做福袋的设计。只要不是纯付费流量的直播间，福袋设计好用法，都会给你带来更多的自然流，但这里有一个重要的因素是场控运营和主播要能配合做出来初始成交数据，这个方法才会奏效。

所以，至少我希望你从这一刻开始不要小看了福袋的作用，哪怕就是一个抖币福袋，它也是你重要的营销工具。

中控如何做福袋的采购

在中控的环节里，我们先说说开播前福袋的基础准备工作。大家注意，这部分我们不会说福袋在巨量百应里是怎么操作的、如何配置福袋等内容，这些内容大家可以去抖音电商学习中心里直接搜索“福袋”，就能看到抖音官方分享的基础操作手册了。

大家看这本书的时候要注意，虽然我把这个准备福袋的工作放到了中控环节里，但并不是说这个工作只有中控才可以做，这个工作你们这个直播团队里一定要有人做，而且要认真对待。福袋的分类见表 5－3：

表 5－3　福袋的分类

福袋类型	特点	使用场景	注意事项
抖币福袋	①不受账号带货等级限制，每场直播可用 10 个抖币福袋。部分主播可能会向官方申请开白名单，增加每场直播抖币福袋数量； ②成本低，每个福袋最少要 10 个抖币，上限是 10000 抖币； ③参与率相对低，但大额抖币仍具有良好的参与效果。往往在百人以上直播间使用能起到互动和促进销售的效果，非常具有性价比； ④可以在登录直播账号的手机端操作，也可以在电脑的直播伴侣中操作	①开场冲互动评论，一般老粉丝容易点击； ②对接下来的钩子类产品或者活动预告（别提具体产品品牌，容易违规）； ③高价值抖币，可采用类似超级福袋的形式进行福袋内容预告，可配合加团加评论	①抖币福袋的评论话术不能有实物； ②低价值抖币要降低用户参与门槛

（续表）

福袋类型	特点	使用场景	注意事项
超级福袋	①LV1级以上作者可使用，能同时完成多个指标； ②每场直播无上限使用，采购成本可高可低； ③最长可设置60分钟（写评论时比较好用），但注意只有福袋倒计时15分钟时才能在直播间左上角显示； ④可以在巨量百应的直播管理功能中直接操作	①主要帮助用户完成系统所需数据指标：评论、关注、加团、停留； ②辅助商品讲解，促进商品销售，也可实现商品关联销售； ③预告后续钩子环节或者商品，拉长用户停留时长	①提前采购各个价格段福袋，进自己的后台； ②根据福袋货值和价值感，提前配置好基础文案； ③使用超级福袋时主播不要额外增加参与门槛，防止系统判定为诱导互动； ④超级福袋的产品信息务必和用户收到的实物保持一致，防止违规； ⑤商家配置的超级福袋，务必确保发货时效性； ⑥越是有价值感的福袋，在开奖前2分钟内用户参与度最高，越需要主播频繁提醒

互动区

关于福袋的分类，受空间所限，此处仅展示部分内容。完整的分类表，感兴趣的读者可关注公众号“开播进行时”回复关键词“福袋”免费索取。

这里我们特别说明一下超级福袋奖品的采购方法。如果你是店铺自播，你的超级福袋有两种来源：一种是本店商品，也就是说你抖店里上架的商品都可以用来做超级福袋；另一种是合作奖品，去精选联盟里采购。如果你是达人直播，你的超级福袋来源也是两种：一种是合作商家分配，另一种也是福袋奖品池采购（也是精选联盟的超级福袋奖品池）。

除了自己店铺的商品，如果是去精选联盟里采购的话，我们怎么选择呢？之前我们说过了，福袋并不是越贵越好，因为哪怕是用自己店铺在售的商品作福袋也是有成本的，所以在选择超级福袋时，我们更看重以下两个要素：第一是和我们直播间目标人群的匹配度，第二是我们采购的福袋对目标用户的价值感。

在采购福袋之前，你要去了解清楚自己的直播间近期的看播用户和成交用户画像，可以从性别、年龄、抖音电商八大人群[①]做一个基本的区分，这样选出来的超级福袋对目标用户会更有吸引力。

同时，因为福袋采购是有成本的，所以我们一定要记住“花小钱办大事”这六个字，也就是说，要挑选有性价比的商品。我举个例子，如果你的直播间销售的是居家百货，你的目标用户可能是24～35岁的年轻女性用户群体，采购价格在10～20元的蒸蛋器、高颜值的单人电煮锅等产品往往都是不错的选择。另一个重点，如果你的福袋是知名品牌货，你要在福袋文案里特别强调；如果你采购的是非知名品牌，最好在福袋文案里只说品类信息。我们再来举个例子，你采购的是69元骨传导耳机，而真正使用骨传导耳机的很多用户都知道一个品牌叫韶音。你的福袋文案就只须强调“福袋有骨传导耳机”。同样，一提到扫地机器人，大部分用户想到的价格都是至少上千元，但有一些非常基础的非品牌扫地机器人采购价格在几十元到上百元不等。当然你要注意自己采购福袋的商品质量抖音官方也会监督。总而言之，你要找到目标用户觉得非常值得点击的超级福袋，但要尽量少花钱。

福袋文案的基本撰写思路

无论是抖币福袋还是超级福袋，能撰写出有引导性、互动性的文案都是非常有价值的。接下来我们就说3种基础类型福袋文案的撰写。

在说具体的福袋文案之前，我们先明确一些红线。首先，福袋的文案和商品副标题一样，违法违规的内容都不能出现。一旦出现违规内容，即使超级福袋发放成功了，也会出现系统自动把整个福袋文案屏蔽掉的情况。其次，福袋文案不能是诱导用户的内容，比如“我买了，效果很好”这种让全体点击参与福袋的用户给你的商品做背书的情况是明令禁止的。所以，我们要合理地使用福袋引导用户，但不能诱导或者误导用户。最后，提醒一点，抖音的规则是在不断变化的，大家要不断去抖音电商学习中心了解最新的规则。截至我们写书的这一刻，以下3种福袋文案还是可以使用的。

第1种：群众互动型。

经常有朋友会问：“福袋一定要说明里边的具体奖品是什么吗？”其实不

① 抖音电商八大人群指Z一代(24岁以下)、小镇青年(18～35岁)、精致妈妈(25～35岁)、新锐白领(25～35岁)、资深中产(36～50岁)、都市银发(50岁以上)、小镇中老年(35岁以上)、都市蓝领(25～35岁)

是的，有些福袋主要的目的是带动用户的评论，为你的商品讲解创造一个氛围场景。这种福袋的文案最好是不提及福袋里是什么商品。这种福袋可以是抖币，也可以是采购成本比较低的实物。

这类福袋往往用在开场主播做互动、A 产品结束前准备给 B 产品做引入时。这类福袋往往设置的时间都比较短，通常建议是 1～3 分钟，福袋的参与门槛尽量低，最好是全民福袋，只要点击就可以参与，这样才能起到互动和做评论数据的效果。

参考福袋文案包括：

- 开场——“0 门槛福袋，都别抢是我的”
- A 品转 B 品前——“主播，有没有××商品?”注意，最好不要直接说出来产品的名字，这样评论会显得不真实，所以最好是说场景，比如：“主播，有没有过冬的羽绒服?”

第 2 种：福袋本身高价值型。

如果你发了目标人群感兴趣的高价值福袋，就应该直接告诉用户福袋里是什么，或者是价值多少钱的什么产品。这种福袋因为采购成本比较高，所以往往福袋的开奖时间稍微长一点用户也还算是能接受，但最长不建议超过 15 分钟。同样，这类福袋价值感强，可以设置粉丝团参与、看播时间两个指标二选一，然后再加上一个评论任务等多个不同指标，以帮助我们完成更好的内容数据指标。记住，只有高价值感的福袋商品，用户才会有耐心等待。

如果你一个福袋发了 10000 抖币，你的福袋文案就可以是“福袋里有 10000 抖币！是我的”。如果福袋里是苹果手机、戴森吹风机、华为平板、茅台酒、赫莲娜黑绷带等知名大牌产品，你的福袋文案就可以是“福袋是苹果 15 手机，离开无效!”。

第 3 种：产品转化型。

如果你使用的是小额的抖币福袋或者低价值感的超级福袋，福袋文案本身也不必强调福袋里边的商品是什么，但你可以说“福袋有惊喜!”，加上感叹号共计 6 个字。后边 9 个字你给自己正在销售的商品做介绍使用。这类福袋基本上也都是全民参与的，不要设置过高门槛或者过长的参与时间，通常建议时长为 3～5 分钟。

我曾经带过一个做滋补产品的商家。我指导完了这个方法，学员们表示记住了。过几天，我刷到他们直播间的时候，发现他们每个福袋文案都是“福袋有惊喜!”。这就是典型的错误示范。用户第一次点开是抖币惊喜,第二次点开还是抖币惊喜,就会觉得这个直播间非常没有诚意,所以,千万不要一个福袋文案连续用好多天、好多场。

如果福袋的价值还可以,我建议大家用前几个字告诉用户福利有什么。但是一定要控制字数,用最少的字把福袋描述到用户特别想点击的状态。这15个字中,除了前边的几个字以外,剩下的部分我们怎么为产品做引导呢?很简单,就是把商品副标题进一步浓缩提炼,作为商品的引导型福袋。

福袋参考文案包括:

抖币福袋或者低价值超级福袋——福袋有惊喜!1号已断码,拼手速

福袋加打消用户疑虑——福袋蓝牙耳机!鞋发顺丰有运费险

福袋加引导用户做选择——福袋口红!油皮拍红色,干皮黄色

福袋加引导用户购买场景——福袋有平板!过年战衣就拍1号

你看,短短的15个字,既能告诉用户福袋本身的价值感,又能引导用户关注产品。是不是花一份的钱解决两份的事儿?

作业区:

发挥你的聪明才智,针对你的产品写一个转化型福袋文案。

第4种:活动预告型。

福袋不仅仅能起到给你拉评论、热场子的目的,也不仅能给你此刻正在销售的产品做销售转化,还能给你起到预告后续直播间“好事儿”的效果。所以你看一个小小的超级福袋,是不是非常值得深入研究?

我们来分享两种能给本场后续活动起到预热效果的福袋设置方式。用来做预告的福袋价值感高还是低其实都可以,高的话就参考第2种福袋文案,记得压缩一下前边的字数,给后半句预留空间;价值感低的话就参考第1种福袋文案,我们直接预告后续动作就可以。

方法1:福袋预告福袋。第1个福袋不值钱,但第2个福袋很值钱或者很有吸引力。

例如:第1个福袋文案——下个福袋50人可中奖,稍等2分钟。

这个福袋设置成2分钟开奖的全民福袋,那么它就提高了用户留下来的期待度,对于第1个福袋的参与度和用户停留都会有帮助。

第2个福袋的文案——福袋50份墨镜!1号买贵退差价。

这个福袋可以设置成3～5分钟或者10分钟，也可以叠加其他参与门槛，那么这个福袋就起到了拉用户停留，给主播创造更长的转化机会的作用。

方法2：用福袋预告直播间接下来的大动作。

如果你有什么福利商品，或者有什么特别的“钩子”商品，又或者有什么特别的名人进入直播间，有什么有趣的才艺展示环节，你都可以用福袋来做预告。这里注意，福袋的预告最好不要在活动开始前太久，除非这个活动很有吸引力。

如果你整点放1元钱等低客单价补贴商品，你的福袋可以在上一个时间段的40分钟或者50分钟时发布，文案可以是——福袋有茶壶！整点1元茶叶不限量。

如果你有嘉宾或者产品代言人进入直播间，你的福袋文案可以是——×点×分，(代言人)直播间发红包。

这种福袋其实起到的是移动告知栏的效果，同时你可以把这个信息做成贴片或者打印成道具，配合福袋一起使用，把直播间的氛围感拉满，让用户有更多的停留意愿。

作业区：

给你的直播间设计一个运营活动，然后用福袋做一个预告文案。

以上是直播前非常重要的准备工作，但其实除了这几个内容，还包括设备检查调试、直播间场地布置、直播间样品以及物料整理等工作内容。这些内容相对比较基础，我们就不在书中赘述。关于物料的部分，我们会在直播间场控运营环节讲到如何根据商品销售的玩法来设计物料。

朋友，直播前的准备工作这部分如果你已经掌握了，那恭喜你，你已经比很多同行优秀不止一倍了。接下来我们要开启下一部分的学习，把直播过程中的中控细节工作也再提升一下。

6 直播过程细节多，满分中控必掌握

如果我们把中控岗位在一场直播前、中、后的工作当作一场考试，准备工作完成得出色的中控已经得到了70分，但远没有到良好或者优秀的阶段。所以直播前的筹备工作特别像是一场考试的选择题和填空题，要想拿到高分，我们还得做一下问答题或者应用题。而直播过程中的工作就是让你提升分数的问答题和应用题。接下来，直播教练老时要带着你去冲刺更有难度的挑战了。

直播间就是一个局势不断变化的战场，流量在实时变化、主播的状态也在实时变化，就连用户的需求也在实时变化。任何一个环节的纰漏都有可能让整场直播功亏一篑。作为中控我们要如何配合主播完成一场直播的销售呢？答案就藏在这3个方面：掌握链接实时调整，评论引导促进销售和其他临时性工作。

我们在直播间准备工作中给大家分享了如何检查和优化一个商品的链接，这个特别像是士兵在上战场前打磨兵器。现在我们要上战场了，这个“兵器”怎么使用呢？接下来我们就详细讨论一下这个“兵器”的用法。这个岗位之所以叫中控，很重要的原因就是我们要控制链接，这也是中控岗位的核心工作。我们进一步拆分，可以把控制链接的工作分为调整链接和控制链接两个部分。

6.1 链接顺序有门道，调整链接很重要

朋友，排列商品链接顺序为什么重要？我们可以先想想这个问题。我举个例子，如果你去万达广场逛街，会发现一楼几乎都是星巴克、肯德基、苹果或华为专卖店、优衣库、浪琴手表等，如果一楼改成黄焖鸡米线、2元店，天天

大喇叭喊着“厂家清仓最后甩卖三天”的商品，你还会想进去购物吗？这是不是和万达广场的主要场景很难融合。同样，一个用户进入你的直播间就像进到了万达广场，他可能是被场景氛围、主播或者货品吸引住了。货品至少是吸引用户或者让用户停留的一个重要原因。吸引用户的货品就像是万达广场一楼的星巴克、肯德基、苹果、华为一样，把这些有吸引力的商品放到醒目的位置，有利于吸引用户的停留和转化。

如果你本场直播的购物车里只有 1～2 个商品，那你可以跳过这一部分，直接转到控制链接库存部分。当一个用户点击进入购物车之后，基本上都可以直接看到前 4 个商品。如果只有 2 个商品，你大概率是不用做什么调整的，但是只要有 3 个以上链接，你都需要做一些调整和优化。所以，调整链接这部分更适合达人直播、渠道多品类综合直播（奥莱、物美超市等）和多商品的店铺直播，纯单品直播间可以忽略。

接下来，我们将调整商品链接顺序进一步拆分，分为开播前初始链接排列和开播过程中链接的动态调整。

直播前的初始链接预排列

在开始直播前，就要考虑商品的挂车顺序了吗？是的。在你开播之前，我们就要考虑这个顺序问题了，商品链接的初始顺序特别像是我们玩围棋时的排兵布阵，这往往就是场控运营的操盘思路了。这里我们记住一个原则，就是与场控运营同事沟通清楚他打算按照什么顺序来讲解商品，我们就按照他的需求在挂车时来排列商品。场控运营的排品思路我们会在第 3 部分和大家详细分享。如果你既是中控又是场控运营，可以直接跳转到第 3 部分，学习场控运营的排品策略部分。

如果我的场控运营同事没有排品策略，我该怎么办？这里简单说一下我在做综合品类场次时的一些购物车商品初始排列逻辑，给大家做一个参考。

（1）开播前，优先按照场控运营的讲品顺序完成排序；

（2）如果有预估主推商品，则可以直接前置；

（3）按照商品组合成可关联购买的套系来排序，服饰类商品可以使用搭配购功能；

（4）服饰、食品、家居、母婴类直播间不建议相同相似款式密集摆在一起，除非想故意拿高客单给低客单商品当炮灰，否则非常容易出现因价格相近、款式相似导致用户两个都弃选的情况；

(5)3C、美妆、酒水、茶类等有知名品牌商品时，建议把知名品牌商品和非知名商品穿插放，同样最好挨着放链接的商品也能关联购买或者拿高客单商品给用户做锚点，刺激用户购买紧挨着的低客单商品。

(6)如果用了话费补贴品，穿插着放在前30个链接里，移动公司的放到前5个，电信公司的放到前15个，联通公司的放到前20个。用户一旦看到移动话费补贴品，就会自然而然去下边找另外两个运营商了，用户在寻找话费的过程中还能看一看其他商品，也许能有转化。所以话费补贴品不要扎堆放，防止浪费资源位，因为大部分直播间的话费补贴品都是赔钱的。

直播过程中的动态链接调整

很多中控朋友知道，主播讲解哪个商品，就应该把这个商品链接放在最前边，然后尽量多弹这个商品的讲解，但做到这一步只是一个基础的操作。一个优秀的中控是可以通过观察购物车里商品的数据表现，来实时调整商品顺序以提升商品转化的。很多时候，掌握动态调整顺序的伙伴能发现直播间的潜在爆款，如何和场控运营以及主播配合到位，非常有机会把原本预估的非爆款变成直播间的黑马产品。特别是商品越多，越应该实时注意排列顺序。

这一部分我们先分享两个关于购物车商品链接动态调整的思路，帮助你由浅入深地理解中控运营的工作核心知识点。

第一，清楚购物车里的几个黄金点击区域。

一说到购物车的黄金点击区域，你一定想到的是购物车1号链接。但如果你的购物车里有30个以上的商品链接，你就绝对不能满足于购物车的1号链接了，而要像演唱会一样对你的购物车不同位置进行一个划分。既然演唱会门票可以分为内场票和看台票，我们也可以把直播间的商品区做这样的划分："内场票"就是既是高曝光又是能重点讲解的商品位置。毫无疑问，购物车里的第一梯队资源位是1～4号商品，这几个商品只要用户点开购物车，就能看到，特别是1号位置是我们的黑金VIP位置，往往要留给正在讲解的商品或者直播间绝对热销的商品。

我们把2～4号链接这个区域叫作SVIP区域，那么应该放什么样的商品呢？我有以下3个经验：

在你直播间缺少订单量的时候，你可以把直播间转化比较好的中低客单价福利品放到这个区域里，用户一眼就能看到，且价格和其他链接比足够低，用户易成交。但是注意，如果你的 1 号链接主推商品和福利品是冲突的，就不要采取这样的策略了。如果 1 号链接是 99 元的卫衣，3 号链接是 19.9 元的卫衣，无论两件卫衣的款式差别有多大，3 号链接都有可能对 1 号链接构成干扰。

如果你希望 1 号链接的销量再提升一下，可以在 2～4 号链接放一些比 1 号链接贵的同类商品。这就是我们前边所说的锚点效应。1 号链接是 99 元的卫衣，2 到 4 号分别是 399 元或 499 元的卫衣，用户瞬间就会觉得 1 号链接是你的福利款，更加值得入手。当然，如果你不希望这个贵的商品真的有用户下单，你可以把商品的库存清空或者设置成未开售。

如果你希望用户可以在你的直播间多买几单商品，你除了可以在 2～4 号链接放中低客单价商品以外，还可以在这个 SVIP 区域位置放上与 1 号链接容易形成搭配购买且具备一定性价比的商品。如果你的直播间 1 号链接卖的是女装长裙，2 号链接你可以是与长裙搭配的高领毛衣，也可以是小香风外套，还可以是与长裙搭配的后跟增高鞋子，更可以是中筒羊毛袜……当然这类玩法你还要在商品副标题、主播讲品介绍等环节一起下功夫才能起到事半功倍的效果。

说完了 SVIP 资源位之后，我们再来说说内场票的 VIP 资源位，也就是我们购物车里的 5～10 号位置。相比于前 4 个链接位置，这里要稍逊一筹，但也是重要的资源位。这里往往特别适合留给那些有机会、有潜力成为爆品的预估主推商品。只要用户在购物车向下滑动，就有机会看到这几个资源位置。所以建议大家把待测试的新品放到这里。在使用 5～10 号位置的时候，大家还是要参考前边 1～4 号位置设置时的思考方式。如果你有好几个同类商品想测试，并且没有想好主推其中的哪个，就可以把它们集中放到 5～10 号资源位，让用户来给你做大众评审。但如果你已经从中发现了最想测试的商品，或者在开播前就有自己的预判主推商品，这个位置就尽量不要挂太多同类商品，防止用户的注意力被分散。

以上就是我们的“内场”区域划分，接下来我们说说“看台”区域的情况。在“看台”区域里，我还是要简单说一下基本思路。如果你的购物车里有 30 个以上的商品，你可以理解为前 10 个链接是核心资源，从第 11 个开始为“看台”区域。

我们先说一下最后的 5 个链接。你可能会觉得奇怪，为什么不从第 11 个链接说起，而是说最后 5 个链接呢？因为这里也是重要的资源位。我们可以猜测一下什么样的用户有可能深度浏览你的购物车到最后5个资源位。要么是有闲的电商用户，要么是对你的直播间感兴趣的用户，后者还包括你的老粉。所以，这里也是很好的资源位，虽然它没有"内场票"位置那么好，曝光量也不多，但这里是"看台区"里非常不错的位置了。用户在浏览购物车的时候，往往越是到中间位置越没有耐心，越看得不仔细，反而有很多用户会在中间部分快速滑动，滑到最后的位置时，会停下来认真看看购物车里是什么商品。

你要对用户行为有足够的洞察和了解，才会发现这种小的细节。所以朋友，你要不断地思考工作背后还有什么有意思的点，然后再通过你的方法去验证自己的思考是否正确，这样就能渐渐地从一个中控新人变成运营高手。

那么购物车的最后5个位置，我们可以放什么商品链接呢？在回答这个问题之前，我先说一个最不该放到购物车最后一位的商品链接，那就是超级福袋。超级福袋只要开始使用，系统就会默认把它放到购物车的最后一位。而我们放超级福袋的目的是希望更多的用户能点击。虽然超级福袋在倒计时15分钟以后会在直播间左上角显示，但再吸引人的超级福袋也没有办法让直播间的所有用户都参与，所以我们要把超级福袋放在购物车比较靠前的位置。2～4号链接强曝光资源位，你可以放；5～10号链接也可以放，11～20号链接也可以放。总之，你希望越多的人点击，就越往前放。这也是一个精细化运营的小细节。

购物车的最后5个链接，你可以放老粉爱买的爆款商品以促进更多老粉成交；你还可以放完全没有数据但是想测试的新品，看看对你的直播间比较感兴趣的用户是不是也对这个商品感兴趣；有些商品其实转化还可以，但是和你的主推商品有冲突，你又不想撤掉链接，就可以放在这里看看其自然转化情况；你还可以在这里放一些补充订单量的福利商品，但这里一般也不是那种绝对高转化的福利品，因为好的福利品还是要往前放。

说完了后5个链接，我们再说说购物车11～20号（或者25号）链接位置，这里虽然比不上"内场票"，但也是"看台票"中还不错的位置，所以这里往往放一些低客单价的福利品，给用户眼前一亮的感觉；还可以放直播间的爆款旧品，这两类商品的转化情况都还不错。这里还可以放一些没那么重要的测试品或者商品主图风格比较醒目的商品，来看一看它的曝光点击情况。

那么购物车里剩余的链接位置就是"前不着村后不着店"的尴尬位置了。这个区域我建议大家尽量不要扎堆放同一类的商品，比如在服装直播间里，连续 10 个牛仔裤链接，连续 8 个卫衣链接，连续 6 个外套链接，越是长得像的商品越不要扎堆放置。建议你按照牛仔裤、卫衣、外套、低客单价福利品这样循环排列，也许会测试出一些潜力商品。

以上是我关于购物车黄金位置分布策略的个人经验，你可以试试看，也许你能总结出来对你的直播间或者你的类目更加有用的方法。

第二，根据场控运营节奏，提前 10 分钟调整待讲解商品的购物车顺序。

关于购物车里商品链接的动态调整，除了购物车的黄金点击位置，还有一个很重要的参考标准：场控运营的讲品节奏。我们要提前和场控运营同事沟通好未来 10 分钟或者接下来半个小时可能上什么商品，然后把这几个商品尽量放在购物车的前 10 号链接里。

越是马上要讲解的商品，我们越应该往前放置，以测试这个商品的默认数据表现。这里我们说，只要不是和此刻主讲的商品相冲突的商品，都可以放到 2～4 号链接位置，看看在强曝光资源位置该商品的表现。

如果是单品直播间，或者这场直播已经安排好了只卖一个大爆款，上面的步骤就可以省略了。所以往往在多品直播间前几个小时测品的环节中，中控伙伴要不断和场控运营保持沟通，以了解他的想法并配合他完成工作。

除此之外，我们的场控运营还会根据购物车里近 5 分钟的点击人数、商品的曝光点击率、点击成交率和商品的千次曝光成交额等数据来更加准确地调整商品链接。这部分内容我们会在场控运营部分和大家分享。

6.2 把控链接有讲究，提升转化的节奏

前面我们说完了调整链接顺序，接下来我们说说如何配合直播间的节奏来完成控制链接。我们还是用万达广场的例子和大家说说弹链接的重要性。你可以把弹链接理解为万达广场的广告大屏、中间广场的路演舞台和商场的广播，这是吸引用户关注度的重要手段。你给哪个商品弹链接，哪个商品就相当于得到了广告大屏、路演广场和商场广播等资源的强助推。弹链接是引导用户购买商品的一个重要动作，很多用户没有主动点击购物车的习惯，所以需要中控弹链接是确保用户看见商品。

我们大致可以分为弹链接、控库存和补库存 3 个动作。如果你使用的是通用链接而非专属链接，就不能控制商品的库存，也没有专属价格等玩法。我们先来讲一下这种相对简单的弹链接方式。

链接不可控，我们如何弹

有一些直播间其实是不能控制链接的，这时候链接上就没有什么玩法了。这种情况下，我们只要保证商品的曝光度就可以了。

依据我的个人经验，在这种情况下虽然没有任何玩法，但在以下3个节点还是要弹链接：

(1)在主播点对点回答用户问题的时候要弹链接；

(2)在主播讲商品说价格、说服务保证的时候要多弹链接；

(3)在主播给商品做细节展示、产品功能演示的时候要多弹链接。

什么时候不需要弹链接呢？在主播塑品、比价的环节不需要弹链接。这个时候链接可以往购物车比较靠后的位置放一放，防止用户点开购物车就直接看到商品正在开价。

如果这是一个全程不塑品、没有憋单的直播间，主播只是回答用户问题完成销售，这种情况下我们全程不间断地弹链接即可。

链接可控，我们如何弹

如果你的商品链接是自己可以控制的，除了上面说的弹链接节奏之外，我们更加能对商品的转化起到助推的作用。我们先说3个无效，甚至是适得其反的弹链接动作。

第一，主播在塑品的过程中还没有开价，但是中控伙伴已经打开链接进行销售了，这就导致主播后续的比价和开价环节失效。

第二，主播已经口播商品抢光了，我们的中控伙伴并没有按照主播的需求把商品库存清零，反而还在销售，这会导致主播的第二波节奏被打乱，降低用户的信任度。

第三，中控放的商品库存很快就被用户抢光，主播还在讲品和逼单，热火朝天地告诉用户赶紧下单，但是中控没有发现商品已经抢完了。特别是一个商品里有多个SKU的时候，某一个SKU销售清空，这种情况下中控如果不点开中控台对应链接的“专属价设置”下的“修改库存”功能或者不点开自己直播间对应的商品链接是看不到商品的SKU库存情况的，就会对商品的转化形成负面影响，白白浪费流量。

记住，弹链接不仅是为了增加商品的曝光，还是为了配合主播和场控运营的节奏，增加商品的销售。这里我们先假定一下直播间的主播讲解一个单品的流程：主播塑品比价→开价→中途拉掉憋单→再开价→逼单→单品循环，此过程对应的库存控制情况如表 6－1 所示：

表 6－1 链接动作与库存调整对应表

流程	塑品比价	开价	中途拉掉憋单	再开价逼单	过款或者循环
链接动作	显示预热	立即开售	显示日常售卖价格但 0 库存	立即开售	立刻开售
库存调整	—	根据主播口播数量适当调整库存	0 库存	如果人数没有升，建议减少单 SKU 库存	放少量库存不断货就好

所以我们就从商品塑品上架、中途拉空库存（商品显示已抢光），以及商品中途补库存 3 个阶段和大家说说如何弹链接。

第一，商品开价前我们应该如何弹链接？

主播塑品比价时：

(1)我们再往上推一步，在主播讲解 A 商品时，如果下一个是要讲解的是 B 商品，建议这时候我们先给 B 商品点击“立即开售”(见图 6－1)。

(2)建议你在 A 商品讲完倒计时前 1～2 分钟，把 B 商品先点击成“显示预热”并放在购物车里的前 5 号链接里。

(3)这时主播开始准备正式讲解 B 商品，在整个塑品过程中，中控要一直弹“显示预热”(见图 6－2)。这里有一个很重要的技巧，是主播要学会说“钩子”话术，否则用户看到的价格会感觉很贵，容易流失。如果主播不会说“钩子”话术，建议中控不弹链接，放在购物车里“显示预热”。在主播比价环节弹 1～2 次“显示预热”，然后准备开价。关于主播的“钩子”话术部分我们将在主播章节和大家分享。

主播开价销售时：

(1)这里大家要格外注意主播对用户播报的商品库存数量。我们以鞋子为例子，假如鞋子有 2 个颜色，每个颜色有 6 个尺码，其实这就是 12 个 SKU。如果主播向用户播报了每个尺码只有 3 双，这个时候你作为中控要怎么加库存？

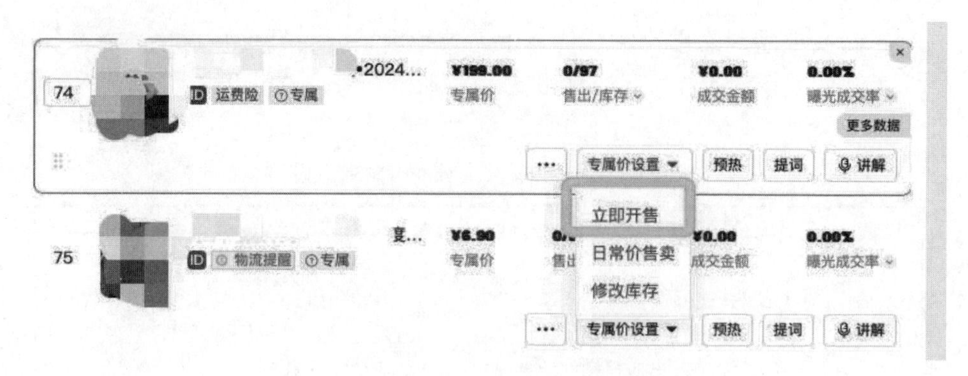

图 6-1　专属链接“立即开售”功能位置图

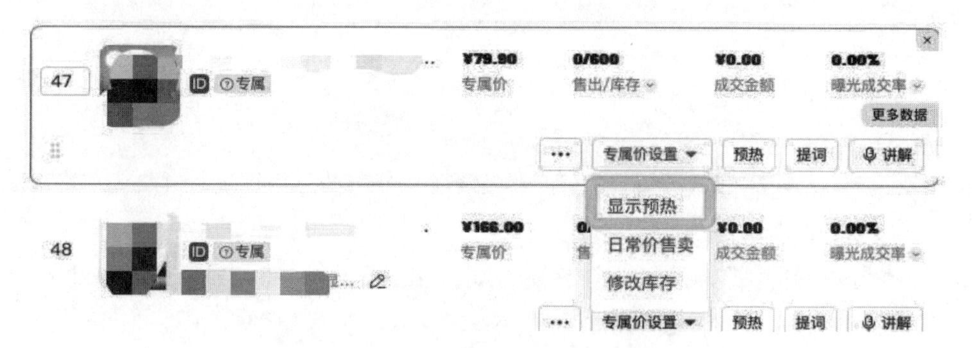

图 6-2　专属链接“显示预热”功能位置图

(2)这里很多中控最容易犯的错误是把商品所有库存都加上，然后开始弹“立即开售”。抖音上绝大部分用户点击到商品详情页的时候是可以看到每个 SKU 剩余库存的。虽然有一部分用户的手机版本看不到，但对于主播口播说只有 3 单，但用户看到显示还有 10000 单，这个时候用户对主播一定是不信任的。

(3)主播说每个 SKU 还有 3 单，我建议中控给其中的热销 SKU 多加一些，其他的非热销 SKU 就按照主播口播的数量加一下库存，或者比主播口播的略微多一两单都可以，但千万不要把库存拉满。

(4)如果主播只报了整个链接还有 50 单呢？这个时候中控加库存的时候，每个 SKU 都不要超过 50 单即可，因为用户点击到购物车里的时候，是看不到商品总库存的。

(5)最后一个小技巧：中控在对应的链接里先修改库存，再点击“立即开售”。这样用户看到的库存就是你想让用户看到的数量了。同时，因为抖音直播声音画面往往存在延迟(大约是5～10秒),所以在主播说“3、2、1,上链接”之后的5秒,中控再弹链接就可以。尽量不要在主播刚说到3的时候就修改好库存准备弹链接。一切都是为了销售节奏服务的。

第二,什么时间我们弹“已抢光”?

朋友,这里我可以换一个问题:在主播讲品第一波库存售完之后,你觉得是弹预热好,还是点击“立即开售”但商品库存是0好?

这里并没有一个统一的标准。我做过几年用户运营,对用户体感非常在意。我觉得弹预热是在向用户传达一个讯息,即你有商品,但不想给他。但是如果你弹的是“立即开售”但商品库存是0,这个时候在用户端显示的就是“已抢光”。“已抢光”给人的一种感觉是商品火爆到被其他用户抢完了,而不是明明有很多却不想给别人。这两个行为看起来都是用户不能购买这个商品,但是给用户产生的深层感受是天差地别的。

这里就体现出一点:要有用户思维。要想赚用户的钱,就必须注意用户的感受,让用户的情绪就像坐滑梯一样顺顺利利地走到付款这一步。你只有时时刻刻理解你的目标用户,才能持续体现自身价值。所以你看,就一个弹预售,一个弹0库存立即开售,就体现了思维差异。

我这里建议大家用0库存“立即开售”的方式。如果你的主播憋单能力很好,你可以先用0库存“立即开售”的方式,中途随着主播进行第二次比价再调整成预售,然后在直播开价上链接的时候再加好库存点击“立即开售”。这就是更加注重用户思维的深度思考了。

那么,在这个商品准备下架的时候,我们要不要再拉一次库存呢?这个就要看场控运营的思路了。如果你的场控运营希望在过品前增加一个清理未付款的动作,那就再库存清零,然后快速过一次商品。如果场控运营没有这样的安排,你就在这一轮讲品结束的时候把商品的库存再补一次。

此外,我建议大家每隔半个小时检查一下中控台里所有动销商品的库存,你也可以用手机打开直播间,把主要的商品链接都点开看看,对于有库存但没有添加上的商品,及时补一波库存。经常有小伙伴说,开播前的确是这么想的,但一旦进了直播就忙忘了。我有一个小方法:我会在自己的微信文件传输助手对话框里说句“检查库存”,然后长按语音出现提醒功能,设置成半小时提醒一次,这样就可以收到检查库存的提醒了。

以上我们给大家分享了非常基础的链接排列方式和按照直播间节奏弹

链接、改库存的方法。期待朋友们可以消化吸收，然后在自己的项目里尝试应用。接下来，我们讨论一下评论回复和评论置顶。

6.3 回复评论有技巧，官非交替成交好

回复评论是必要工作，但文字回复评论不是必要工作，因为重要的内容可以让主播回复，可以通过直播间贴片和打印展示物料来回答。同时，与前边的商品链接优化、商品副标题设置、购物车排序、弹链接相比，评论置顶更不是必备工作。如果你已经熟练掌握了前面几个模块，并且在直播过程中还有精力去做精细化的运营，就可以来学习一下用户评论回复和评论置顶。

这里的评论回复特指用文字来回复用户的评论这种形式，主播回复用户评论或者场控运营喊话回复用户评论的内容我们在后续的章节里和大家分享。中控伙伴在中控台中回复评论这种形式其实也可以评论置顶，所以这是一个基础的操作。我们把评论回复分为官方账号回复评论和非官方评论。有些内容我们用官方账号或者官方管理员账号回复比较合适，还有一些内容我们适合用非官方账号回复。

官方账号怎么回复有效果

在说官方账号怎么回复有效果之前，我们先说什么内容不能用官方账号回复：

(1)不能讽刺调侃、辱骂硬刚用户；

(2)不能有违禁词——极限词、功效词、行业禁止词、送、免单等内容，管理员账号和官方账号回复平台违规内容同样也会受到相应的惩罚，如警告、扣分、断播、关闭直播权限、封号等；

(3)不能用官方用户充当“水军”。

那么什么内容适合用官方账号来回复呢？怎么回答比较有效果呢？

第一，回复用户提问时要注意“以点带面”，一定要记住这4个字。这里你只需要记住，时间有限，如果直播间人少，让主播去做点对点交流。我们只需要回答主播没有注意和我们觉得引导一下能促进成交的问题。在回复用户问题时，一定要注意字数不能多，通常10个字以内说清楚，太长的文字用户没有耐心看，言简意赅，但要有明确引导或者指令。

(1)如果用户问，“有运费险吗?”不要只回答“有”，而是建议回复“有运费

险放心拍”或者“不仅有运费险，咱还发顺丰”。

(2)如果用户说“某多多比你便宜”或者“某某直播间比你便宜”，不要就“便宜”两个字说事儿，建议回答“官旗正品，假1罚3，运费险”，去打消更多用户的顾虑。

(3)如果用户说“身高167厘米，体重130斤，拍什么尺码?”，不要只回答“拍L”，而是建议回复“推荐L码，现货不多了，试试看”。

(4)用户问“是不是正品”，我们把15个字回复满了：“正品！价格3折！假1罚4!”

(5)用户问“什么时候发货?”，我们回复：“还有少量现货！2天内发！运费险!”

这就是我说的以点带面，而且我们发布的文字不仅仅是给提问的用户看的，更是给此时此刻直播间所有用户看的。所以，回答问题的时候，不要单纯地只回复提问的那个用户，要让更多用户看到也能明白，甚至对其他用户的成交起到推进作用。

与此同时，很多回复还可以选择飘屏回复。注意飘屏功能只有正在直播的账号对应的管理员的手机有这个功能，并且回复一次评论要消耗一个抖币，回复内容包括用户名在内不能超过15个字。这是一种比较醒目的形式，但比较麻烦，所以大家酌情考虑。好的回复内容其实也是我们评论置顶的一部分，下文我们细说。

第二，用评论回复用户的投诉时要及时和有后续动作。很多直播间经常会出现用户的投诉，一些不成熟的主播由于害怕应对用户的投诉，就会假装看不见。但越是这样，投诉的用户就会越疯狂地在评论区里发表言论，甚至会越来越激动。这时候很多中控会选择拉黑用户，但其实我不建议这么做，拉黑用户相当于进一步把用户激怒了，他可能会找更多的账号来你的直播间捣乱，进行投诉、谩骂，甚至给商品差评等。

当用户在评论区投诉的时候，无论他是来捣乱的还是真的遇到了问题，都不要先产生敌意，你要理解用户只能通过文字来表达自己的情绪。不要试着用“别着急”这种内容来安抚用户，这种安抚会让用户更加着急。你需要艾特用户，回复“问题马上反馈，我们官方客服马上和您联系”，“小助理添加您好友，麻烦通过，我这就处理”。

如果用户反复刷屏，他可能就是在等着主播给他回复，这个时候中控伙伴要提醒一下主播或者场控运营，先对用户表示歉意，然后告诉用户你们直播间马上进行的处理动作；同时迅速点击用户头像，截图记录用户的抖音账号（主页那一串数字），然后将用户的问题和账号信息及时给到客服同事，迅速处理。

非官方账号怎么用效果好

我们这里说的非官方账号是指我们工作人员自己的或者朋友的账号。这些账号的使用并非回复用户信息这么简单，还包括通过一些引导性动作做评论，以及刺激销售。这个方法对于新开的直播间和高客单价直播间都非常重要。

首先，非官方账号最好不要带粉丝灯牌，即使有灯牌，也不要在直播间有太高的粉丝等级。其次，非官方账号参与直播间互动的时候要注意一个细节，叫模拟真实用户的语气。很多非官方账号一发言就露馅了，语气非常不像用户，我在很多直播间评论区里一眼就能看出来。我们来举 4 个适合用非官方账号评论的常见场景。

场景 1：当库存为 0 的时候，可以评论

○ 还讲啥，主播赶紧补货啊！

○ 42 码还能补吗？

场景 2：给下一个要上的商品当“水军”，可以评论

○ 视频里的那个卫衣有吗？在线等。

○ 有没有适合上班穿的卫衣？

○ 主播能看见我说话吗？要个东北穿的卫衣。

场景 3：比价环节，可以评论

○ 你这是正品吗？

○ 周末在朝阳大悦城 399 入手的，哭死我了！

○ 你这比人家店铺自己直播还便宜？是真的吗？

场景 4：当主播被一些用户怼的时候，可以评论

（这里要特别注意，一定要引导直播间正面评论，给主播正反馈。）

○ ××，别听那些人瞎嗷嗷！你很好！加油！

○ ××，上次你推荐的那个鞋子真不错！哈哈，支持你！

○ 别往心里去，支持你的人永远都支持你。

越是在线人数少的高客单价直播间，越需要做好评论区氛围维护。大家可以多多摸索具体的内容，但百变不离其宗，要注重模拟真实用户的语气，而

这也体现了“用户思维”。

最后，你可以把一些与商品有关的问题关键词直接录入到中控台的快捷回复里，总结好你的回复，这样也会提升直播间的运营效率。注意，自动回复的信息最好是通用的，防止因为换了商品，回复和商品信息不符而造成违规。

6.4 评论置顶要用好，成交互动都增多

中控伙伴，如果你熟练掌握了以上工作，还有精力掌握更多直播间工作细节，那么评论置顶功能一定是必不可少的。评论置顶功能是直播间为数不多的全流程营销工具，是一个非常醒目的“直播间广告牌”，可以实现活动预热、在线客服、福袋引导、货品辅助销售、客户证言证词展示等作用。你没看错，一个不起眼的评论置顶功能竟然能在直播间起到这么多作用。

评论置顶的注意事项

在详细说评论置顶的各种作用之前，我们先说 5 个目前操作评论置顶的注意事项。

(1)直播每断播一次，评论功能就会重新有 100 次。如果你日常的场次都是直播 4 小时不断播，你就可以每小时使用 25 次评论置顶功能，也就是每 2～3 分钟就可以使用 1 次。挑选什么信息来操作，我们在后面与大家分享。

(2)到 2024 年年初为止，两次置顶间隔最短 30 秒，否则系统会出现过于频繁置顶不成功的提醒。但每点击一次，哪怕置顶不成功，这个次数也会减少一次，所以尽量不要浪费置顶功能。

(3)一般建议置顶文字在 15 个以内，部分手机型号已经开始出现 10 个字就折叠的情况了。所以，提炼文案变得很重要。

(4)置顶时注意，如果挡住了主播，一定要告诉主播调整一下站位，以及不要发布太长的置顶文案。

(5)如果评论置顶或者回复用户信息失败，有可能是遇上了我们录入的屏蔽词，可以换一个方式再试试。

什么评论不能置顶

(1)用户说的话里有违禁词，比如用户说减肥了 20 斤，这是不违规的，但

是我们置顶这个回复，就会违规。违禁词只对直播间拥有者生效，对用户是不生效的。

(2)对直播间销售没有正面作用的内容不置顶，如用户的投诉和负面言论——这种情况主播尽量直接回答，有时候需要我们用评论回复来引导一下。

11个特别适合置顶的场景

有2类11个特别适合置顶的场景，我给你做了总结。第1类：用直播账号或者管理员账号，置顶你想对用户说的话。

场景1 活动预热

2分钟后上3折耐克！

万元无门槛红包马上来！蹲住

距离下一轮半价活动还有2分钟！

场景2 直播间背书置顶：开播时，可将直播间开播时间及背书置顶

超多好货，只有开播放一波

福利10连炸！款款有惊喜！马上开

××专场！1元××马上开！

场景3 在线客户：及时回复评论区粉丝的问题，最好做到以点带面

扣身高体重，主播推荐尺码

鞋子偏小，拍大半码，运费险

130斤推荐穿XL码

场景4 套组销售：可以引导客户组合下单

1号2号省妈神器，懂得都去抢了！

场景5 福袋引导：置顶文案，引导用户参与

福袋是空气炸锅！无门槛参与！

福袋开奖还有1分钟，好运不可错过

场景6 紧急情况置顶：如遇紧急情况，置顶评论

大闸蟹紧急协调库存中！等我三十秒！

设备调试中，主播马上抓报销(防止免单违规的替换话术)

场景7 协助主播讲品：可以置顶主播不能说的卖点，售后机制

秋季美拉德标配！冲1号链接

配料只有枸杞粉！嘎嘎干净放心吃

场景 8　强调特别保障信息

大件运费险！上门包安装！

保价 11,买贵退双倍差价！

终身质保！3 年非人为损坏可换新！

场景 9　协助主播逼单

1 号还有 7 单,断码不补

1 号是现货,下一批现货 90 天后

第 2 类:置顶用户优质评论,帮助直播间提升氛围,促进商品销售。

场景 10　用户给直播间的正面评价

夸主播好看的

夸商品好的

说价格划算的

说在其他直播间或者其他电商平台或者线下门店买了比我们直播间贵的

场景 11　夸主播的

夸主播形象、气质、口才、性格的话置顶,告诉主播,让主播也开心一下

用户调侃主播无伤大雅但比较积极的(没有恶意的调侃,偶尔置顶一次会给用户眼前一亮的感觉)

还有更多适合评论置顶的场景,等待你的整理和挖掘。其实,优秀的中控伙伴在回复评论和评论置顶的时候,会有自己的文字风格,时间长了就会变成直播间的一个看点。我在“交个朋友”的运动户外做直播运营时,有几场直播为了给新场控运营机会,我做了中控工作,一边控制链接,一边回复评论,我的性格在文字里体现得淋漓尽致,如“朋友别催了！真没了！断码赶紧拍。”“1 号拍黑色,2 号拍灰色,老带劲了。”“我对朋友的承诺就是运费险。”“新款 3 折啊朋友！不信你去店里看”……我当时做得非常开心,连续做了 3 场,到第 4 场换人了以后,有一批粉丝说“今天的工作人员是不是换人了？没意思。”“那个回复问题的东北小哥呢?”。所以你看,作为一名中控,不出镜也能用文字形成自己的风格。

很多中控小伙伴问我工作为什么会这么开心,因为我一直都能在工作中找到这种小的快乐。当时没有人强制我这么做,但我就是在每一个小小的工作中找到了自己的小心思,总结出了自己的小方法,而且获得了验证,因此我

就找到了这份工作的价值。

6.5 其他临时性工作

我经常把直播带货比作央视春晚，做过大场直播的朋友都会有一个非常强烈的感受，就是生怕直播过程中出现任何纰漏，所以每个人的神经直到直播结束的那一刻都是紧绷的。要想做好一场直播，每个岗位都要全力以赴，并且和团队其他伙伴默契配合。

中控伙伴在直播过程中除了要实时关注商品链接顺序、控制商品库存、回复评论和评论置顶等重要工作以外，还会有很多的“杂活儿”，比如发福袋、发红包、帮主播找样品、对接商家或者联系自己家抖店的对接人、及设备故障紧急处理等情况。在这些工作中，发福袋的内容我们会在场控运营章节继续和大家深度分享一些策略；发红包的方法大家可以直接去抖音电商学习中心搜索相应的关键词学习，其他的内容基本上都是沟通层面的问题，这里我就不一一为大家介绍了。

你发现了吗？越是人员少的团队，直播间的每个伙伴要分担的工作就会越多。只有中控和主播两个人的直播间，中控尤其累。我带过一个实习生，后来他转正做了中控，不到半年他做了项目的场控运营，在 2023 年年底他晋升为公司的核心运营。在晋升述职的时候，他说：“做中控的时候，我觉得自己是哪吒，要耳听六路眼观八方；做场控运营的时候，我觉得自己是于谦，时时刻刻准备给主播接包袱；做运营了，我觉得自己是梅长苏，得引导主播、场控运营、运营一起布置一个长期的局。但说实话，做中控的时候最累，需要做的事情真的是太多、太杂了。但今天回过头看，这是能不能入局的关键点。”

不要觉得这些工作和自己无关，而要根据这件事儿对于你直播的影响大不大来判定。一定要记得，一场直播的成功是所有人共同努力的结果，但一场直播的失败只要有一个人的一个环节“掉链子”就足够了。所以，从把直播做成的角度去看待自己的工作，不要过于计较这件事儿该不该我做，而是要想着我做的每件事儿都是为了自己的项目有更高的业绩，自己能从每件事儿里学习到新的方法。只有这样，你才能真正获得成长。

7 中控复盘有技巧，数据思维要记牢

朋友，如果看到这里你没放弃这本书，我要恭喜你掌握了直播前和直播中的重要工作内容。直播这个行业越是往后发展，越是需要系统的方法论和精细化运营的思维方式，所以你看到的这些内容不是用来增加你工作量的，而是为了让你形成更多的思考体系。

在中控岗位技能通识这部分的最后，我们来讨论一下直播间的复盘工作。这里我们只是简单说一下中控岗位的基本复盘思路，重点内容我们会在场控运营岗位技能提升部分和大家详细介绍。

7.1 中控复盘这么盘，逻辑清晰早下班

中控岗位的复盘我们大体上分为以下 3 个层面：

(1) 数据记录，重点关注本场直播的成本数据和销售数据；

(2) 收集信息，重点关注用户的意见反馈，以及和商家(达人侧)或者自己抖店货品负责人(自播侧)对接货品时的需求；

(3) 中控的思考，主要包括中控伙伴自己的思考，还包括给其他团队伙伴的建议。

具体情况大家可以参考表 7-1 中的内容：

表 7-1 中控复盘信息表

模块	事项	具体内容	确认
数据记录	成本记录	福袋费用(实物+抖币)	
		投放费用(dou+ 小店随心推 千川)	
		其他成本	

（续表）

模块	事项	具体内容	确认
数据记录	销售数据记录	主推单品数据	
		整场数据	
其他问题收集反馈建议	用户意见收集	用户需求以及意见反馈	
	商品问题收集	达人端与品牌商务负责人沟通	
		店播端与抖店货品负责人沟通	
个人思考	下场直播自己工作可优化点	直播前商品链接和福袋	
		直播中商品链接、商品库存、评论置顶等	
	给主播、场控运营运营以及团队其他伙伴提建议	主播	
		场控运营	
		短视频	
		投放	

7.2 复盘关注两组数，离做运营近一步

在整个中控岗位复盘的过程中，我们重点关注销售数据复盘。这是一个中控能不能成为场控运营的重要步骤，所以我们单独说说两个数据：一个是我们重点关注的单品数据，另一个是我们整场直播的数据记录。

单品数据怎么看

绝大多数中控人员是不会修改链接的，所以他们觉得直播中这个链接的数据表现好不好都是主播的事情，和自己没有什么关系。但在我的课程体系里，我会鼓励中控人员去努力改造一个商品链接。既然我们对链接“动了手脚”，就一定要知道，自己的修改对这个商品的销售到底有没有作用。

虽然影响一个商品销售的因素有很多，再有经验的人也没办法准确归因，但是我们可以初步判断一下自己的调整思路是不是对商品销售起到了一定的促进作用。我们可以通过横向对比的方式判断我们的修改是不是起到了作用。

如果这个商品在你接手之前销售了一场以上，你可以把这个商品的讲解时长、曝光点击率、点击成交率、商品 GPM 和商品 GMV 5 个数据按照之前的

天数做一下登记。然后你就可以初步分析一下你调整后的商品标题、主图、副标题、商品详情页等位置是不是有可能发挥了作用。单品数据的复盘如表7-2所示：

表7-2 单品数据复盘表

数据参数	第一天（未调整）	第二天（未调整）	第三天（A调整动作）	第四天（B调整动作）
讲解时长（代表了是否主推）				
曝光点击率				
点击成交率				
商品GPM				
商品GMV				
备注				

这里我要特别强调一点，有些直播间的商品销售是会衰减的。这种情况往往出现在达人直播间，因为购买方多是粉丝，在没有短视频扩充流量和付费的介入下，他们很难场场直播都买同一个商品。但在多数的店播直播间里，这个重复购买多天的影响因素就会小很多，一是有付费流量介入，二是品牌自播即使连续多天销售同一款产品，用户的接受度往往也比达人的接受度要高，用户的转化效率也不会出现骤降，除非是价格、库存、投诉等方面出了问题。当然，如果你担心这个变量太多，影响因素太大，也可以在直播时从挂链接开始观察这个商品的以上5个数据，在讲解的过程中不断优化，看看该商品这5个数据的变化情况，这时要重点关注曝光点击率的变化。

连续登记多天数字后，你会发现一些可能的规律，同时可以去抖店的商品卡位置"猜你喜欢"栏目看看主图在修改前后的点击变化，再做个判断，还可以去看看同款同类商品在抖音、京东、天猫上的热销款式主图是不是有参考价值。

整场直播数据看哪些

针对直播数据，我们主要分析做好哪些直播数据的记录有助于场控运营做复盘。这个数据主要包括整体数据和渠道数据。

第1类，整体数据表现，包括GMV、GPM、看播转化率、平均停留时长、用户关注率、加团率、分钟级评论——大家可以在巨量百应大屏中查看，也可以在数据详情里查看。横向登记，看看自己这一场的哪些数据表现不理想。你也可以看一下整场直播的数据转化漏斗，横向对比看看自己在每个环节的表现情况（见图7-1）。

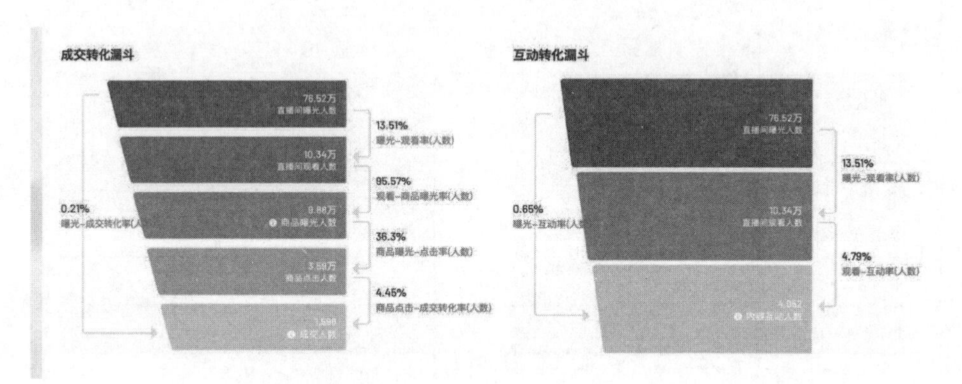

图7-1 直播数据转化漏斗

如果你想看看同行的漏斗表现，可以登录巨量创意找到“直播诊断”功能，将本场的数据输入进去，做直播“五维”数据诊断（见图7-2和图7-3）。这是抖音官方提供的工具，所以行业数据比较有参考性。

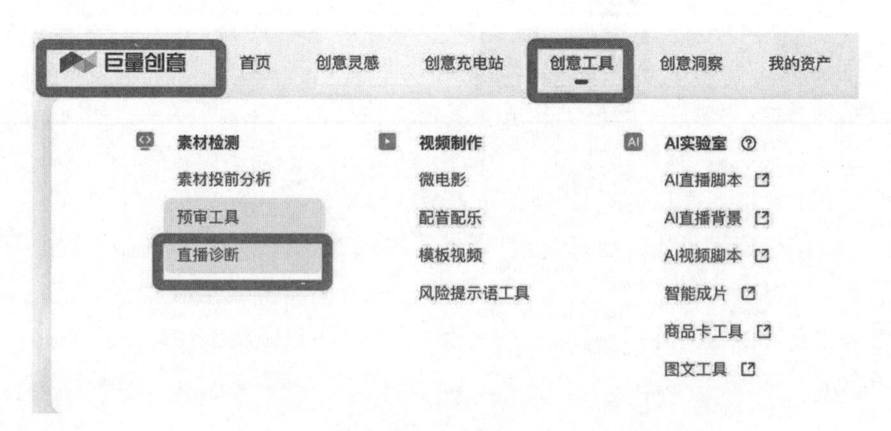

图7-2 巨量创意中“直播诊断”功能位置图

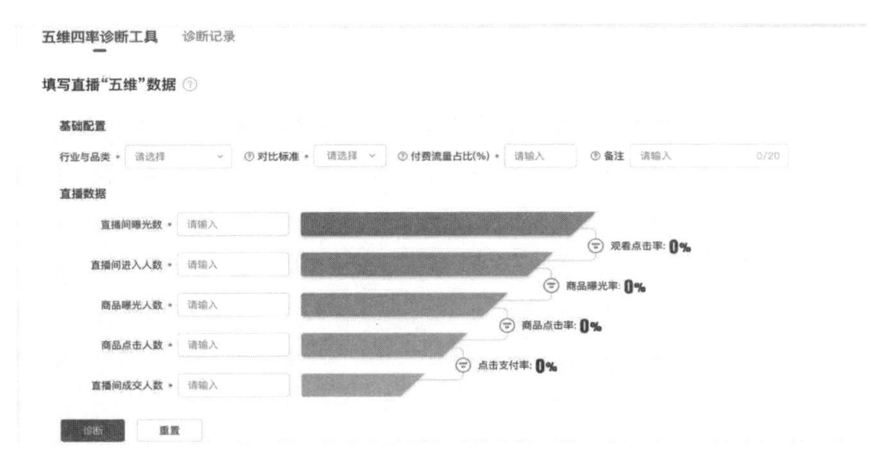

图 7－3 直播"五维"数据诊断

第 2 类，渠道数据。这里我们笼统地说一下，对于高付费直播间，这个渠道数据相对来说不重要，但对于以推荐 feed 和短视频为主要渠道的自然流直播间，渠道数据就非常重要了。

我给大家简化一个登记表格，大家要做好登记工作，后面我们还会在场控运营章节讲这个表格的具体用法（见表 7－3）。

表 7－3 渠道数据登记表

主要渠道	具体指标	日期 1	日期 2	日期 3
推荐 feed	曝光次数			
	进入次数			
	曝光—进入率			
	成交金额			
短视频引流	曝光次数			
	进入次数			
	曝光—进入率			
	成交金额			

大家注意，表格里的曝光进入率并不是指整个直播间的曝光进入率，而是指这个渠道的曝光进入率。用这个渠道的进入次数除以曝光次数，得到的

就是曝光进入率了。这个渠道的曝光次数和进入次数怎么看呢？可以分如下两步：

第 1 步，在巨量百应—直播数据—直播列表里找到对应场次的数据详情，点击数据诊断，向下滑动找到流量诊断，点击查看全部流量来源，把鼠标放到本场的推荐 feed 和短视频上，就可以看到本场直播对应渠道的曝光次数了（见图 7 - 4 和图 7 - 5）。

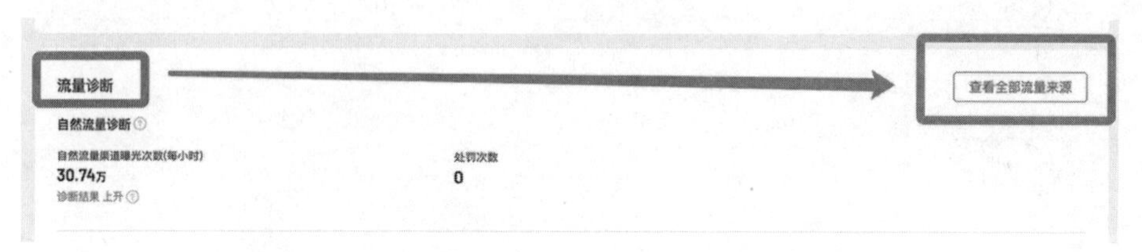

图 7 - 4　巨量百应中单场数据“流量诊断”页面截图

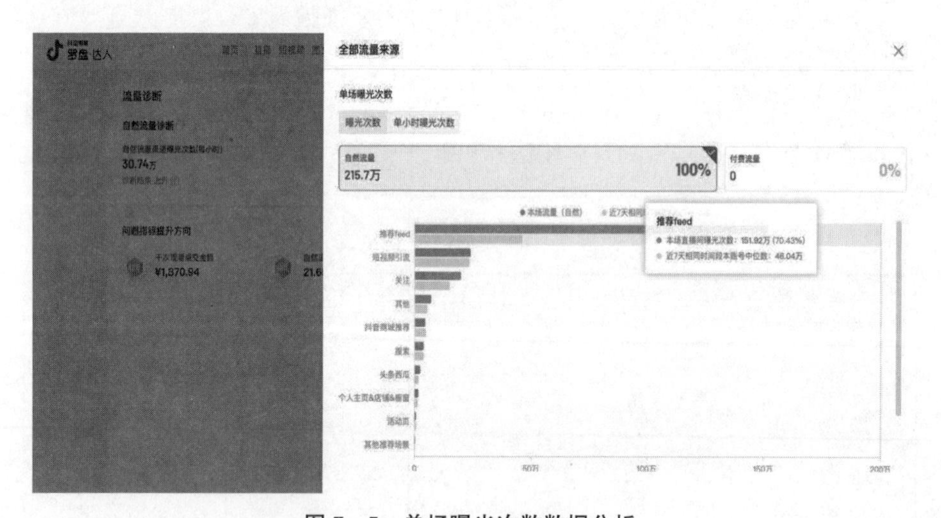

图 7 - 5　单场曝光次数数据分析

第 2 步，在直播诊断旁边有另一个选项叫核心数据，向下滑动找到渠道分析，点开自然流找到推荐 feed 和短视频的观看次数（见图 7 - 6 和图 7 - 7）。注意，我们看的是曝光次数和观看次数。

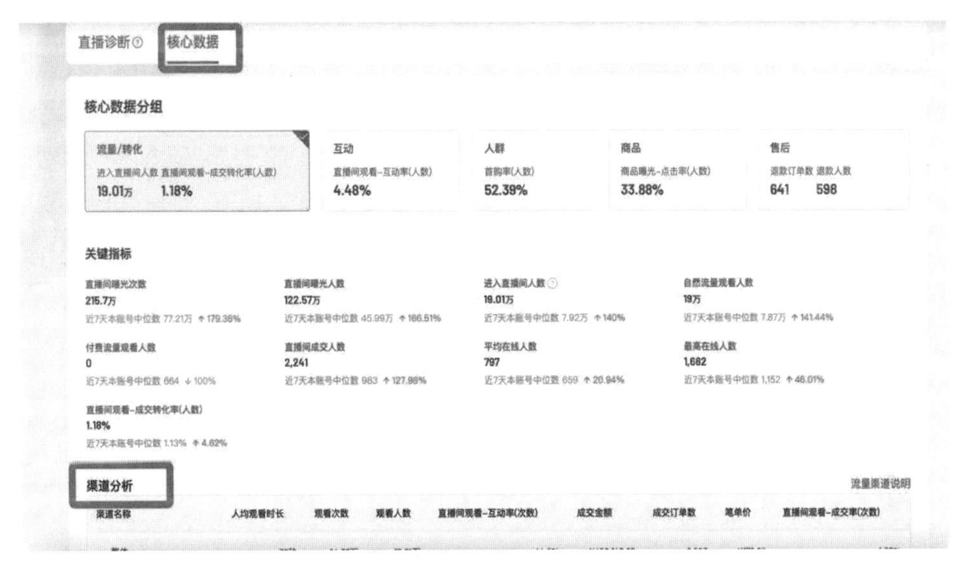

图 7-6 核心数据中“渠道分析”功能位置图

渠道分析 流量渠道说明

渠道名称	人均观看时长	观看次数	观看人数	直播间观看-互动率(次数)	成交金额	成交订单数	笔单价	直播间观看-成交率(次数)
整体	36秒	24.38万	19.01万	44.5%	¥456,148.22	2,583	¥176.60	1.06%
^ 自然流量	36秒	24.38万	19万	44.49%	¥456,148.22	2,583	¥176.60	1.06%
推荐feed	28秒	17.65万	14.78万	24.01%	¥350,967.17	1,897	¥185.01	1.07%
直播广场	1分43秒	329	224	72.04%	¥0.00	0	-	0%
同城	5秒	1	1	0%	¥0.00	0	-	0%
其他推荐场景	58秒	255	219	81.96%	¥0.00	0	-	0%
短视频引流	41秒	1.28万	1.14万	16.52%	¥34,293.49	254	¥135.01	1.98%
关注	1分1秒	3.2万	1.97万	99.42%	¥24,167.79	165	¥146.47	0.52%

图 7-7 核心数据中“渠道分析”页面截图

7.3 万事开头难，你要坚持住

在中控模块的开头，我给大家提到过一个大学毕业前两个月的实习生，7月份转正做中控，12月份当场控运营，独立控场直播7小时就完成了600万元销售额的事情。接下来，就是这个故事。

一个新手在7个月内能完成从实习生到中控再到场控运营的改变这件事儿已经不容易了，他还操盘带货7个小时完成600万的销售额，而且投放占比不超过10%！就靠着自然流，你敢信吗？

这个新手叫小翟，来自“交个朋友”北京分公司的一个垂类直播间。很多人一听到“交个朋友”4个字的第一个反应可能是：“‘交个朋友’7个小时才卖600万啊？那也不咋地呀！”

但是，说实话，第一，北京“交个朋友”即使在2022年没有宣布减少直播频次之前，罗老师也几乎没有来任何一个直播间站过台。第二，北京分公司实行严格的内部“赛马”机制，一个项目3个月做不成就砍掉，公司除了提供基础支持以外，其他的都要靠项目的人自己摸索，所以北京分公司的垂类直播间在过去一年多的时间里涌现了一大批非常猛的场控运营。因为项目做不起来，业绩不达标就没有上升机会。

而小翟就是在这种背景下，凭借着自己的努力厮杀出来的。我去“交个朋友”做调研的时候，他的项目负责人说：“宇哥，这个孩子很典型，他是我们团队的黑马，应该就是你想要找的采访对象。”

在采访小翟之前，他的项目负责人再三嘱咐：“哥，孩子有点内向不自信，你帮我多鼓励鼓励他，这是苗子。”我对这个孩子更加好奇了。我之前其实是非常不建议内向且不自信的孩子做直播工作，因为直播的沟通工作量太大了，所以我总是和很多人讲，直播行业是有性格的。

但这次和小翟的交流后，我从他身上看到了3个非常宝贵的，这也是最终让他从中控做到了直播间场控运营的关键要素。

小翟在天津上大学，读的是计算机专业，但是并不想从事计算机方面的工作，所以在2023年的4月他和同学一起投简历到“交个朋友”做直播间的实习生。

实习生的工作很杂。我以前在“交个朋友”负责两个服饰类的直播间，我们直播时，实习生要在现场寻找下一个讲解的商品样品，要及时给主播找动态比价信息，要调试直播间的设备和翻口播信息(就是商品的卖点卡)。我们一场直播至少要讲解30个商品，还有10～20个是备选，也就是说实习生要把50个商品从公司的仓库里找出来，而且服装有不同的尺码和颜色，这个整理商品、拜访商品的工作量能有多么大，大家可想而知。小翟来到“交个朋友”做的就是这样的工作。

这一关我们叫意志力考核，很多实习生是过不了的，因为这和他们想象中的直播完全不搭界，主要是太累了。所以总有实习生干几天就跑掉了，但是小翟不仅坚持下来了，而且干得非常好。他负责的家居直播间，商品虽然没有服装那么多，但是大件商品有很多，搬来搬去也是个体力活。小翟每天到公司的时间都要比其他实习生早，他说话不多，但是眼里非常有活儿，他会把商品按照今天上播的计划再核对一遍，然后把商品的包装、贴纸都处理掉，把每个商品讲解时需要的道具都找到，放到对应商品的位置。直播结束之后他主动帮助中控同事整理数据，而且场控运营交给他的工作，他完成得都很好。

小翟打动我的第一个点是，能吃直播的苦，且主动吃苦，能踏实勤奋这一点已经打败50%的同龄人了。小翟6月份毕业，所以他5月份的时候找到了自己项目的负责人说想学习一下做中控的工作。“我挺喜欢直播的，如果只做了实习生的工作，我担心自己6月份的时候不能通过公司的转正，这样我就不能留在“交个朋友”了。我要是再去找直播间的工作，估计很难找到这么好的公司，所以我想了好几天决定主动争取一次试试。”这句话是我当时问小翟为什么要主动去争取做中控时他的回答。

就是这次主动争取，让小翟在参加转正答辩之前先做了中控的工作。在做中控工作时，他做得最好的地方有3处。

第一，每场直播前，即使其他同事已经把商品的链接都检查完了，他还是要再看一遍。不是不相信其他人，而是因为他要再了解一下商品，看看每个型号的库存，看看商品的服务是不是和卖点卡上的一致，以及和场控运营明确这一场直播每个上播产品的推荐方法。他会把这些细节都记下来，然后一边工作一边对照着记录查看。

第二，由于项目是倒班制，小翟会和不同的场控运营与主播合作。每次他都会认真观察每个场控运营、主播的工作习惯，因为不同的主播和场控运营的直播节奏差别很大，他希望自己能跟每个同事都配合好，所以在控制链接、调整链接的时候他和场控运营的合作最默契。

第三，当商品链接出现问题的时候，他会第一时间告诉场控运营，并且告诉对方他的建议或者正在处理的进度，以及预估能够解决的时间。之后他会立刻去和商家沟通寻找解决办法。所以场控运营都会夸小翟办事儿靠谱。如果我是场控运营，我会觉得有这样的“战友”是一种福气。

尽职尽责又有合作意识，这是我欣赏小翟的第2点。到后来，每次安排重要的场次直播间，项目负责人都会喊小翟来做中控。7月10日，小翟收到正式通知，通过了公司的转正考核。

在8月中旬的一天，项目负责人和小翟说："接下来尝试做场控运营吧！"这一次不是小翟争取的，是项目负责人主动找他的。从5月末到8月中旬，还不到3个月，小翟就已经开始要独立控场直播了。

在正式做场控运营之前，项目负责人派小翟去公司的另一个直播间再学习一个礼拜。"这次学习太让我震撼了，我看到人家项目的场控运营真的是太强了。我一个礼拜跟着她工作，几乎每天都能学到东西，而且很多直播间细节都是以前我没在意的。"小翟如是说。

小翟最打动我的就是他愿意学习，而且跟所有人学习。他和主播学习讲品，听主播介绍讲品的逻辑和话术；他和投放学习直播间投流，他和短视频学习怎么配合才能最快放大直播间的短视频流量效率，他甚至还和新来的实习生同学学习样品整理，因为别人整理的样品比他整理的还要好……

这种学习的心态让我非常佩服，所以他在项目里没有"敌人"，大家都愿意和他合作。就这么一个有点内向不太自信的新人，却让团队的伙伴们都很欣赏。

小翟还有一个很好的习惯，就是每个大场直播复盘之后，他都会再给自己安排一个复盘：他会去看看自己在这场直播前的想法有没有落地，执行的效果怎么样，以及在直播过程中有没有什么地方自己存在失误。在我俩聊700万场次的时候，他捶首顿足地说："宇哥，我特后悔，我那场直播保守了，小店随心推我要是能早点测试短视频，这场直播我还能多播出来60万。"很多成熟的场控运营都做不到这一点，但小翟会反思自己还有哪些可以改进的空间。

朋友，这就是一个新人用了7个月的时间从"交个朋友"的实习生到中控及场控运营角色变化的故事。听到这个故事的时候，我是非常感动的。所以，我在这部分内容的开头说过，中控的工作很重要，中控岗位是很多人离开直播行业的分水岭。如果一个中控把自己的工作简单理解成为"毛驴拉磨"，我会劝他尽快离职，因为他是在浪费自己的时间。

这个社会的竞争越来越激烈，直播电商是一个很好的行业，所以才会有那么多人涌入。这个行业的门槛看似很低，好像能弹链接大家都可以叫中控了，但本质上不同中控的能力存在很大差别，我希望你是那个优秀的中控。

Part 3　场控运营岗位技能提升

8 场控运营价值大，诸葛智慧定天下

朋友，特别是做过明星、网红、大品牌项目的朋友，我发自肺腑地对你说，不要因为自己做过单产破千万或者破亿的项目就觉得自己很厉害，因为很多经验和操盘思路是没有办法复制的。

但是，很多人不知道巨量百应上跳动的1000万也好、100万也罢，其实和自己关系不大。他从来没想过自己离开了明星网红直播间，如果只凭自己还能做出来多少销售额。他觉得自己掌握一些方法，而且这个方法很实用，只要复制这个方法就能获得成功，但真实情况往往不是这样。做了值钱的项目，但自己没有因此而增值，才是最可怕的。

同样，能做明星、网红、大品牌的项目只是这个行业里少数人的机会。接下来这段话是写给没有做过这样项目的朋友，高GMV的项目不等于你个人就值钱，低GMV的项目也不等于你个人不值钱。掌握真本事的场控运营到哪里都值钱。

本部分既能帮助你建立基础的直播运营技能，又能帮你梳理出一套良性并有长期价值的运营观。做场控运营的朋友请先记住这个结论：责任心＞情绪价值＞技巧。懂技巧的是合格的运营；懂情绪价值的是良好的运营；有责任心又能不断创新的是卓越的运营。

8.1 场控运营有多重要

2024年春节前，我拍摄过一个短视频发布在了我的抖音账号“直播教练老时”上，讲的是一个好的场控运营也一定能是央视春晚的好导演。是不是看起来挺“标题党”的？但是在我的心目中，场控运营需要具备的能力其实和春晚导演是一致的。所以，我个人非常为自己的场控运营出身而骄傲。

场控运营为什么重要？

在整个直播圈子里大体上存在两种机制：一种是主播中心制，另一种是场控运营中心制。主播中心制,往往出现在强势的大网红直播间和明星直播间。很多大网红在自己的直播间里是不接受场控运营的建议的,他们凭借着个人魅力去讲品和排品。在这样的项目里,场控运营的工作往往就是给大网红们做一些基础的提示,以及帮主播们盯一下镜头以外的细节。在场控运营中心制下,场控运营的作用非常大,比如上什么商品、怎么排序、每个商品讲多久以及后续安排什么环节都是由场控运营决定的。我们熟悉的"交个朋友"垂类直播间是这样,很多达人直播间、品牌直播间也都是这样。

很多朋友可能会问,在达人直播间也是以场控运营为核心吗?是的,因为达人往往在内容上专业,在销售节奏和运营思路上并不擅长,所以在短视频内容和直播间讲品内容上会以达人为主,但数据运营方面都以场控运营为主导。我这本书介绍的重点就是以场控运营为核心的直播项目。

场控运营在一个直播间里其实担任着5个重要的角色:数据大脑、晚会导演、销售助理、观众代表和情绪大师。

角色1:数据大脑

做直播就是做数据。不仅仅是抖音直播,任何一个平台的直播也好,短视频也好,本身都是做数据。短视频有2秒跳出率、5秒完播率、点赞收藏率和转粉率等数据,数据表现好,系统就会给更多的流量推荐;数据表现不好,系统就逐渐降低你的曝光流量。直播间也是同样的道理。电商直播间是由内容指标和电商指标构成的,只要这两个指标完成得比同行同级好,你就可能获得更多的平台流量。

一场直播里,是场控运营在盯着全方位的数据,他可能一会儿要去中控台看数据,一会儿要在直播大屏上看数据,一会儿又要去电商罗盘和千川里看数据,而且每个地方的数据可不是一两个,有的是十几甚至几十个。他不仅要看数据,还要快速把这些数据进行整合思考,以便对直播团队发布下一步指令。怎么看数据?我们有配盘和盯盘两种方式,具体会在后续部分跟大家详细分享。

角色2:晚会导演

我在"交个朋友"工作时的领导李天一女士经常说过一句话:"一个好的场控运营是提前10秒知道要做什么,而一个糟糕的场控运营是事情发生了10秒之后才想明白要做什么。如果10秒还没想明白的,那就赶紧别干这个活儿了。”这句话的本质是说场控运营要敢预判、敢下达指令、敢统筹全场。你看，这是不是晚会导演干的活？

一个优秀的场控运营就是要有非常强的统筹能力。场控运营会看数据只是基本功，看完数据后敢于做决策和统筹才是重要的。在一场直播中，场控运营要时刻关注主播，给主播发布销售指令——什么时候开价，什么时候憋单，什么时候过品。主播在镜头前没法看到详细的运营数据，场控运营就要通过数据分析言简意赅地给主播明确指令；与此同时，他还要和投放团队沟通直播节奏——什么时间节点开大预算，什么时间节点关闭计划；还要兼顾和旁边的中控对节奏，和短视频团队沟通视频数据以及确定是不是需要补拍新的引流短视频……

一个优秀的场控运营要协调各方力量：主播开价的时候，他要告诉中控上链接开库存，他自己可能还要准备超级福袋，他还要给主播提词，还要叮嘱投放伙伴调整计划……这些动作越是协调统一，这场直播的数据表现就越好。要是每个岗位都慢半拍，销售一定达不到预期效果。

角色 3：销售助理

在绝大多数直播间里，说话的往往都不止主播一个角色。无论是明星直播间还是达人直播间又或者品牌直播间，说话的除了主播，还包括场控运营运营。

在很多直播间，场控运营兼顾着和主播搭话的职能，他们需要帮助主播热场子。大家经常听到“有没有运费险？是不是正品？价格划不划算？”等问话后边有一个声音回答“有！是！划算！”，其实这就是场控运营在帮助主播做销售氛围。从这个角度看，场控运营还肩负着销售助理的角色。

良好的场控运营能帮助主播回答用户问题、展示商品物料、做保障类信息的讲解；而优秀的场控运营能帮助主播引导节奏——他会以各种形式暗示或者明示主播该上架商品了，该准备加库存了，该说信任话术了，该引导加粉丝灯牌了……主播有时候讲到兴头上，需要有这么一个角色帮助他推进节奏和辅助销售。

角色 4：观众代表

我在讲述中控工作的内容时，提到过“用户思维”，而观众代表这一角度就是对用户思维最好的阐释。

什么是观众代表？就是在直播间能和主播一样清楚自己产品的销售对象，明白什么场景容易让目标用户感同身受的人。在直播的过程中，他要自己或者提醒中控伙伴以非官方账号带动评论区的销售节奏，还要留意直播大屏中的用户画像，根据用户画像的变化来准备更有针对性的讲解点。他能一边给主播做提示，一边通过福袋、评论置顶、评论区互动、直接喊话等形式促进目标用户下单。一个好的场控运营永远在观察自己直播间的用户，努力站在用户的立场找到让人下单的理由。

角色5：情绪大师

一场直播播得好，往往现场的所有人都很兴奋。在这种情况下，场控运营的情绪价值不明显。但没有一个直播间的流量是绝对稳定的，而且可能大部分直播间都是流量不好的时候居多，而在这种情况下，场控运营的情绪价值高低就能充分体现出来了。

当直播间数据表现不理想的时候，整个直播间的氛围就会比较压抑，主播、中控、投放和短视频伙伴的状态也比较差。越是这种时候，场控运营越要发挥领袖精神，给团队正反馈。直播间那么多不同维度的数据，他总能挑选出一两个增长的，为主播鼓劲。比如可以说："刚才那波关注涨了5个。现在系统开始给推流了。加油，咱冲一把！"

同样，对于中控和现场所有的伙伴，场控也运营可以多给正面鼓励，比如可以说："别担心，我们几个一起操作一波。这个数咱们一定能冲起来。中控准备一个高价值的福袋，短时间拉互动和停留，短视频伙伴发那条补贴品的内容，投放伙伴给表现好的前3个短视频每个加100块钱小店随心推。大家加油！"

以上5个角色分别对应着5个做事情非常重要的思维。数据大脑体现的是场控运营的数据思维——要对数据敏感，整合能力强，反应速度快。晚会导演体现的是场控运营的统筹思维——要能耳听六路眼观八方，把所有人都调动到一个统一和谐的节奏里。销售助理体现的是场控运营的销售思维——要时刻记得直播的目的是销售转化，帮助主播完成转化是使命。观众代表体现的是场控运营的用户思维——设身处地为用户着想，明白用户的需求，了解用户的消费场景；当商品价格趋同的时候，你的直播间才能有更多的用户下单。情绪大师体现的是场控运营逆向思维——股神巴菲特的黄金搭档查理·芒格说过一句话："别人贪婪时我恐慌，别人恐慌时我贪婪。"越是颓势越是对自己不利，人们就越需要这种克制和反向思考，才能把一把烂牌打好。

以上5个角色如果你能做到的话，你一定是团队的核心骨干，你一定是大家最喜欢的领导，也一定能带着大家走向成功。

8.2 直播前、中、后，场控运营分工更通透

如前文所说，场控运营作为直播间的核心角色之一，也是对最终直播结果负责的人。他在直播前、中、后的工作内容各不相同。

直播前，他需要：

(1) 选品，确定整场直播货盘；排品，确定直播期间的商品预估讲解顺序；

(2) 确定本场直播的主要商品，设计操作方法和运营节奏；

(3) 确定本场直播的运营成本；

(4) 确定短视频内容方向和本场的投放方式以及目标。

直播中，他需要：

(1) 完成预估商品测试，记录数据，寻找本场直播的大爆款；

(2) 在单品环节，合理使用福袋、红包、优惠券等营销工具促进商品销售；

(3) 直播过程中与中控、主播、短视频负责人、投放负责人等密切沟通完成直播。

直播后，他需要：

(1) 计算本场项目预估收入；

(2) 牵头快速完成本场直播复盘；

(3) 明确各岗位下场直播中需要优化的具体内容。

8.3 开胃菜：抖音流量分发逻辑大揭秘

有人说，抖音的流量是玄学。是吗？至少我认为不是。虽然你我都不知道准确的抖音流量推荐算法是什么，但它还是有迹可循的。抖音流量的分发逻辑就像房子的地基和框架，决定了抖音大体的流量分发情况。

这个框架不仅抖音在用，快手、视频号、小红书也都参考这个逻辑系统，所以想做直播电商，这套逻辑你就不得不掌握。特别是当你单场直播遇到困惑、百思不得其解的时候，这些底层逻辑会让你跳出问题本身，找到一个个答

案。这套流量分发的逻辑能帮你解决账号定位的问题、获得流量的问题以及优化直播策略。

抖音流量分发逻辑由标签体系、“赛马”机制、流量召回这3个机制组成。牢牢地记住这3个词12个字的顺序。顺序不对，这个逻辑都是错的。任何一个账号，无论做直播还是做短视频，也无论是做带货还是做同城业务，都是先有标签，再进对应的赛道开始“赛马”，最后再根据数据反馈进行流量召回，也就是大家说的流量分发。

标签体系

在抖音上，账号的标签很重要。抖音的算法黑盒很神秘，但是再神秘的算法最终也要落在一个显性的动作上，那就是打标签。所以标签体系是非常重要的基础建设，只有有了标签才算是拿到了抖音的玩家入场券，才有机会获得精准的流量。在抖音上存在三大类标签，分别是用户标签、创作者标签和电商标签。我们就分别来说说这三大类标签的基本作用。

第1类：用户标签。

任何一个注册了抖音账号并且有行为偏好的用户都会被抖音系统打上对应的标签，你喜欢给什么样的内容点赞、评论、做转发，喜欢关注什么样的账号，系统就会给你打上这些内容背后对应的标签，再根据你的喜好把更多类似的内容推荐给你。如果你对这些内容非常感兴趣，就会产生更多的点赞、评论、关注、转发，然后系统就会源源不断地给你推荐这个标签下大家喜欢的内容。

同样，你喜欢看谁的直播，喜欢购买什么样的商品，系统也会给你打上标签，还会为你增加这些你喜欢的短视频、直播、商品的推荐。当你点击了“不喜欢”或者“少推荐”这样的按钮，又或者你每次看到类似的内容都快速划走，系统就会给你减少这类推荐，然后根据你的新行为数据给你打新的标签。

抖音上几乎每个用户都拥有一堆这样的标签，具体的标签数量我们不得而知，但系统为了防止内容单一，影响用户的体验，会给用户打不同的标签，分发不同的内容，这样可以最大程度降低用户退出程序的概率。

我们站在电商的角度再说一下，只有当你的直播间被打上了合适的标签，系统才会知道给你分发什么样的用户，这样才容易实现精准的流量转化。

一个用户想知道自己是什么标签，抖音是不会给我们做展示的，因为这是数据保密的一个环节。

第 2 类：创作者标签。

一个注册了抖音账号的用户，有没有可能一条短视频也没发布呢？非常有可能，因为很多用户是来抖音上放松的，他们是来看视频、看直播或购物的，但他们本身并没有分享欲，这部分用户的占比也不少。

当发布了一条作品之后，你就不再是一个单纯的消费内容的用户，就变成了抖音上的一个创作者。系统首先会判定你是谁。它会抓取你发布的内容、文字、标题等信息，快速给你做一个假设的归类，然后开始在抖音上给你做分发测试。系统往往会先给你可能认识的人做第一波分发，看看他们的数据反馈。假如你的第一条视频系统给了你 500 次曝光，然后系统会测试这条视频什么样的用户更喜欢看。如果 2 秒跳出率、5 秒完播率等数据表现足够好，系统就会进一步给你分发更多的流量，做进一步测试。

当你在账号上持续发布一段时间的视频之后，系统大体上就能判断出你的内容更受什么样的用户喜欢，这时候，你的账号就会被打上对应的创作者标签。比如，你发布的内容被多种不同标签的用户看到，所有这些标签聚拢到你的账号上时，也会是多个标签的排序。假如有 10000 个用户，每个用户身上有 10 个不同的标签，系统会筛选出 1000 个对你的内容感兴趣的用户，然后在这 1000 个用户身上，我们发现第一大标签是萌宠，第二大标签是母婴，第三大标签是时尚……这时，你的账号就会被系统定义成萌宠创作者。但随着你账号内容的调整，吸引的人群发生了变化，你的创作者标签也会跟着发生变化。

这就是创作者身上标签的来源，他是用户标签正反馈的集合。在抖音上，目前有 30 个一级内容标签。一个创作者想知道自己属于哪个领域，他是可以自己查到的。我常用的方法是在 PC 端百度里搜索抖音热点宝，操作流程如下：

第 1 步，随便用一个抖音账号扫码登录热点宝；

第 2 步，依次点击数据观测→账号观测→搜索账号（见图 8－1）；

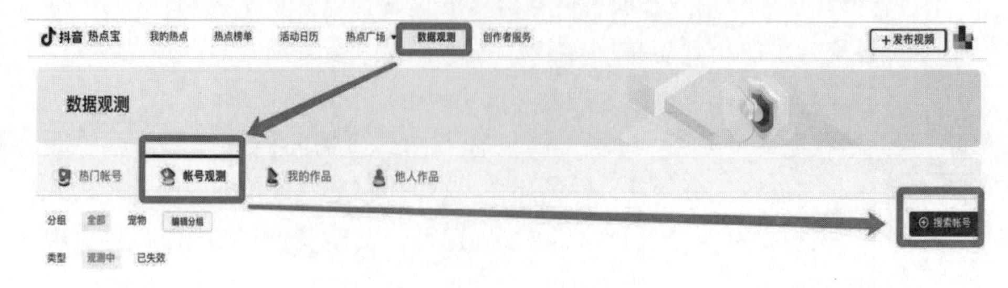

图 8－1　抖音热点宝搜索截图

第 3 步，找到你要观测的账号，进入页面，配置数据提醒（随便配置，如果你只是想看看创作者标签的话），点击确定（见图 8 - 2）；

第 4 步，点击详情，在名字后边对应的就是创作者标签的一级类目和二级类目了，我们以抖音电商学习中心为例，创作者一级标签是职场，二级标签是产品 & 运营技能（见图 8 - 3）。

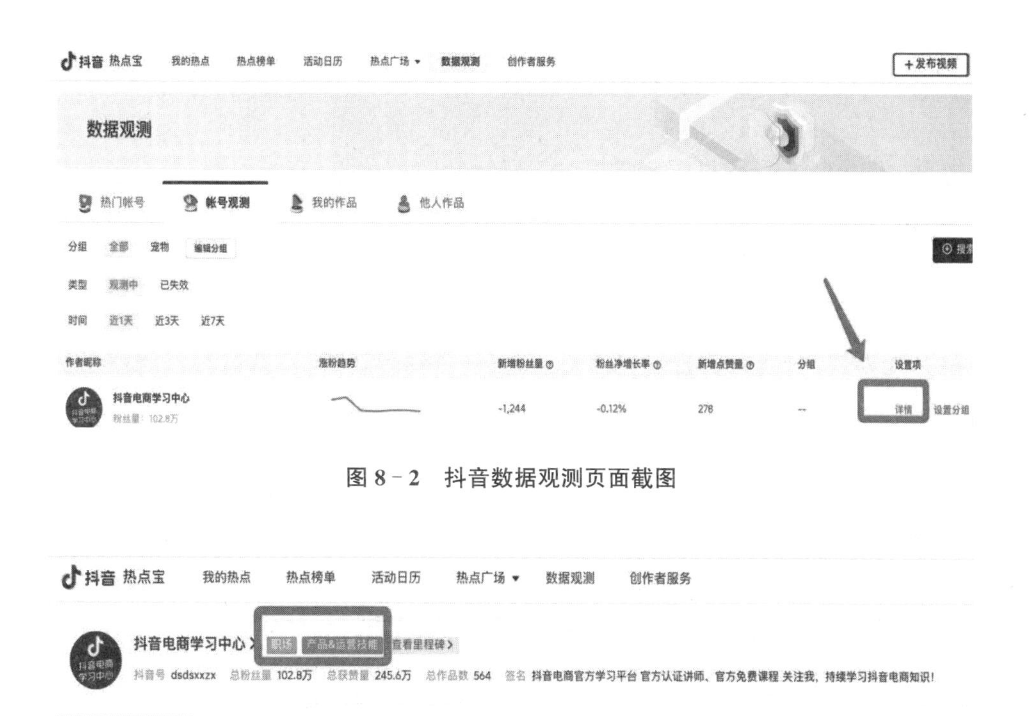

图 8 - 2　抖音数据观测页面截图

图 8 - 3　抖音创作者标签截图

作业区

快用这个方法看看你的创作者标签是什么吧。

第 3 类：电商标签。

电商标签，我们可以理解为商业标签，因为不仅仅电商在用这套标签，生活服务的同城业务也有一套这样的标签。这个标签是给做电商或者本地生活的经营者准备的标签。由此可见，用户标签每个账号都有，创作者标签只有稳定输出内容的用户才有，而电商标签只有做电商业务的才会有。

电商标签是怎么形成的呢？就是你的账号带货销售所有商品的GMV总和中，销售占比最高的商品类目决定了你的电商标签。这里的GMV总和包括短视频、直播、橱窗、图文等形式所有的加总。抖音上一共有21个一级大类电商标签和近百个二级电商标签。

如何查看你的账号到底有没有被打上电商标签呢？我分享两个小方法。一是当你明确知道自己销售额最高类目的时候，这个标签就一定是这个类目。二是点击你最近的某场直播的巨量百应直播大屏右上角的双向箭头，找到同行同级中位数（见图8－4）。这个就可以作为你近期的电商标签。

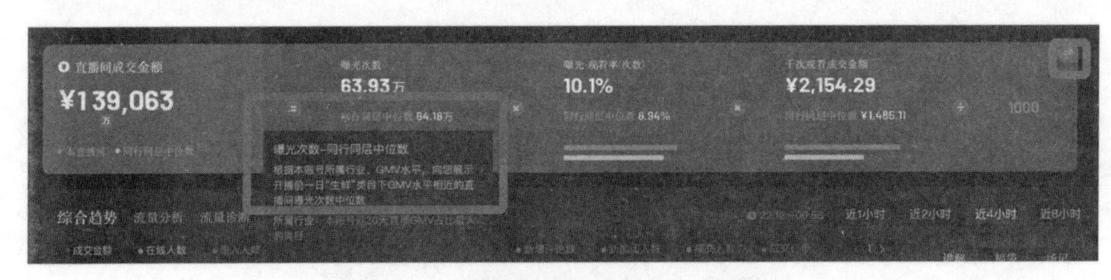

图8－4　巨量百应综合数据大屏截图

无论是第2类的创作者标签，还是第3类的电商标签，都是为了让我们在抖音上获得更多的精准流量，有了标签才能进入我们下面说的“赛马”环节。

“赛马”机制

你的账号有了内容标签，就能在对应的内容池里“赛马”；有了电商标签，就能在对应的电商池里“赛马”；这就是标签的落地应用。这里我们就以电商标签为例来进一步阐释。

抖音的电商“赛马”机制是相对公平的，因为它是把你和同行同级放到一起竞争。在抖音电商后台巨量百应中，你能看到自己目前所处的带货等级。假如你的账号属于二奢类目，带货等级是二级，系统就会在你开直播的时候，把你和此时此刻也在开直播的其他二奢类目带货等级是二级的直播间去比较。如果你的表现比其他的同行同级直播间要好，系统就会给你更多流量作为奖励。

什么是表现比同行同级更好呢？我们通过两个指标来看：一个是内容指标，另一个是电商指标。

(1) 内容指标包括但不限于用户平均停留时长、关注率、分钟级互动量、加团率等指标;

(2) 电商指标包括看播转化率、千次看播成交金额、退货率等指标。

没有人知道电商指标和内容指标的明确占比各是多少。但在带货直播间里,电商指标的占比一定比内容指标要高。所以,你要留意同行同级的其他竞争对手直播间是什么水平,才知道自己是不是更容易获得更多的流量。

我们怎么判断自己和同行同级相比是不是更优秀呢?有一个比较简单的方法。如果此刻你正在直播,请你打开巨量百应数据大屏,在大屏的右上角有个双向的小箭头,点击一下。这里系统会给你显示同行同级中位数的千次观看成交金额和曝光观看率。注意,这里显示的是中位数,而且是昨天的同行同级中位数,所以这里只是给你做参考的。但假如你的直播间今天的表现比昨天的好,今天大概率你会获得更多的流量。

抖音直播间里有 17 个大的流量渠道,每个流量渠道都有同行同级直播间在进行"赛马"。这 17 个渠道可分为 12 个自然流量渠道和 5 个付费流量渠道,大家可以在巨量百应直播大屏的流量分析里看到。由于"赛马"是实时进行的,"赛马"的结果就体现在直播间里流量的波动上。17 个渠道各自"赛马",一起叠加波动,所以当你的直播间在某 5 分钟里所有渠道都表现不好的时候,可能在下一个 5 分钟,系统给每个渠道的流量都会减少一些。

很多人还会遇到一个问题:我比同行同级表现好,但是我的流量却没有更多或者更精准,这是怎么回事儿呢?有可能两个排查的点,一是你的带货口碑分,看看是不是低于 85 分;二是看看你这个生意的类目是不是整体都在波动。我们大部分人做的类目是有淡旺季的,抖音也会在不同阶段对不同类目的流量规模作出调整。你可以换个角度来理解,假如你是卖车厘子的,你的类目爆发期大概率是在春节前两个月。这时,所有的车厘子直播间都集中争抢流量,用户消费热情高,我们整个类目都有流量。这个流量是从哪里来的呢?是从别的类目来的。所以,类目流量也是不稳定的。抖音上所有的类目彼此之间也在"赛马",他们"赛马"的结果会影响你这个类目流量规模的大小。因此,没有人能稳定自己的流量。

如何判断自己在"赛马"机制里有没有优势呢?一个很简单的方法,就是看你近期单小时的曝光量是不是在不断增加(当然我们说的是以自然流为主的直播间,付费流量要单独核算)。如果抖音系统单小时给你的曝光量在不断增加,说明系统对你"这只股票"是看好的。流量波动的很多时候,我们没办法百分之百正确归因，但可以不断测试变量，无限接近流量波动的真相。这非常考验操盘者的心态。

流量召回

有了标签体系，才能有赛道“赛马”；“赛马”结束，流量就都源源不断地来到我的直播间了吗？其实还不是。以上两个步骤只是你通过了初步审核，具备了资格，接下来的才是终极环节。只有通过了这个环节的审核，你的直播间才会被目标用户看到。这就是这套流量推荐机制的第 3 步——流量召回。我们可以粗略理解为：召回排序＝召回相关性＋风险过滤 ＋价值评分（“赛马”）。

第 1 步：召回相关性。

召回相关性，是指用户以往有没有和这个账号关联，包括产生关系的时间、产生关系的强弱程度和用户当下偏好预测 3 种指标：

第一，在时间维度上，一定是越近期的用户越有限召回。我们可以理解为临近 3 天为强召回，3～7 天为相对弱召回，7 天之外为弱召回。

第二，用户行为的强弱程度可分为：购买 ＞ 点击购物车 ＞ 参与互动（评论、关注、点赞）＞观看。我们可以粗略地理解为真金白银花钱的用户具有最强召回相关性，或者我们可以理解为已经发生购买行为的用户的召回相关性强于有强烈购买意向的，强于随便看看的。

第三，系统预测的用户喜好意向度。抖音是兴趣电商，会把更多对你所处的类目、商品、所做的内容感兴趣的用户找到，进一步来测试你的转化和留人能力。这个过程也会出现抖音流量的泛化，也就是没办法过于精准，因为它属于兴趣探索尝试，而抖音用户的兴趣可能随时都会发生变化。

同时，抖音为了保证用户的感受，防止用户疲劳，会给用户随机分发“测试内容”，其中包括抖音热点、朋友推荐或购买、同城、你关注的人还关注了、相同 IP 地址等推荐逻辑……还有一种就是纯粹随机的测试，防止你进入信息茧房。

第 2 步：风险过滤。

你的直播间或者短视频符合了召回相关性，就一定会被召回吗？其实不是的，抖音还有一层非常严格的风险过滤体系。一种情况是系统会对你的直播间或者短视频进行实时审核，我们以直播间为例，一旦你的内容违反了平台规定，系统轻则会给你发出违规警告，再严重的时候则会对你的曝光流量进行限制，更加严重的情况可能会断播、扣信用分、封号等。这是系统进行的

风险管控，防止你的直播间给用户及平台造成损失。

另一种情况就是用户的举报或者点击了“不喜欢”或“减少推荐”。点击的用户少的话，系统会进一步判断；举报属实的话，系统对直播间的处理结果和官方审核出来的一样。同样，对于那些点了“不喜欢”按钮的用户，系统就不会再给他推荐你的直播间了。

第3步：价值评分（“赛马”）。

价值评分就是“赛马”的一套打分公式，这里的价值评分指的是你这个直播间对于抖音的价值和对目标用户的价值，可以分为内容价值和电商价值两个维度。内容价值就是用户的停留、点赞、加团加关注，电商价值暂时你可以先用千次观看成交金额和看播转化率来理解。二者居其一，你在抖音上都可以做下去，但要想做得好，就需要二者兼备。从抖音的角度看，它一定希望越来越多的直播间能同时满足内容价值和电商价值。

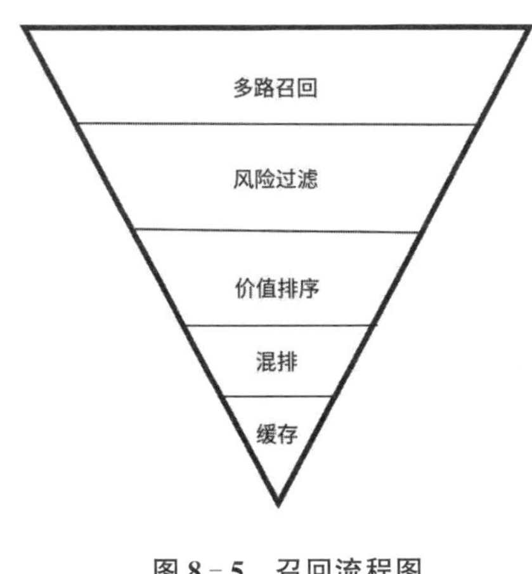

图8-5 召回流程图

最后我们用一张图总结一下整个召回流程（见图8-5）。了解了标签体系、“赛马”机制和召回机制，你就知道了抖音的底层逻辑。这是一个人成为场控运营的基础认知，也是帮助你构建抖音运营体系中不可缺少的一环。这些内容我们会在这本书后边的章节中反复提及和应用。有了一个理论基础，我们还要实操，所以接下来，我们就正式进入直播前、中、后三个环节，来详细地看一下场控运营的工作应该如何开展。

9 运筹帷幄开播前，决胜千里人、货、场

人、货、场这3个字恐怕做电商的朋友们听得耳朵都长茧了，但其实到今天为止，人、货、场不协调统一仍然是很多直播间存在的最严重的问题。我几乎每次接手一个新项目，如果对方已经开播，总会先和对方要一段直播录屏，看看直播间的人、货、场到底是怎么组合的。如果对方没有开播记录，我就要根据目标用户和货盘匹配点来设计直播场景。

这里我们要把品牌自播和达人直播做一个拆分。品牌自播时，大家对货品、品牌有认知或者有需求，所以品牌自播的逻辑是货、人、场；达人直播中用户往往是因为对达人本身感兴趣才进的直播间，所以达人直播的逻辑是人、货、场。

9.1 认真思考人、货、场，磨刀不误砍柴工

品牌自播货、人、场

作为品牌自播类，我们按照货、人、场的顺序来设计直播间。

第1步，明确直播间销售的主要商品。这个方法适合单品直播间，也适合绝大多数的品牌直播间，其实很多大的品牌有多个产品，他们会根据产品的系列做多直播间拆分，因为一个直播间的商品太多，便无法兼顾所有商品都能做讲解，最主要的是受众人群差异很大。以我在抖音上随手搜的立白和蒙牛为例，这两个快消品品牌都是多个直播间分开做不同商品的直播。拆分直播间里有一个很重要的参考标准就是产品对应的差异人群。

第2步，你可以通过抖店进入电商罗盘，找到商品模块→商品列表找到你想要看的商品点击查看详情→人群分析→成交人群，就可以查看你已经主推的商品的目标人群画像(见图9-1)。

图 9-1　通过抖音电商罗盘查看目标人群画像

如果这个商品我们直播间是第一次销售，不知道他的目标人群，这时候可以使用第三方数据平台，如通过蝉妈妈、考古加等去查看相似商品的成交用户画像。店商最好能多看几个类似商品链接，总结一下用户的画像，但这里只是一个参考，因为每个直播间讲解的方式、场景可能都不一样，所以成交用户画像会有所差异。

大家都知道自己的账号主要卖什么货品，就要根据货品去明确这个货品的核心受众人群，再根据目标人群在真实生活里使用这个产品的场景来设计直播间的场景，这是一套非常好用的逻辑。

第 3 步，你的产品在什么场景下最容易让目标用户购买？无论你是有真实背景还是虚拟背景，都要去考虑目标用户看到直播间的感受。

品牌自播的场景往往有 3 种：

(1) 品牌调性场景，告诉用户品牌本身很值得信任，如 Apple 产品青橙数码旗舰店、徕芬官方旗舰店直播间，适用于 3C 数码家电、食品生鲜等全品类品牌直播。

(2) 生活使用场景，给目标用户展示产品在生活中如何使用以及如何帮助用户解决问题，激发用户更强的兴趣和获得产品的渴望，如小熊官方旗舰店，也是全类目通用的直播间风格。

(3) 户外、仓库、产品生产运输场景，这些直播间在美妆(保税仓)、滋补保健、食品生鲜(田间地头、生产车间)、酒水(工厂仓库)等特殊场景，给用户更强的源头好货感，也有品牌举办特别活动的时候会选择户外直播。

第 4 步，想一下你的产品在以上你选择的场景中如何能把产品的细节卖点、氛围感和促销感呈现出来。如果你的产品有需要展示的特殊卖点，有没有第2个辅助机位或者能不能把这个卖点在镜头前呈现得更加有吸引力？同样在场景布置上，促销感也很重要，包括你给商品准备直播间贴片、商品上的促销信息、直播间的背景音乐和主播的造型风格。

只有货品和目标人群定位清晰，才能在不同的场景里找到商品的最佳呈现方式，才能知道主播的妆发造型和口播内容以及产品演示细节怎么做才有效。

图9-2　直播间场景设置反面案例

我们来举个例子，曾经有一个家用保险柜品牌找我来诊断其直播间，我给大家截图看一下这个画面，你有没有发现，这个直播间看起来非常凌乱，既感受不到品牌的专业，也没有在家里使用的场景感（见图9-2）。这个直播间推荐feed渠道的曝光进入率不足10%。刷到的用户不想进来，进来的用户听不下去，自然很难有成交，这就是在直播场景上没有考虑清楚的典型。

达人直播人、货、场

达人直播和品牌自播最大的差别就是，达人是根据自己的粉丝画像或者成交用户画像来选品的，所以达人的直播逻辑是以自己为第一出发点，确认自己的特质吸引的是什么样的用户，再根据用户对自己的认可方向去做带货选品。

像东方甄选这种全品类达人其实比较少，这类达人所处的领域门槛太高了，对于我们来说不具备参考性，所以我们说的是抖音上细分的垂类。垂类达人往往都有自己的专业领域，达人往往先有了基础粉丝才开始带货，找对应的垂类商品就好。健身博主卖低卡食品、健身服饰、运动鞋；美妆博主卖卸妆油、护肤霜、面膜、定妆产品；美食博主卖零食、半熟制品、食品加工材料等。

在购买这本书的人群中，可能会有刚起号想做达人的朋友。毫无疑问，你也应该先想好自己要做的内容方向和变现的带货品类再行动。

达人往往都是带自己目标用户认可的类目，在扩充类目的时候，一定要看一下自己打算尝试的带货类目和自己现在的账号人群有没有关联度：有关联度的话，做场景的调整，产品机制不要太差，并且在讲解的时候告诉自己的粉丝为什么要带这个新品类，以及对粉丝有什么帮助，其实也可以形成良好转化。

达人直播的场景也是品牌自播的场景，且达人直播场景更灵活，因此场景部分我们就不做过多的叙述了。

总结一下，不论是品牌自播的货、人、场，还是达人直播的人、货、场，你都要想清楚一个问题：你的场景对于你的商品销售是不是加分项？在对应的场景里，主播应该如何讲解和演绎才能够更好地完成商品的销售和转化？2021年8月30日，鸭鸭登山服饰旗舰店去了一趟西藏雪山，完成了4小时直播，直播间分钟级在线人数突破1万人。鸭鸭凭借一己之力开创了场景直播的新高度，整个鸭鸭品牌在接下来的6个月里在抖音上完成了25亿元的销售总额。

特别是在2024年，货品趋同度越来越高，电商用户增速也已经放缓，抖音电商只有在场景、主播、内容、形式上下功夫才有可能做出来抖音需要的更长的用户停留和更高的GMV。

作业区

试着给你的直播间做一个人、货、场的匹配，思考以下问题：

你的直播间目标用户是谁？性别、年龄、人生阶段、省份、手机型号、八大人群画像等。

你的产品怎么能满足目标用户的需求？

你打算选择品牌场景、生活使用场景、生产运输场景中的哪个来完成一场直播人、货、场的匹配？

9.2 货品运营三大策略之选品

恭喜你，我的朋友，我们即将进入直播的下一个关键环节——组货。一场直播能不能有好的销售业绩，一半是由货品决定的，另一半是由运营和主播演绎。我们这里先讲货品。一个优秀的场控运营往往从选品到组品再到定品、排品都会全链路主导。在“交个朋友”时，我的老板常说一句话：“爆款才是直播间的永动机。”

特别是在2024年，抖音电商全面开启了货架场，商城流量和搜索流量的转化效率正在不断提升，越来越多的用户已经养成了来抖音直接搜索商品的行为习惯。一个好的商品不仅仅能在直播间、短视频、图文等内容场景里有好的销售表现，更有机会在货架场里获得很多的免费流量。越是爆品，越有整合内容场和货架场的能力。而让一个商品快速起量最有效的方法就是直接在直播间里创造一个爆品。

在抖音2024年的经营模式中，最重要的一种就是在直播间把商品“打爆”，然后让商品能在各个场域里持续转化，帮助商家解决“直播有业绩，不直播没业绩”的尴尬局面。我们身为场控运营和运营的朋友，不仅仅肩负着一场直播的业绩，甚至还直接影响着一个单品在抖音全域全场景里的生死。这也是有货品运营能力的场控运营会越来越有价值的原因。

选品、组品和排品这是场控运营升职加薪的核心考核项。接下来我们就说说如何做。

如何选好品，成了所有人都关心的问题。这里我根据工作经验，总结出一个选爆品公式：产品热度＋账号人群＋价格力。我第一次提出这套公式是2023年10月在给体育用品经销商胜道做集中培训时，而2024年1月，抖音也提出了“2024年抖音电商的地基是价格力”的提法。由此可见，这个公式在2024年之后更加适用。

产品热度是消费趋势

产品热度其实代表的是用户的需求趋势，用户的消费积极性受季节、天气、节假日等诸多因素影响。我们以年为周期，你会发现很多类目都有非常强的季节性。以男装为例，春节前的12月到来年1月是耐克销售的高峰，2—3月是薄款冲锋衣等春装和运动户外装备等上新的节点，4—5月是空调裤、速干T恤等夏装的节点，6月开始大促，7月属于男装整体的淡季，往往商家开始做反季尾货清仓，8—9月是秋装外套，10—11月羽绒服、棉服、加绒卫衣等类目开始爆发。服装类目有这样的节点，水果生鲜、日用百货、个护家清、3C数码家电等类目统统都受季节因素的影响。

说完了一年，我们再说说一天，一天当中用户的冲动消费内容也不一样，早上卖图书、教育培训等励志产品的比较多；中午是全品类都可以；下午往往是二奢、珠宝、文玩类目；晚上全品类爆发，越是到夜里，美食直播间越多，就连后半夜卖助眠、珠宝玉石和垂钓产品都更加受欢迎。所以抖音是24小时营业、全年无休的大商场。当你能观察到自己类目趋势的时候，往往更容易获得趋势里的第一波免费流量。

产品热度包括3个方面：内容热度、品类热度和单品热度。

巨量算数和抖音点宝上看内容热度。

在抖音上做生意，不观察内容热度很难把生意做起来，我们往极致的“黑天鹅”事件上说，李佳琦的花西子事件很有热度，活力28(洗衣液)、蜂花(护发素)、精心(护肤品)、雪莲(雪糕)等国货品牌第一时间转化了这波热度，这就是很多人眼里的“泼天的富贵”。其实在这个事件中，很多国货品牌都或多或少得到了一波热度，并且实打实地转化成为销售额。同样，2023年12月东方甄选的小作文事件，也让隔壁的高途佳品直播间涨粉200万，从直播间平均百人在线，也到了峰值人数10万+。还有爆火的哈尔滨，就连我一个做抖音直播教练的博主蹭了一下话题后，单条视频播放量都破了50万，当时我才400多个抖音粉丝而已，你看这就是内容热度的效果。

所以做抖音要时刻关注内容热度，有你能蹭的热点，找到适合的角度去蹭，别浪费这种“泼天的富贵”。当没有适合的角度的时候，我们还是可以去观察常态的内容热度。

2023年夏天有一个词在抖音上爆火，这个词叫“多巴胺穿搭”，当时带火了无数服饰直播间。每个主播都穿着饱和度非常高的衣服，在镜头前讲着多巴胺穿搭带来的快乐，甚至连隔壁食品直播间都趁势推出了各种五颜六色的美食小糕点。紧接着就出现了“多巴胺装修”“多巴胺小家电”……每一个词的背后都有几十亿上百亿的播放量。你一定要注意，这都是变现的流量池子。同样在2023年的秋天，服装圈子里又出来了一个“美拉德穿搭”，也带火了一大批服饰品牌……你看，在抖音上即使你我不能创造热度，但我们只要跟上了内容的热度，就有机会把一些产品卖得更好。

我给你推荐两个看内容热度的官方工具：一个叫巨量算数，这是抖音的商业化团队研发的所有人都可以看的数据平台。你可以在PC端直接搜索巨量算数。假设我是一个卖服装的商家，我想看看2024年1月哪个产品在抖音上有热度，我的店铺里有羽绒服、棉服、军大衣3个类型的产品，我就可以直接在巨量百应里输入这3个关键词。

如图9-3所示，你会发现羽绒服的关键词搜索指数热度很高，因为1月末开始全国各地都降温，所以让羽绒服在抖音上呈现出一波上升的趋势。在电商逻辑里，用户的搜索意味着用户有需求。同比之下，军大衣和棉服的热度就低了很多。但在抖音上，搜索并不能完全与用户的商品需求挂钩，所以这只是一个参考值。

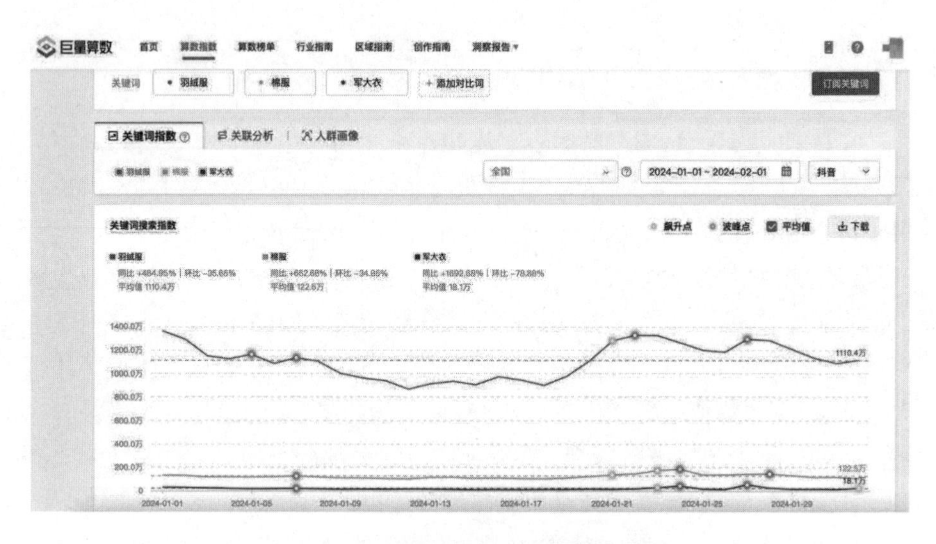

图 9－3　巨量算数的“关键词指数”分析

接下来我们看看关联分析中羽绒服的具体表现，这里可以看到我们在搜索羽绒服的时候会搜什么样的词组。这些词组中与你有关的，你应该用来优化你的商品标题，就有机会承接更多的搜索流量。大家注意红色代表热度上升，球越大代表热度指数高，距离中心词越近代表关联性越强。在图 9－4 中，你会发现“正品”“羽绒服男款”“女款爆款”“女装羽绒服”都是热度上升的词，“直播”这个词热度最高，也说明当下正是直播间销售羽绒服的好机会。

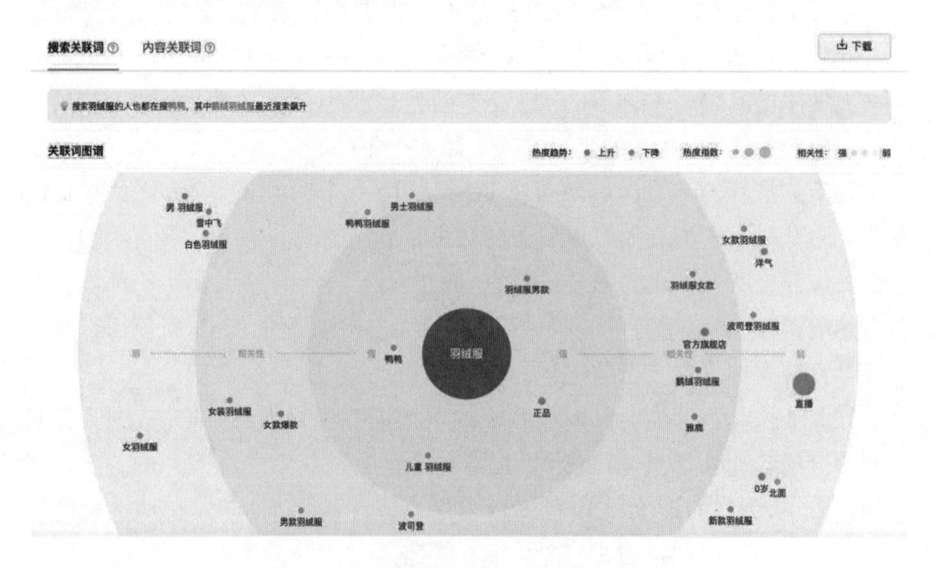

图 9－4　巨量算数的“搜索关联词”分析

此外，我们还能看到用户搜索羽绒服时喜欢看什么样的内容。从图 9－5 中，我们可以看出来羽绒服的穿搭（毛衣、卫衣、裤子等）、羽绒服的品质、羽绒服的保暖都是大家关心的话题。如果你在销售羽绒服，除了价格之外，还可以在这些内容上去寻找销售的突破口。注意，这张图上的每个小圆点都是可以点开看的，你点开会看到更多详细内容（见图 9－6）。

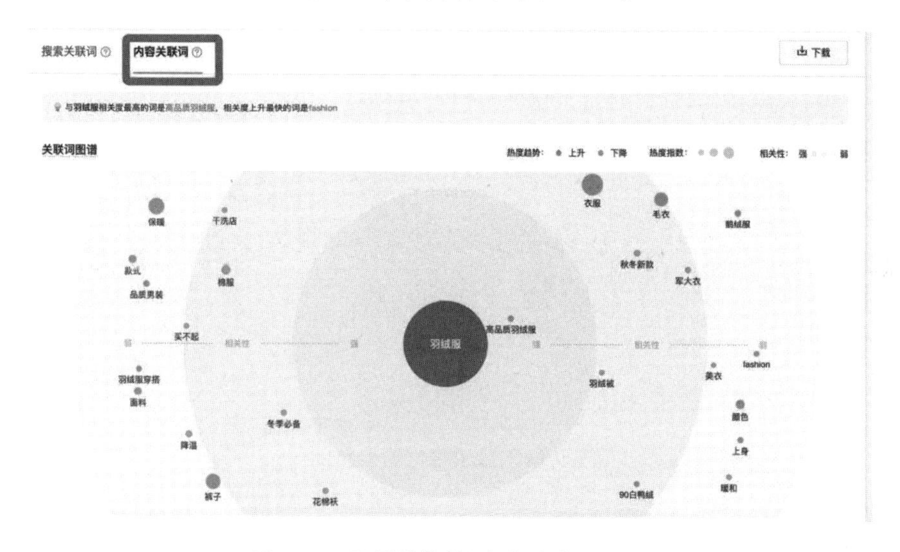

图 9－5　巨量算数的“内容关联词”分析

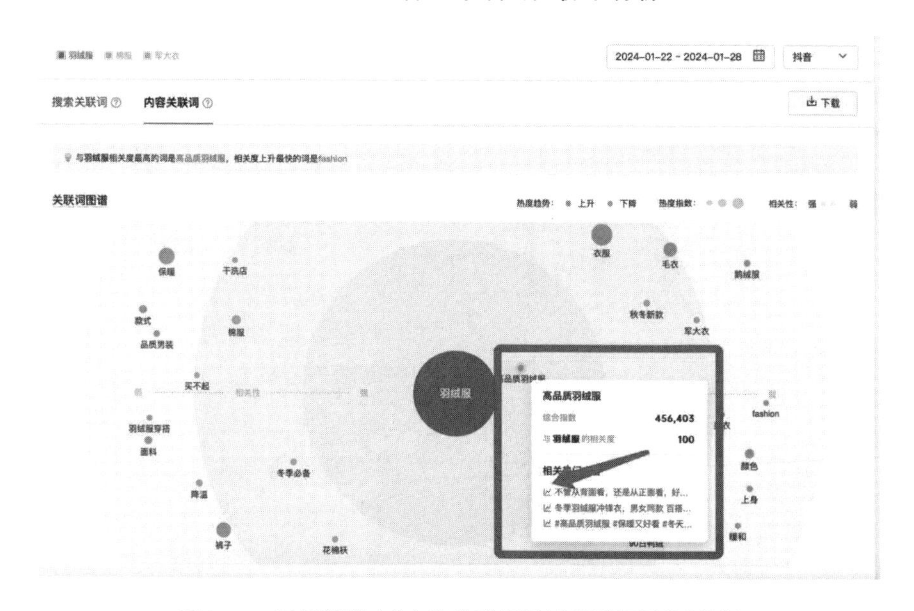

图 9－6　巨量算数中“内容关联词”的“关联词图谱”分析

之后，你还可以仔细观察这个关键词的人群画像，包括地域分布、年龄分布和性别分布(见图 9-7 和图 9-8)

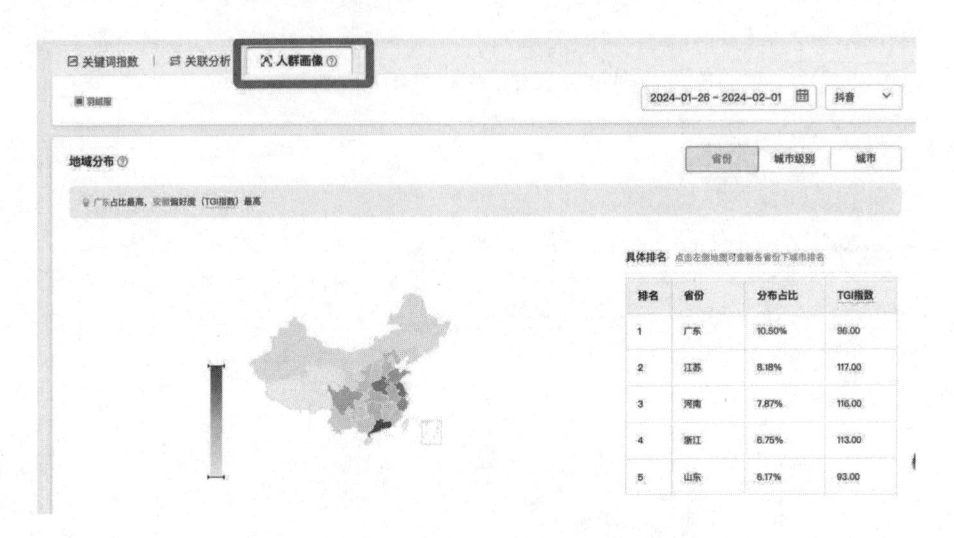

图 9-7　人群像地域分布图

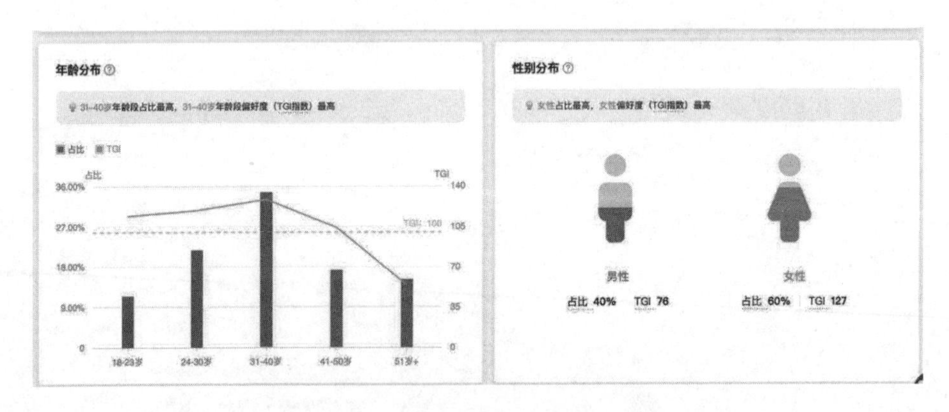

图 9-8　人群画像年龄分布和性别分布

注意 TGI 指数高于 100，说明该用户群体的整体关注度高于大盘的平均水平。

作业区

你可以试着把你关心的产品品类在巨量百应上看看它的搜索热度和内容热度，同时我建议你再深度研究一下这个平台，你会看到很多更加有帮助的数据。

另一个可以查看内容热度的平台是抖音热点宝。你可以选择在PC端，也可以选择抖音软件内打开抖音，在搜索框里输入"抖音热点宝"功能下查看相关信息。

电商罗盘里看品类热度。

说完了内容热度，接下来我们说说产品的品类热度。这时候你一定要学会使用抖店的电商罗盘功能，这个功能在达人的巨量百应电商罗盘也有，但数据维度没有商家端的详尽。我们以商家端的电商罗盘为例。抖店的系统改版的速度很快，很多产品的功能位置都会变化，这里我以2024年2月抖店版本为依据给大家进行截图和分享(见图9-9)，将来产品迭代的时候，这个功能大概率不会被取消，但是功能路径可能不同。

每个抖店都有自己主要经营的行业，一级类目商品，抖音会自动帮你匹配与你相关的类目数据，登录抖店→电商罗盘→市场→类目挖掘和类目洞察模块。我们以运动户外为例和大家分享：

第1步：选择你关注的大盘整体、货架场、直播、短视频。如果你想直播先行，可以选直播。

第2步：选择右边的时间，建议选近7天。

第3步：行业不可选，每个抖店的行业基本是固定的，类目里可以筛选分类，还可以进一步筛选八大人群画像，后面还有更多人群筛选，包括性别、年龄等条件。

第4步：选择成交金额最高、成交增速最快、季节性最强、蓝海需求供给最大。我建议你4个维度都观察一遍，根据你现有的货品做出几个备选品类。

第5步：对于选中的类目，你可以点击对应左下方的"更多"来进一步查看这个类目的详细分布情况，然后可以进一步筛选，就可以过渡到单品了。

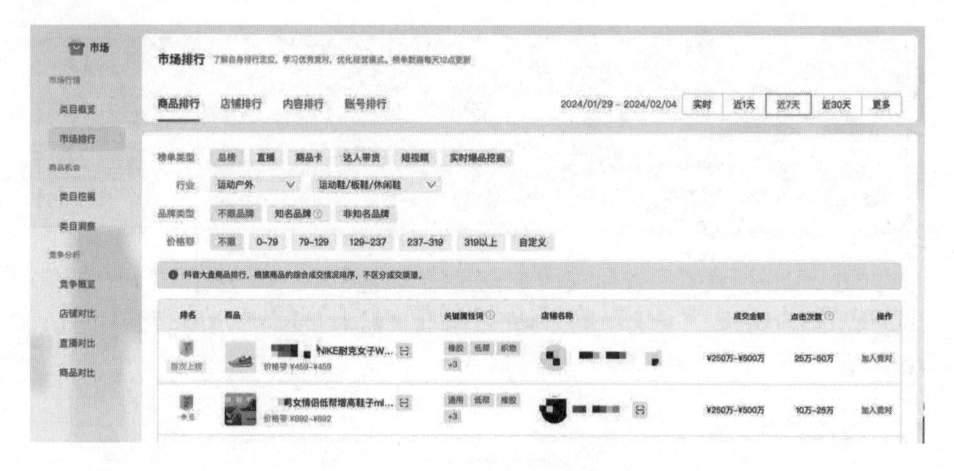

图 9－9　电商罗盘品类热度分析

同样在品类热度里，你可以观察一下消费者具体对哪些详细的参数感兴趣。以跑步鞋为例，我们发现休闲风格更受大家欢迎(见图 9－10)。你可以选择 2～3 个商品属性划分，大数据的组合虽然不算精准，但是至少能给你提供重要的参考方向。

图 9－10　电商罗盘市场板块“类目挖掘”功能截图

下面还有关键词分析和购买场景分析(见图 9－11 和图 9－12)，这里对商品标题优化和讲品时找到关联场景都非常有用。

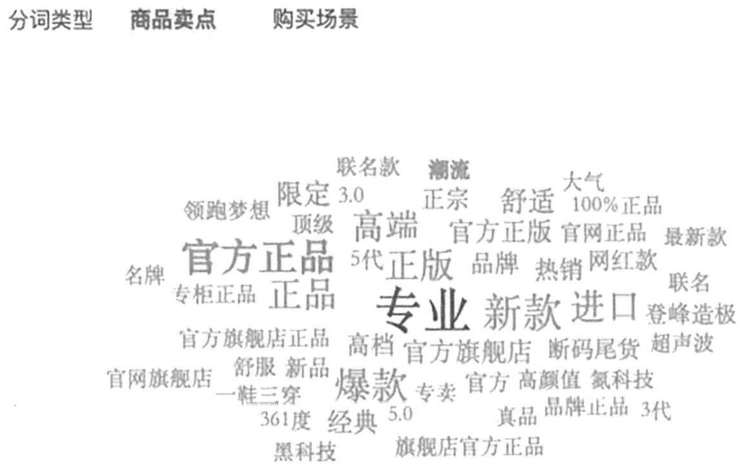

分词类型　商品卖点　购买场景

图 9－11　商品卖点关键词分析

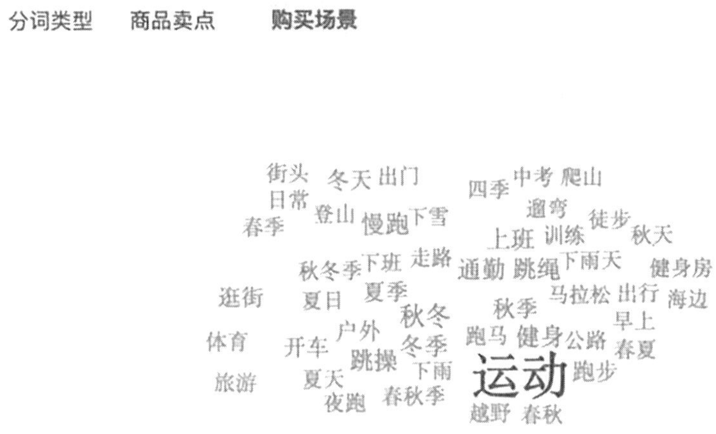

分词类型　商品卖点　购买场景

图 9－12　商品购买场景关键词分析

洞察报告里看单品热度。

如果你是做品牌自播，到了品类热度就应该有明确要选取的货品类型了，但如果你是经销商直播、达人直播，还可以再进一步查看在品类里有哪些

单品的热度比较高，是不是可以快速跟进。甚至还有一些商家做的是“平替款商品”。这在抖音上是一个体量很大的生意，但一定要记住，不要卖假货。平替是长得像，而假货是连人家品牌的标志和专利都拿过来照抄，这种行为就是违法的。

在看单品热度的时候，我们可以参考的数据渠道有很多。一个重要的渠道是抖店（也就是商家版）电商罗盘的类目洞察功能。你能在这里看到每个属性里销量靠前商品的具体名称，还可以直接点击后边的“查看详情”直接跳转到商品的链接。

另一个渠道是自己的对标账号。达人有自己的对标账号，渠道经销商也有很多对标账号，特别是开了矩阵账号的项目，公司以外的经销商账号要关注，公司内部的各个兄弟直播间也要关注。这里你就可以使用蝉妈妈、飞瓜、考古加等第三方平台看到其他人的基本销量情况。而且这些第三方平台还支持货品筛选，你可以看到某一个链接近期有多少个直播间带货，甚至某一场直播销售量的区间值。这都有助于你找到本身就有热度潜力爆款的商品。

以上就是从内容热度、品类热度和单品热度3个方面帮你寻找潜力爆款。把内容热度和品类热度做好结合，再找到那个单品热度不差的商品，这就是一个直播间的爆款长相了。其实看到这里，你应该能大体上明白怎么讲解商品了。

抖音每年会在各个不同节点发布行业报告，你在巨量算数的“洞察报告”板块能看到这些内容。有时间多去看看，对你了解趋势有很大的帮助。同样，你也要多留意抖音电商行业对接人的信息，他们对抖音大盘的理解对我们做生意的来说至关重要。

账号人群适配度决定了转化难度

一个商品内容热度、品类热度和单品热度都很好，直播间就一定能打造出爆品吗？这是很多新场控运营会遇到的最大的坑。我给大家举一个例子，我在“交个朋友”负责直播间工作的时候，经常会和商务伙伴发生一些小摩擦，商务伙伴拿着一个热门商品，对我说“老时，这个品你一定安排上直播，这个品最近太火了，某某明星、某某达人都是一场直播上百万的销售额。”这种时候，我往往都会说“要一下商家的成交用户画像，咱们看看再判断”。

为什么我要找商家要这个商品的成交用户画像呢？因为一个品一旦爆了，这个品的用户画像基本上就已经固定了，而如果我的直播间用户画像和对方偏差很大，在我把这个商品链接挂到直播间的那一刻开始，极有可能会出现商品没有转化的尴尬局面。这时候，这个商品引进来的人群在我的直播间不成交，最麻烦的是其会扰乱我的直播间原本的用户画像，导致我的 GPM 变低，系统会判定我此刻的转化能力不足，然后减少给我的曝光流量。

这件事不是我一个人的感受，在各个直播间里都会出现这样的情况。一个直播间卖爆了，不同类型的直播间也跟进了，结果都没有卖爆。主要一个原因就是用户画像不匹配所致，当然还有主播能力、直播场景、运营玩法等因素的影响。但最大的问题还是人、货、场不匹配，目标用户和货不匹配，你就是用了九牛二虎之力也不见得能把这个货卖好。

除非你是靠纯付费做的直播间，或者你是新起的账号，没有太高的用户资产，你可以不考虑用户画像。

那么我们也站到商家的角度来分析一下这件事，一旦产品被某个达人卖爆了，这个产品就产生了特定的用户画像。这时，我会建议商家用这么好的数据迅速去找目标用户相同或者相近的其他同类达人直播间继续销售，或者赶紧去头部主播直播间，快速做一个大的曝光销售去扩大人群，之后再分发给其他的不同受众人群的直播间。

一定要记住，你的账号人群或者你以往爆款的适用人群与这个即将要在你直播间销售的商品对应人群吻合度越高，你的直播转化难度就越小。

9.3 货品运营三大策略之组品

说完了货品的选择，接下来我们说说组品策略。直播间的组品策略和田忌“赛马”很像。在我们的直播间里，每一个货品都肩负着不同的使命，我们不能要求一个货品的各项指标都非常棒，但是我们可以根据抖音的需求把一堆商品进行拆解，一个商品用于完成抖音要求的 A 数据指标，另一个商品用于完成 B 数据指标，还有别的商品分别用于完成 C、D、E 指标。

在直播间，遇上一个绝对爆款的概率太低了，所以我们还是要像田忌“赛马”一样做好组品。我们的组品策略可按多品直播间和单品直播间作拆分，这里主要针对多品直播间，但我们也会给单品直播间提一些小建议。

多品直播间的组货策略

我们先要把产品作进一步拆分，这里选取两个维度：一个是满足抖音数据的维度，我们让不同的产品肩负不同的数据使命；另一个是考虑其他维度来防止人群流失。

第一，从数据功能上，产品可以分为钩子款、密集成效款、爆款、利润款、新款和挂链款。以下我们就从这几个角度分别讲述。

钩子款：具备引流的属性，算是福利品中的一种。目标是能够拉长停留时间和提升直播间人气的热度，玩法多。（我们会在主播的章节和大家分享钩子话术的基本类型。）

密集成交款：也就是福利品，目的是帮助直播间完成看播成交率，高性价比，受众广，可以刺激下一波流量。

爆款：也就是销量款，极有可能决定直播间 GPM 和营收这两个核心指标的高低，这类商品最好满足我们说的产品热度高，目标人群匹配度高，一级价格力良好或者优秀，而且库存充足等要求。这个商品往往是我们要重点打磨的，也是直播间讲解时长最高的。

利润款：利润高，目标是提升直播间收入。注意！利润款如果转化不理想，一定要优化讲品方式和运营方式后再次测试，同时不要单纯看到高佣金，而忽略了转化效率。很多时候利润款销量不理想、转化差，不见得有利润低但转化率好的商品赚钱，所以一定不要陷入高佣金、高收入的误区里。

新款：这是直播间必须要有的新鲜血液。一个合格的场控运营或者直播项目操盘手要持续寻找能产生转化的爆品。很多操盘手只会眼盯着当下爆款，当这个爆款衰减到完全不能出单了才去寻找新款，这种做法非常危险。直播间的业绩会像过山车一样每天忽高忽低，运营一定要未雨绸缪，把有潜力的预估爆款在直播间里挂链接，并且让主播试着讲解一下。很多时候，场控运营为了应付，对新款没做充分的准备就让主播在直播间随便讲解一下，然后判定这个商品不行，这种行为非常不可取。一定要认真准备，认真讲解，你才有机会找到下个百万级单品。

挂链款：这类产品是为了丰富产品类型或者可作为本场主推款式的锚点款。有一些商品你不会讲，但是它很符合你的目标人群，甚至还能和你本场主推的商品形成很好的关联购买，这样的商品可以挂链，用来丰富你的品类，让用户有逛起来的感觉。与此同时，还有一些对你的认知度很高但是价格比较贵的商品，这就是你的形象款。不要指望这类商品能成为主推，只要有就好，这类商品有时还用于给我们直播间的平替款比价，这就是锚点的作用。

一场直播里以上这些类型的商品都必须要有吗？不见得。这只是我在达人或者品牌大场次直播的时候会做的最全组品计划。但是在多品直播间，我建议至少要有密集成交品和爆品，这两个是不能少的，其他的钩子品和利润品是其次的，最后的新款和挂链款可酌情考虑。

作业区

如果你做的是多品直播间，请你参考这个分类来组一下你的货盘，最好包括钩子款、密集成交款、爆款、利润款、新款和挂链款。

第二，其他参考维度。

以上是我们看每个产品在直播间的数据价值，但一盘货往往是一个整体，所以在看单品价值的同时，我们还需要关注以下几个维度。

人群维度：我们每个直播间都有自己的核心受众人群，首先要看以上选出来的货盘是不是符合人群画像。从八大人群的角度来看，我们要重点关注占比前三的人群。其次，要重点关注近期爆款、本场预估爆款的用户画像相似相关程度。最后，要以本场爆款为核心，再看一遍我们的货盘是不是有人群关联度。不要让一场直播的产品目标人群跨度太大，我们不是综合品类直播，也不是明星直播。

场景维度：绝大部分直播间到最后都是爆款逻辑，一定要以爆款为中心，设计钩子款、密集成交款、利润款等，争取能在一个主题或者场景里囊括更多类型的产品。场景是串联更多商品的重要抓手，场控运营在盘货阶段可以在场景上做几个区分，以场景为范围，把整盘货再看一遍，会对挂链销售、单品打爆、提升用户转化率有显著帮助。

风格维度：服饰、家居、酒水茶饮等类目有明确的风格，一定要考虑好商品之间的搭配，确保整场直播的货盘协调统一。这都是为我们排品策略作准备，因为风格不同，吸引的人群也会有变化。但一场直播里并不应该只有一个风格，你可以准备多种风格，但一定不要有一个产品单独为一种风格，这就很麻烦。

季节维度：绝大多数的类目都有淡旺季，或者一个类目不同季节热销的产品有天壤之别，如反季卖羽绒服，换季卖下一季新款，节假日前卖酒水茶叶礼品，寒暑假前卖家庭出游装备……季节维度往往是“抖音大盘的势能”，可以通过巨量算数来了解抖音大盘的内容热度，抖店后台的类目洞察以及通过第三方后台了解货品热度。

产品关联度：这是给排品做准备的，如美妆直播间有一套上妆和卸妆的流程，服装类直播间有穿搭流程（内搭、外搭、上下身穿搭、鞋子、帽子），这些就是产品的关联度。很多产品之间天然就存在关联度，关联度高的品我们一起讲，用场景型话术更容易吸引用户多下单。

单品直播间如何有组货的效果

我们把多品直播间说得那么精彩，那单品直播间该怎么办？

场控运营，如果能说服老板做一点点钩子款、密集成交款肯定是最好的，这会帮助你把直播间的数据做得更加到位。但如果你的老板不同意，或者你们没有合适的产品，单品直播间在组品上也是有策略。

首先，单品也可以做不同的组合或者套装。单品做组合时，往往组合价格会比单件购买价格更划算，美妆、居家、服饰等类目都可以这么做。这样单件商品就可以做你的锚点款，主播在直播时就告诉用户 1 号链接组合装比 2 号链接单价便宜了××元。这在一定程度上也能解决你的问题。

其次，可以做赠品机制。这也是很多单品直播间会使用的方法——既然不能动商品的价格，那就做赠品，赠品有时候会起到钩子款的作用，也能在一定程度上帮你解决单品销售的单调问题。

最后，如果你的老板既不同意丰富品类，又不同意做组合，还不同意做赠品机制，我有两个建议：第一，竭尽全力把单品打爆再找机会说服老板，做以上 3 个动作会带来的增长；第二，离职，找一个不这么顽固的老板。

9.4 货品运营三大策略之排品

说过了选品和组品策略，接下来我们说说排品策略。这部分内容是为多品直播间准备的，单品直播间的朋友可以忽略这部分，直接去看后面的流量准备。

这里我们分享一套比较基础的通用排品策略模型：

第 1 步：开场钩子款——提升直播间人气和内容数据。

第 2 步：密集成交款——快速做看播转化率数据，让系统判定直播间有很好的转化能力，在钩子款和密集成交款的讲解过程中不断预告预估爆款。

第 3 步：（预估）爆款——这个商品往往是直播间讲解最久的，所以一般需要使用多轮循环话术。如果有多个预估爆款，这里可能要优先选择一个进行讲解尝试。一旦直播数据不理想，往往会伴随直播间流量的下滑，建议返回第 1 步和第 2 步重新调整流量，继续测试另一个预估爆款，前 3 步如此往复，直到找到一个明确的爆款为止。

第 4 步：在爆款明确之后，我们的流量应该相对稳定了，这时候可以穿插讲解利润款或者新款。为直播间创造更多的收入或者寻找更多的爆款，或者重新测试一下上一轮没有表现好的预估爆款也可以。

在排品的时候，我们还要考虑以下 4 个要素：

第一，品与品之间的目标人群是否有变化，如果目标人群跨度太大可能会导致后一个商品的销售转化不理性。因此密集成交品的作用一般就是在一边帮我们做成交，一边帮我调整直播间的推流人群。

第二，注意品与品之间的场景关联性，特别是在两个正价商品之间做转品过渡时，这种关联性显得更加重要。一旦处理不当，用户会摸不着头脑，直播间从 A 品转 B 品的时候特别容易掉人。场控运营可以在生活场景、季节上寻找关联性。

第三，注意转品时候的价格带。抖音的后台明确给了用户购物价格带区间值，分为 0～25 元、25～50 元、50～100 元、100～200 元、200～500 元以及 500＋元 6 个价格区间。通常在由低往高涨的过程中，我们不建议大家一次超过两个价格带，因为价格带涨幅越大，后一个产品就越容易掉人。但如果有一个商品对于目标人群非常有吸引力，且有价格优势，那就另当别论了。此外，从高价格带往低过渡的时候，就不用特别在意价格带问题了。

第四，排品过程中相邻的两个产品最好不要功能和价格完全相抵触。如果 A、B 两款面膜功能相似，不要在 A 款面膜后安排 B 款面膜，这种情况对于 B 款面膜的销售很不利，除非有价格带上的差异。一般来说，在面膜之后承接擦脸巾、眼霜等产品都是比较好的安排。还应考虑的一种情况是 B 品比 A 品更有优势，刚才下单了 A 品的用户退单后又拍了 B 品。现在抖音系统是考察退货率的，退货率会影响推流。所以大家不要浪费时间做这样的排品策略。

作业区

朋友，如果你在组品环节选出来了一些商品，请你参考我们的排品策略，来试着完成一轮多个商品的排列，并写出来你的排列理由。

9.5 流量准备

有了好的货品和组合策略，接下来我们需要再考虑一下怎么获得直播的流量。很多朋友会问："流量还能准备吗？流量不是抖音按照我们的业绩表现给我们分配的吗？"没错，但我们还是可以通过拆解不同的流量来源来做一些干预流量的尝试。

直播流量分渠道，渠道特性要知道

在抖音电商直播里，一个直播间的流量由17个渠道共同混合而成，其中包括了12个自然流量渠道和5个付费流量渠道(见表9-1)。

表9-1 抖音直播流量渠道分类

自然流量渠道	付费流量渠道
推荐feed 直播广场 其他推荐场景 同城 短视频引流 关注 搜索 活动页 个人主页&橱窗&店铺 抖音商城推荐 西瓜头条 其他	小店随心推 品牌广告 千川PC广告 千川品牌广告 其他广告

虽然每个渠道都能往我们的直播间引入流量，但从直播间运营效率和场控运营的经验来看，我们没办法同时盯住这么多渠道。所以我们更应该把精

力放在直播间流量的主要来源上。接下来，我们来进一步拆分这些渠道。

在自然流量中，我建议大家优先关注3个渠道：推荐feed、短视频引流和关注，其次关注“搜索”和“抖音商城推荐”，其他12个渠道可以不投入过多精力。其中搜索、关注和抖音商城推荐这3个渠道我们能人工干预的程度比较少。

搜索：关于渠道你可以理解为系统在抓取两类关键词，第1类是直播间名字的关键词。当用户搜索含有你账号名字的关键词的时候，系统会在匹配之后进行排序。用户搜索的名字越具体，与你的直播间匹配关联度越大，你的直播间就越容易优先展示，所以很多拥有站外私域的账号，会在直播期间发布信息，引导自己的私域用户快速来到直播间。第2类，系统还会抓取你直播间销售的商品以及用户和你的强弱关系。如果你在卖车厘子，且单品销售情况很好，系统会对此时此刻销售车厘子的直播间进行一个排序推荐，这里你可以先粗浅地理解为，你的直播间销量越大，以及你的搜索渠道成交表现越好，系统越容易优先推荐你的直播间。这里还有个“插队”逻辑，即当用户与你的直播间存在强召回关系时，比如用户最近常来你的直播间，或者近期有过购物行为时，系统都会给你进行加权，让你的排名比原来的更加靠前一点。所以，你的直播间在销售产品有热度、目标人群吻合度高又有价格优势的好物时，就更容易获得搜索流量，而且是免费的。

关注：这里主要指的是在抖音软件首页里通过关注TAB进入直播间的所有行为，包括关注页面最上方显示的“99+个直播”，也包括所有关注页面下的点击短视频进入直播间和通过直播推荐feed画面直接进入直播间。它体现的是账号和用户的黏性。这里也符合“赛马”机制和召回相关性以及价值评分等体系。但相关性的关联度会更高，因为这是粉丝近期对你关注度的体现。这里如果你想进行强干预，我有两个建议：一个是引导用户在关注页面里把你的直播间设置成“特别关注”，这是最容易让用户找到你的直播间的方式。只要开播，你的直播间就会在关注页里优先展示。还有一个更加重要的点就是扩大你的关注流量池，特别是直播间里花式和用户要关注，这个要关注的方式，我会在主播话术部分和大家展开聊。

抖音商城推荐：这也是一个独立的“赛马”渠道，这个渠道的GPM越高，越容易获得商城引进直播间的流量。这里有3个重点：第一，要多上那些已经进入猜你喜欢入池的商品，这些商品和你的直播间一起能从商城里给你拉流量；第二，多上全网低价和同款低价的商品，这是有流量扶持的；第三，多加关注，在商城里也同样存在关注逻辑。

其他流量渠道，因为占比不高我们就不一一分析了，大家要把有限的时间用来提升曝光更多、对直播间影响更大的流量渠道上，即短视频引流和推荐 feed。这两个渠道，我们会在下文跟大家专门分享。

在付费流量渠道中，我们往往需要关注小店随心推、千川 PC 广告和其他广告。这里要特别注意，dou＋这种形式被划分到了付费流量的其他广告中，但这个数据只有在直播期间才会展示在其他广告渠道中，一旦下播之后，这个数据就会变成 0，回归到短视频渠道里。这是因为抖音电商数据的团队由多个小组共同开发，有时候一些数据口径会不一致，大家注意查看抖音官方的解释文件。我们随后也会分享 dou＋、小店随心推和千川品牌广告的组合策略。

自然流量俩法宝，推荐视频增长好

自然流量中的两大法宝分别是短视频引流和推荐 feed。接下来，我们将重点讲解这两个渠道。

短视频一定是抖音第一大内容载体。抖音起家的时候靠的就是短视频，即使今天你打开抖音软件，在推荐页面里下滑，还是会发现短视频的数量占比是最高的。我们站在电商的角度把短视频再作一个划分(见表 9－2)：

表 9－2　短视频分类

视频分类	目的	分类
内容方向短视频	涨目标粉丝、强化用户对账号的心智认知	电商交易
电商方向短视频	账号/主播 IP 类、知识科普类、种草拔草类	短视频挂购物车、短视频挂橱窗、直播间引流短视频

这里我们聚焦到直播间引流短视频这一类型上。虽然说所有短视频只要在开播期间都具备引流属性，但单纯的引流短视频还具备一些特性。

一些相对比较成熟的品牌自播、达人直播和明星直播项目一般都配备了专业的短视频团队，他们的主要工作就是完成各类短视频的策划和拍摄。从成交和地域限制等因素考虑，并不是每个项目都能配备这样的人员，但我们的短视频工作也不能完全不做，所以我们还是要占用最少的人力来一起完成短视频引流的工作安排。

引流短视频部分可供展开的内容有很多，这里我们先和大家分享一些基础的运营逻辑和短视频引流方式，让大家形成基础的概念。

引流短视频基础公式：犀利价格＋夸张演绎＋悬念引导。

商品犀利价格。

大牌有好价：如果你做的是大牌生意，选择一个价格听上去很有吸引力的点，吸引用户来到直播间。折扣有优势就夸折扣，优惠券力度大就说大额优惠券，抖音直播间稀缺就说稀缺。

白牌有亮点：拿大牌做锚点，突出品质做工好，不是大牌买不起而是白牌更有性价比，对于工厂源头类品牌格外好用。强调没有中间商，没有品牌溢价，产品本身好。

加量不加价：强调商品适用性，以前买的对不住，今天咱们有大促，商品数量、规则、赠品有变化，稀缺活动进来抢。

主播夸张演绎。

主播在镜头前有情绪：对于商品的品质或者价格反应吃惊、自信、神秘、兴奋、着急、愤怒，用情绪给用户传递期待信息……

群众演技在线：模拟抓拍效果好，增加真实性，给用户更强的代入感，和老板谈机制，和同事聊生活，和朋友聊苦恼……

好产品自己会说话：产品镜头效果好，实验醒目，产品吸睛，生鲜水果汁水足，美妆只画半边脸，3C 产品黑科技，服饰功能效果强……

悬念引导直播间。

在短视频里我们一般不明确给出商品的价格，有两个主要原因：

第一，一旦价格机制过于明确，一部分用户就丧失了进入直播间的兴趣，除非商品价格非常难得，即使这样我们也建议大家往有悬念的角度说。

第二，在短视频表现好的时候，你有可能会在千川侧做投放，一旦你的商品价格发生了变动，直播间价格和视频里的价格不一致，会导致视频不过审，或者被下架，给你的工作增加麻烦。

引流短视频的三大有效场景：生活场景、生产场景和直播场景。

短视频的场景与我们直播间的场景基本相同，都可以分为生活场景、生产场景和直播场景。接下来我们分别说一下这3类场景适合的内容。

生活场景：适合拍摄直击用户痛点的视频内容，给用户更强的身临其境感，比如在高铁商务舱拍摄的男士Polo衫的短视频，给用户一种商务出差一定要穿一件不褶皱还能遮大肚子的Polo衫的感觉；再比如在家庭厨房里拍摄的一次性保鲜膜，让用户看到自己夏天吃不完的西瓜可以直接用一片保鲜膜罩住放进冰箱里；再比如正在家里清理猫毛的扫地机器人，把房间边边角角里的猫毛都收拾得干干净净，猫咪还能站在扫地机器人上当玩具。这种生活场景直接演示出来了产品如何解决目标人群的最大痛点，用户看到这类短视频更加容易点击进入直播间。生活场景几乎适合所有品类的商品，它不单局限于家里，也包括办公场景、出差场景、社交场景、户外运动场景等。这也是我们在给主播设计讲品方案时会重点强调的一类。

生产场景：还有很多产品适合拍摄生产运输场景。你一定刷到过在海边卖海鲜的直播，淳朴的渔民穿着捕鱼穿的防水衣服，在海边昏暗的灯光下开始直播；你也一定刷到过某一个果农戴着大草帽在果树地里卖橙子，身后满树都是橙子；你可能还刷到过牛奶品牌身后是牛奶生产线，某个糕点品牌身后是工人在做糕点，某个牛排直播间身后正在切牛排，还有类似的明星保税仓，某个酒厂……无论是真正去到现场，还是用绿幕播放的素材，都是为了给用户呈现源头好价、现做现卖、保真保量等信息，这类场景里的视频内容就要围绕上述信息去描述。

直播场景：这种场景相比于生活场景和生产场景代入感会比较弱，但在拍摄成本上是最少的，因为主播可以在直播间直接完成。所以这类视频往往以量取胜，就是我们准备得多，其实是在搏爆款。直播场景中也包括两类，一类是直播场景的直拍，我们在开播前用直播背景完成短视频的拍摄，往往是口播、产品演示、对话这类的内容；另一类是我们还可以选择直播期间的高光时刻做切片。即使是使用切片，也还是要做一些剪辑上的设计，否则短视频的流量很难有预期的表现。

作业区

你能不能把你的商品放到生活、生产和直播这3个不同的场景里分别设计一个30秒以内的短视频。

关于引流短视频的9个锦囊。

锦囊1:短视频最短不要少于7秒,电商引流短视频通常建议在15～40秒,时间越长,考核指标越多,越难完成,因为完播率也是考核的重要指标。

锦囊2:引流短视频往往在开播前0.5～1个小时发布会比较好,除非你做的短视频有内容热度,如果蹭上热点,那就要在热度高的时候快速发布。

锦囊3:如果你准备了多条引流短视频,短视频与短视频之间的发布间隔至少也在10分钟以上,除非你的账号活跃度很高,粉丝体量很大,对于我们大部分账号,建议间隔半小时左右。抖音还有一个关于引流短视频的说法,叫作低质量引流,发布密集、内容重复的视频很容易被限流。

锦囊4:短视频的内容即定向,因为用户只有对短视频感兴趣才会愿意点击进入直播间。我们对引流短视频的内容要既宽泛又精准,宽泛的是内容形式多样,但一定要使相对精准的用户进入直播间,这是一个漏斗,叫宽进窄出。

锦囊5:如果你的短视频选择剧情类引入,视频的前半段重点是留住客户,开场吸睛,完成5秒完播率,然后在视频的后半段再植入货品信息,这种类型比较容易在内容端获得一波流量。

锦囊6:我们以一条30秒的视频为例,开头前5秒植入一个吸引用户的看点,在5～20秒的时间内再植入一个看点,最后10秒展示第三个爆点,然后引导到直播间。这样对视频的完播率也比较高。

锦囊7:引流短视频其实是在内容池和电商池里双向"赛马",内容池跑得好,意味着曝光量极大,但如果这条短视频引进直播间的不成交,相当于这条视频的电商指标不理想,非常有可能拉低这条视频在直播期间的播放量。这也是有些视频一开播,播放量就骤降,而一下播,播放量还能快速增长的原因,本质上都是直播间没有转化这个视频带进来的流量。

锦囊8:视频引流转化效果好不好,很重要的一个元素就是可视化卖点。用户要在短短的几秒短视频里找到具备视觉冲击力且与产品有关的元素,引导进入直播间才更好转化。

锦囊9:如果你想看看自己所在的行业里表现好的引流短视频,抖音官方也给你准备了一个很好用的工具:在达人电商罗盘里,依次点击短视频、视频榜单,按照你的需求完成对应参数配置,就能看到表现好的引流短视频(见图9-13)。当然,你也可以重点对标几个竞争账号,去看他们的优质短视频内容。

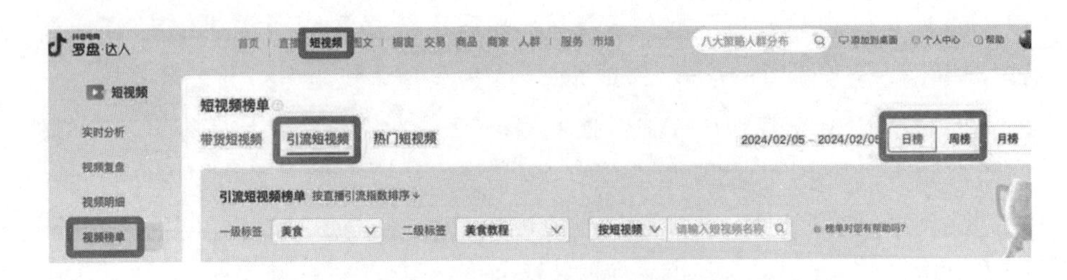

图 9－13　电商罗盘引流短视频图示

如何用好 feed 流量？推荐 feed 是我们每个直播间最为重要的流量来源之一，这里我们引入一个关键指标，就是前面反复提到的 GPM，即千次观看成交金额。

对于一个电商直播间，我们要给抖音贡献两个正向指标和防止两个负向指标，两个正向指标分别是更长的用户停留和更多电商 GMV，两个负向指标是更少的用户负反馈和更少的退货率。

其中，抖音如何衡量更多的电商 GMV 呢？你可以暂时先理解成直播间的千次曝光成交金额就是一个很重要的指标，系统让你的直播间进来了 1000 人，这 1000 人买了多少钱的商品，这个数值与你的同行同级相比是高还是低，如果高于其他人，你就容易获得更多的精准流量，系统会觉得你转化目标用户的能力比别人强。所以这个 GPM 就很重要了。

同样，抖音的每个渠道都有自己的 GPM，所以每个渠道本质上都在独立“赛马”。其中推荐 feed 是自然流量里最重要的，你就要使尽浑身解数来提升推荐 feed 渠道的 GPM。

付费流量加分项，3 拳组合效果棒

如果你的直播间付费流量占比超过 50%，我们称之为重度付费直播间。付费的效果好与不好直接决定了你直播间的生死，所以你一定需要专门的投放课程去系统学习。但我们直播间精细化运营思路仍然值得你学习，花钱能买来流量，但不能买来转化，只有不断提升转化，你的千川竞价才会越来越划算。这里我们还给大家准备一套相对比较基础且被验证了比较好用的 dou＋、小店随心推和千川的组合投放模式。

这里我们给大家举的例子使用的是从找到一个内容端的好素材到使用小店随心推和千川给这个素材做增量的思路。

dou＋在电商账号有大作用。

dou＋作为内容加热的工具在我们电商账号和电商直播间里还有必要投放吗？这是很多朋友会关心的问题。我们站在电商角度说3个我个人用dou＋效果很好的小技巧。

技巧1：dou＋在内容端测品有帮助。

短视频本身也有一定的测品功效，特别是对于美妆、服饰、食品、家居等女性偏爱的类目，在短视频里获得用户评论以及表示期待的商品，往往在直播间里都有很好的表现。特别是有抖音粉丝群的账号，视频发布之后，在自己的抖音粉丝群里能收到一些忠实粉丝的第一波反馈。在没有直播的情况下，dou＋可以帮助我们完成一部分测品工作。如果你发布的视频是某类合集，或者发布了多条种草短视频，你都可以用dou＋在内容端扩大一下，我的经验是在开播前2～3天做这样的测试。给多条与带货种草有关的短视频集中投放一个dou＋选择账号经营→点赞评论→100元或者200元→自定义定向投放→20个与自己账号对标的账号→投放时长选择24小时。

因为是多条视频共用一笔金额，所以系统会自动挑选表现好的短视频优先跑量，但是如果都不满意想取消投放，得把所有短视频快速隐藏后再恢复，dou＋投放会自动终止。

很多时候，我们提前完成了商品测试，在直播间就节省了时间，这就是我们总是提到的以金钱换时间，因为越早明确直播间的爆款，越能尽早在直播间打爆单品，而且我们还完成了优秀的短视频素材测试，无论是投小店随心推，还是投放千川都可以快速见效，又省了很多时间。

技巧2：dou＋在直播期间对于视频起量有助推作用。

在直播期间，对于引流直播间次数和曝光点击率两个指标都不错的视频，我们可以投放一些dou＋，通常为100元6小时，观察一下dou＋开始跑量的时候，我们这条视频的自然曝光量有没有增长得更快。我们不能说dou＋对纯自然流播放有刺激作用，因为这里还有我们直播间转化的限制因素。但以我们的经验来看，在直播间转化能力相对固定的情况下，dou＋会带来额外的曝光流量。

另一种情况是对高客单商品短视频，dou＋也很有必要。我们做过一些家居、珠宝的项目，商品本身就很挑人群，这时候我们用dou＋做一些100元6小时的账号经营→头像点击，在直播期间还是会比视频纯自然量要好很多，但因为 dou+投放不显示 ROI，所以这里不能像小店随心推一样计算 ROI。

技巧 3：dou+对千川计划有一定的作用。

很多时候，站在电商的角度投放视频的点赞和评论是没有什么直接价值的，但是如果你准备让你的视频将来在千川里做素材使用，对这个视频投放一些点赞评论是会有帮助。原因有两个：第一，点赞评论高的视频，用户会产生更强的信任心理，因为点赞高、评论高的视频更加容易吸引用户的注意力。这是很典型的滚雪球效应。第二，内容端有比较好的数据放到千川系统里的时候，会有相对比较高的预估曝光点击率。这样对于视频素材获得流量也很有帮助。

同时 dou+投放的时候如果显示不适合推广，那么视频大概率就更不能在千川通过审核，这时候你需要快速修改一下短视频，等 dou+能投放的时候，再去千川测试，成功率比较高。

小店随心推灵活投放。

小店随心推，我们可以理解为巨量千川的移动简化版本，虽然现在千川也在不断简化，甚至推出了全域模式，但它的使用操作门槛还是相对比较高的，需要开户，需要建立计划，而且有 300 元起投的门槛设置，计划如果 72 小时不能通过，学习期就会计划失败……

小店随心推的门槛就低了很多，它的使用方式也很灵活，既可以投放挂车短视频，也可以直接投放直播间，在投放直播间的时候还可以分为直接加热直播间和通过短视频加热直播间。投放直播间加热这种形式比较简单，大家可以在抖音电商学习中心和抖音 App 上找到很多知识。这里我们重点讲一下小店随心推通过短视频加热直播间的方法，也是我在自己的各类项目中用得比较多的形式。直投直播间还是投短视频，效果的差异，我们在下边的千川模块再跟大家聊。这里我们主要介绍两种小店随心推的用法。

第 1 种：给直播期间已经起量的视频做放大。

我偏向于使用小店随心推。我会在开播的时候在巨量百应电商大屏里观察一下引流短视频，通常会按照引流直播间次数进行排序，然后观察引流次数中直播入口点击率高的前 2～3 条视频，短视频进行小店随心推投放测试。投放配置如下：自定义推广，每条视频 1 小时 100 元，选择成交或者支付 ROI 。无论是选择成交还是支付 ROI，我测试下来都是选择系统智能推荐会比较好用。

在投放生效过后的 20～30 分钟，我会看一下这几条视频的 ROI 情况，对于表现不理想的计划，我会选择终止投放(注意，小店随心推订单终止门槛为20元)，然后看看剩下的视频里有哪个计划ROI表现得很好，我会选择在这个计划上继续开新的100元1小时计划。如此往复测试这个操作。

第2种：测试新品的半小时里用随心推直接推进。

小店随心推还有另一个比较好的用途，就是我为一个新商品拍摄了短视频，这个商品在我的直播间的默认表现很不错，短视频虽然没有火爆，但起码在发布的2个小时里有了上千的播放量了，我打算过一会儿讲解一下这个商品。这种情况我会在讲解这个商品开始前5分钟左右给这个视频增加一笔小店随心推，往往是100元，半小时智能推荐。我要测试一下自己在这个半小时里有精准引流的情况之下，这个商品在我的直播间的表现会不会更好。如果这个商品表现不错，我的小店随心推投放的ROI也达到预期，而且我打算继续主推这个商品，我就会每隔10到20分钟给这个视频追加100元1小时的智能推荐，这也是我们给很多中小商家摸索出来比较好用的方法。

千川叠加做放大。

如果你的短视频在dou+、小店随心推环节里都有很好的表现，我们就要开始把这条短视频素材上传到千川去送审。越快越好！如果系统显示这个素材在内容端和电商端都顺利通过，我们就可以快速地建计划。

短视频素材其实天生有一个好处，就是素材即定向，因为在我们投放短视频的时候，对短视频本身不感兴趣的用户就被自动过滤掉了。素材帮助我们完成了第一次大规模的目标人群筛选，这也是为什么很多项目里短视频的ROI会更高的主要原因。所以，引流短视频在我们这样的投放策略里至关重要。

当有了一个还不错的短视频之后，我在投放的时候往往会选择设置一个目标ROI计划，然后开始智能推荐。如果这个计划跑得不错，我们就会选择智能放量。如果这个计划不理想，我们会紧急关停。

这里我和大家分享一个我们计算最终直接投放ROI的方法：ROI＝1/(1－平台扣点)×(1－退货率)×利润率。这也就是利润率越好，付费ROI就可以越低的原因，所以纯付费直播间要想不赔钱，就是要有很高的利润率。这个ROI是你做投放不赔钱的保本ROI。

大家都会关心的两个问题

问题1：付费起号效果怎么样？

很多新开号做直播的商家，我不建议直接做任何付费形式。经常有很多做培训的同行会跟大家讲，起号直接用付费打标签，但这很难。注意，不是不可能，是很难，特别是对于没有任何经验的纯新手小白直播间。

付费就是我们花钱买一些相对精准的商域流量，但是大家可以理解一下，一个流量之所以被放到了商域流量池里，你这个新起号的直播间大概率就不会是他刷到的第一个直播间。用户能被打上意向用户的标签，一定是在内容端或者在其他直播间里已经看到过了对应的商品。除非我们的新账号主播很优秀、货品有性价比（很多商家不惜亏钱起号），运营还懂一些基础技巧，我们能把这个从别人直播间过来的用户在我们直播间转化掉，否则，在人、货、场都不占优势的情况下，想付费拉到精准流量还能转化，这个其实更难。

但如果你的直播团队有过经验，甚至是你的公司开始从单一账号做矩阵账号了，这种情况下付费起号就容易很多。人、货、场的匹配和转化比流量来源还重要。

问题 2：怎么才能提升我的付费效果？

千川竞价公式 ECPM＝预估点击率×预估转化率×出价×1000

你看，转化不够，出价来凑！要想最终竞价成功，除了出价之外，还要重点关注你的素材（或者直播间）的预估点击率和预估转化率。而这个预估点击率和预估转化率会根据你直播间的表现实时变化。

直播间的预估点击率，就是直播间场景、主播与货品的匹配度，对于场景和主播都很吸引人的直播间，可以直投直播间。如果直播间本身的曝光进入率比较低，那就要在短视频素材上下功夫。

另一个很重要的因素就是提升你直播间的转化能力，转化能力才是至关重要的。从本质上说，如果不能转化直播间已有的用户，你很难转化得更好，所以我们往往会上一些密集成交品，来人为拉高直播间的转化能力，但是一定要注意要是亏钱的密集成交款，一定要把投放关掉。打铁还需自身硬，归根结底还是要有转化能力。

总结一下，场控运营所谓的流量准备，其实就是在一场直播中，把你有可能干预的渠道，进行有效的落地动作拆解，我们来给大家做一个基础的拆解。

推荐 feed：准备好开场具体货品，福利款或者钩子款，准备好开场做互动的话术，关注、加粉、加团、互动。我们在场控运营的直播中给大家详细讲解。

短视频:根据你本场直播的货品和核心卖点(价格本身也是卖点的一种),设计你含有3个爆点的短视频脚本和数量,以及选择适合拍摄的场景,完成拍摄。

dou+:在直播期间给短视频做内容加热,我们给你提供了3个技巧,以提升内容加热的效率。

小店随心推:我们分享了两种不同形式的用法,帮助你给已知视频放大电商流量,又或者帮你快速测试新品。

千川:我们分享了一种在dou+和小店随心推里有过沉淀的素材直接在千川里放大的技巧。

在一场直播间前,你能把以上几个渠道的策略想一想,做一做,一定会对你的直播间操盘能力有很大的帮助。

10 直播过程看大屏，实时调整才能赢

朋友，前面我们为了直播的开播做了很多准备工作。所谓养兵千日，用兵一时，至此我们就要准备去开始一场直播了。这一章，我们分3个模块，先学习巨量百应大屏的配置和盯屏，然后学习直播间的开场策略和测品以及爆款策略，最后学习场控运营和主播如何默契沟通，帮助你从操盘技能、操盘思路和沟通3个环节进一步提升。

大家坚持住，直播这座山我们已经行程过半了，期待我们所有人都能顺利登顶。两个条件，第一别放弃，第二勤加练习。

10.1 做好配屏和盯屏，直播业绩一定行

在正式开始直播内容的讲述之前，我们先来做一个全方位的科普，学习一下一名合格的抖音电商工作者需要知道的4个核心路径：

巨量百应——培养你的运营实干能力；中控、场控运营的工作工具：直播操作（中控链接＋营销工具＋场控运营盯盘），经营数据（订单佣金），账号健康度（达人成长中心、账号口碑分体系）等功能。

电商罗盘——培养你的基础经营意识；运营和项目统筹的经营工具：四大模块复盘与分析（直播、短视频、橱窗或商品卡、图文），经营方向洞察（人群洞察、商品洞察、市场机会洞察）。

抖店——培养你的创业能力；商家操盘手的企业经营阵地：整个抖音电商生意的全链路都依托于抖店，从商品到用户，从营销到运营，这里完全体现了创业或者管理一家公司的思路全部都在抖店里体现。

抖音电商学习中心——培养你的自主学习能力。最权威的抖音电商全流程学习资料，最及时准确的平台规则信息，打算入门的人看这里可以

少走冤枉路、少被割韭菜，进阶的人在这里能看到抖音电商阶段的发展趋势。

数据是场控运营最有效的抓手，对数据的敏锐程度也反映了运营的操盘能力。我们可以把运营分为3种：

(1) 入门场控运营：看单点数据。

(2) 中级场控运营：看多套数据。

(3) 高级场控运营：按需要创造数据。

一场成功的直播是从配置巨量百应大屏开始，场控运营可以从单点数据入手提升自己的实战能力。如果你的基础能力很不错，你也可以直接过渡到下面的盯屏工作。

如何配置大屏

巨量百应直播大屏一共分为主播版、基础版和专业版3种。主播版为主播在直播过程中了解数据，基础版主要针对新入局的朋友，专业版是为已有直播基础的朋友准备的。这本书的主要受众是已经入门做直播的朋友，所以我们以专业版为例给大家做讲解。专业版的数据维度比较丰富，特别是在综合趋势、流量渠道等方面能看到更加及时详尽的数据（见图10-1）。

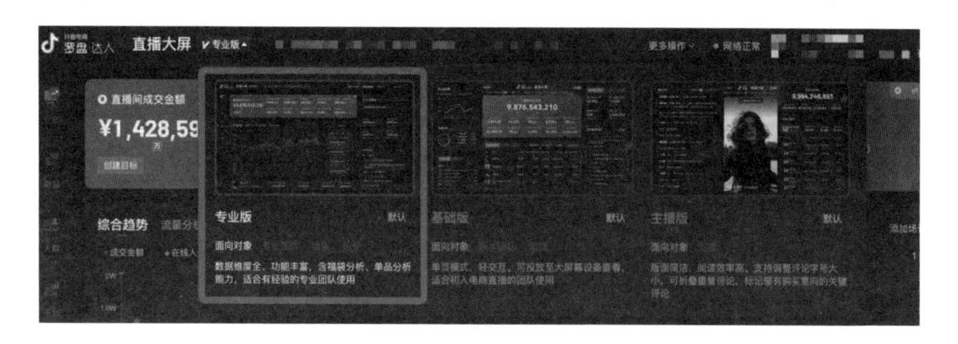

图10-1 巨量百应直播大屏专业版

我们先认识一下专业大屏的3个维度：数据大屏（见图10-2）、商品大屏（见图10-3）和人群大屏（见图10-4）。

图 10－2　数据大屏

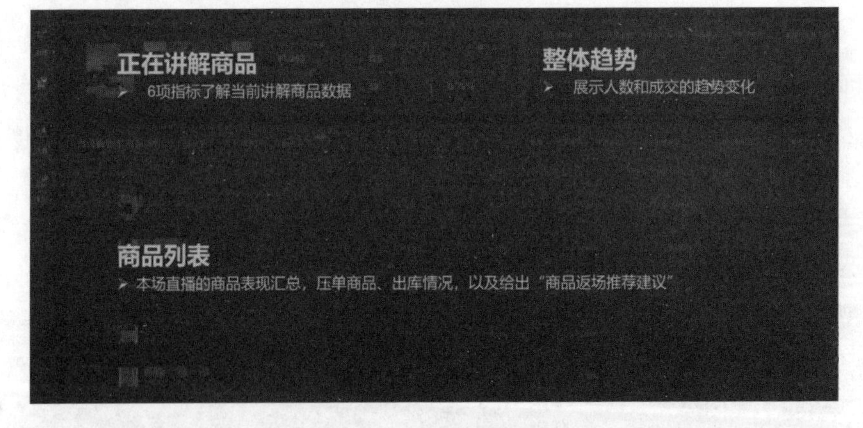

图 10－3　商品大屏

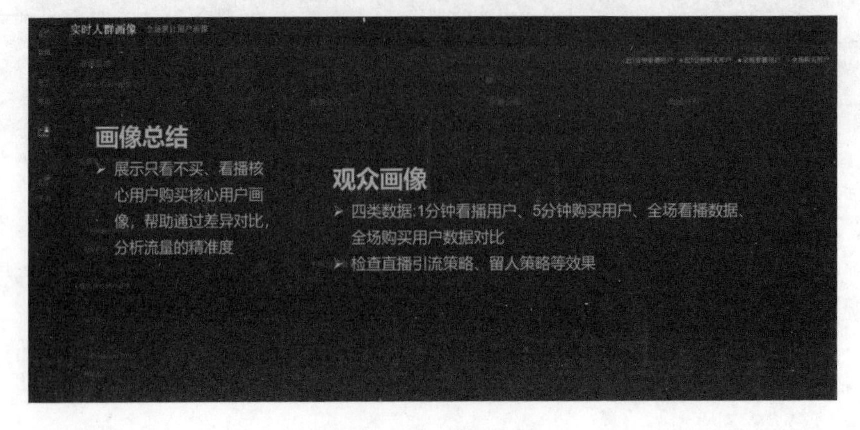

图 10－4　人群大屏

配置大屏，主要通过以下 3 步来实现。

第 1 步：配合核心指标大屏。

核心指标部分最多能呈现 10 个数据指标（见图 10－5，这里只展示位置，不用看里边的数据维度）。

图 10－5　配合核心指标大屏的 10 个数据指标

在刚开播的前 20～30 分钟，我们注重流量指标、互动指标和交易指标（见图 10－6）。

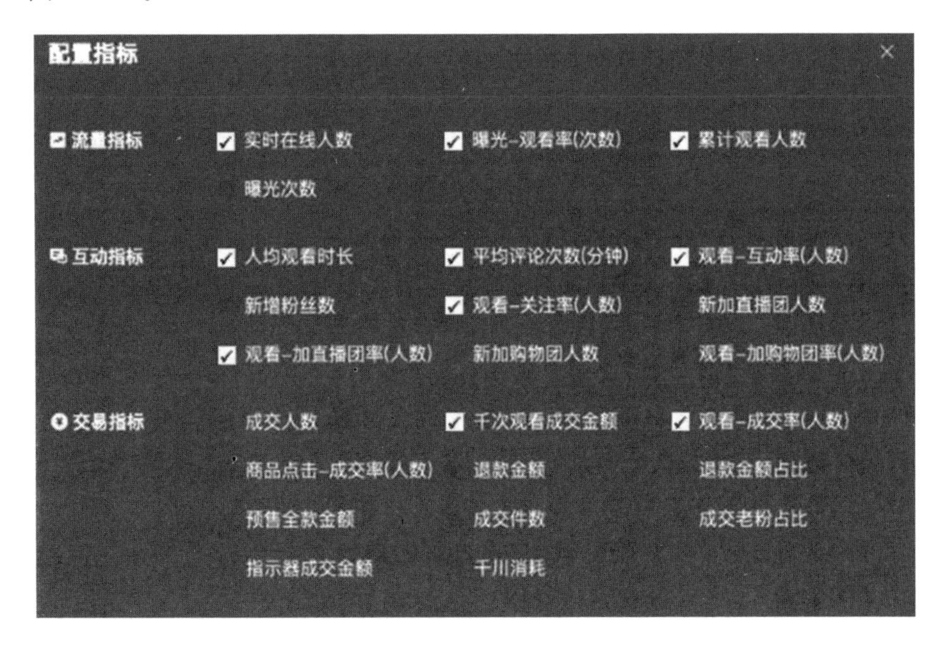

图 10－6　流量指标、互动指标和交易指标展示图

开播稳定后（测款完成进入单爆款循环模式前），互动类指标重点关注率值，绝对值基本不用特别关注，交易指标关注新增成交老粉占比和退款金额两个指标。关于各个率值的变化，经常有伙伴会问以下几个问题，这里集中给大家回复。

问题 1：曝光—观看率多少为合格？

这个没有办法一概而论，短视频、推荐 feed、小店随心推、千川等几个主，要渠道的曝光进入率都不一样，在不同的直播间，这几个渠道的占比也不同，所以叠加到每场直播里最终的曝光进入率也会有很大的波动。下边是我个人操盘过明星、达人、店播各个品类之后总结出来的一些曝光进入率区间。

(1) 短视频曝光进入率为 3%～8%，受短视频内容影响，内容越宽泛，曝光量级越大，曝光进入率越低。

(2) 推荐 feed 曝光进入率为 13%～20%，受直播间画面场景和主播影响，新奇特类更容易拉高数据。我曾经做过曝光进入率为 27%的直播带货项目。

(3) 小店随心推与短视频的曝光进入率基本持平会略低一些，为 2%～10%。

(4) 千川无论是直投直播间还是投素材，整体曝光进入率为 2%～10%。

付费渠道的曝光进入率受素材的影响较大，所以是区间值。对于付费占比低于 20%的，短视频流量占比为 20%左右的直播间，我们整体直播间的曝光进入率大约是 15%。你可以用公式去计算，即各个渠道的观看量相加除以各个渠道的曝光量之和。

每场的整体直播曝光进入率的数据会在每场直播复盘中有一个量化的公式，这里系统为了方便衡量会做一个横向对比，对比自己账号过去 7 天的水平，还会对比同行同级的中位数，大家可以做个参考。

问题 2：几个率值是否合格的标准？

无论是观看互动率、观看关注率、观看加团率还是观看成交率、商品点击成交率，抖音官方目前没有公布具体的合格数值。

我的理解是这几个数值本身也是动态变化的，而且不同阶段、不同类目、不同带货等级等因素都会对这几个指标有不同的考核标准。但大家往往会根据自己的项目操盘经验总结出来一些参考值，我分享几个我做服装鞋靴、食品生鲜等价格带在 50～200 元的商品的参考值，以作参考：

观看互动率不低于 3%　　观看关注率不低于 2%

观看加团率不低于 0.5%　　商品点击成交率不低于 3%

观看成交率不低于 1%

与此同时，观看成交率和商品点击成交率受客单价影响很大，越是高客单价商品这两个数值越小，所以大家不要过于迷信任何人给的这些数据，只要你的数据指标是增长的，就说明你的获得留住用户和转化用户的能力都在加强，要纵向和自己比。

第2步：配置综合趋势大屏(含场记)。

全程日常配置基本为成交金额、在线人数和进入人数三选二，但在几个不同的节点需要切换一下其他参数：

(1) 对照福袋节奏看新增评论(双指标再看一下加团人数)；

(2) 对照主播话术看关注、加团话术；

(3) 对照主播节奏看憋单和放单的效率。

注意，上述配置配合场记功能来使用效果更好。一个优秀的场控运营一定会用好场记提升决策效率和复盘效率的。

系统会自动记录弹讲解、上福袋的时间，其他的运营信息系统都是没有的，这是为了复盘和有针对性地改进所做的策略。

主播要关注、要加团——对照加团，新增关注页面，可确认话术的有效性。

大屏配置也可以使用进入数和成交金额作为常态配置，同时也可以用综合趋势分析在线+成交+流量分析渠道的进入人数。

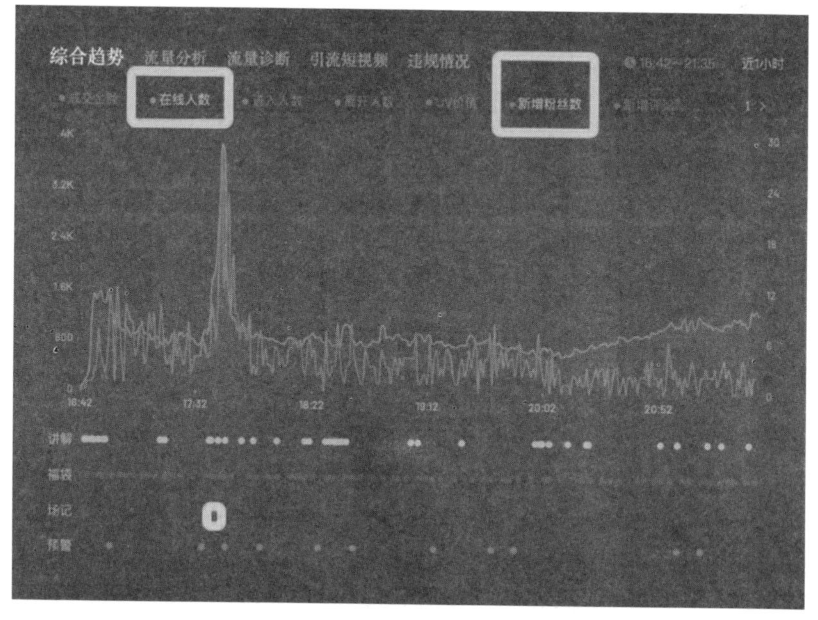

图10-7　综合趋势分析下的在线人数和新增粉丝数

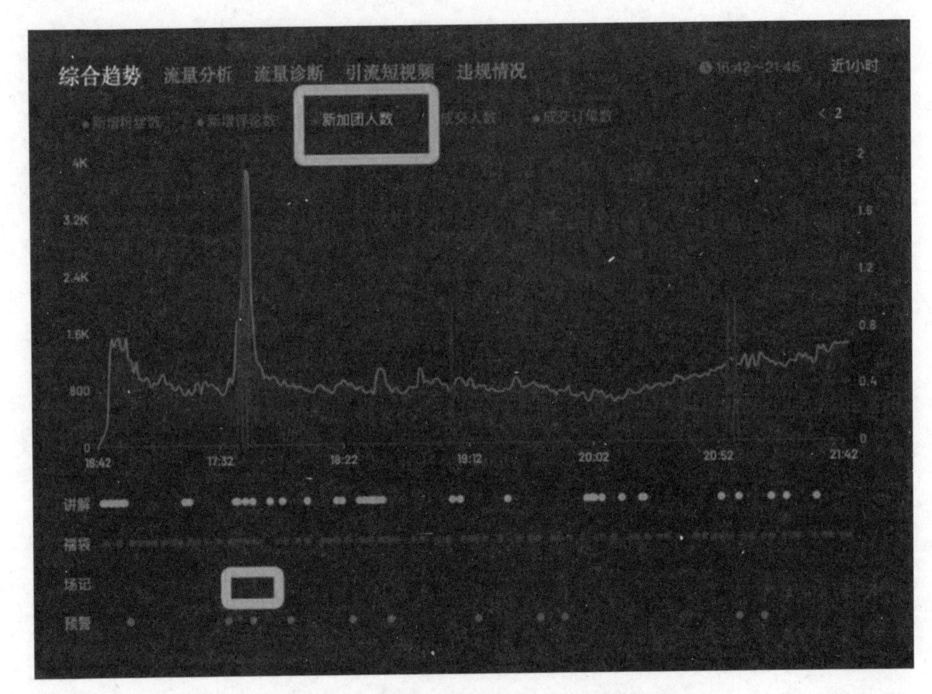

图 10－8　综合趋势分析下的新加团人数

主播高光话术——要靠场控运营判断，记录一下亮点大体内容。

主播开价后的销售节奏——来判断每一波的销售是否稳定。

逼单效率——看逼单开始到结束的成交金额。

第 3 步：商品大屏。

整场讲解商品时，我们重点关注——

(1) 注意 5 分钟商品点击次数，关注购物车排序第 3 名之后的商品，特别是点击率高，但没有讲解的商品需额外留意；

(2) 商品千次曝光成交金额，越是后半段越建议讲解这类数据表现好的商品；

(3) 曝光点击率和点击成交率要分开看，能制订优化手段

在 GPM 和讲解频次比较接近的时候，关注订单支付率和退款率，选取佣金高、订单支付率高、退款率低的。在测试新品的过程中，先忽略退货率，等商品稳定以后，在衡量几个爆款讲解的时候，再用退货率作补充参考。

当几个商品的数据比较接近时，我们如何选择讲哪个呢？我们要了解商品效率，可以用累计成交金额除以讲解时长来手动计算（见图 10－10）；对于正在讲解的商品，可以用近 5 分钟的成交金额来判断。注意，可以同时参考分

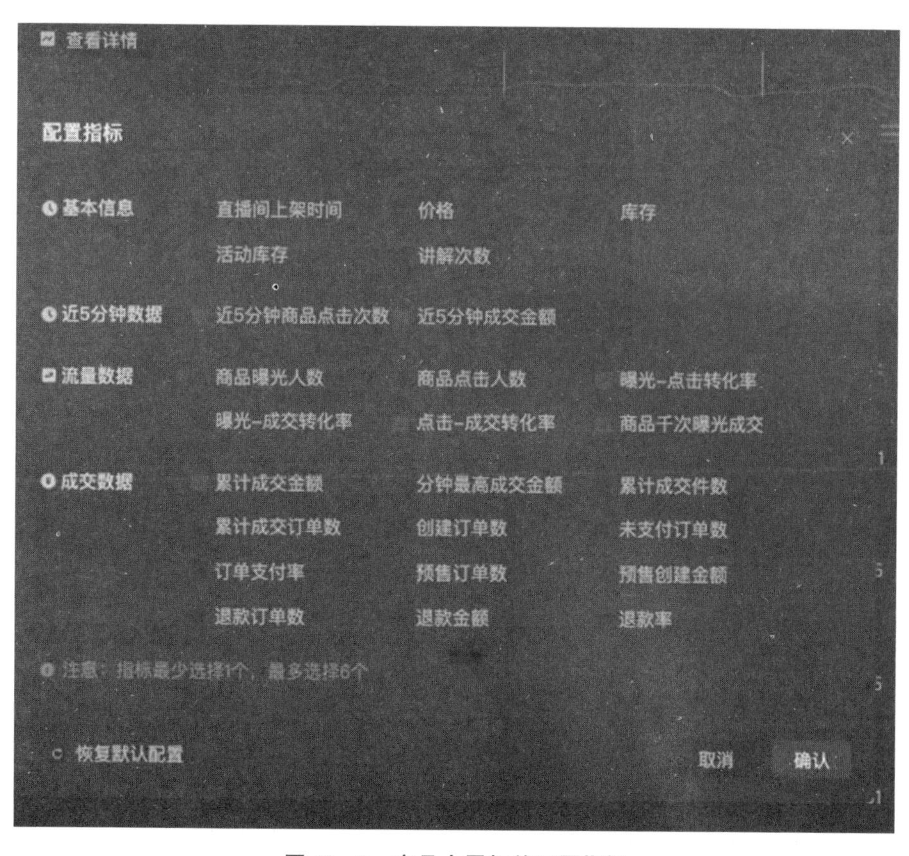

图 10-9　商品大屏相关配置指标

钟最高成交金额数据，以判断近 5 分钟的整体产出是不是接近最佳状态。

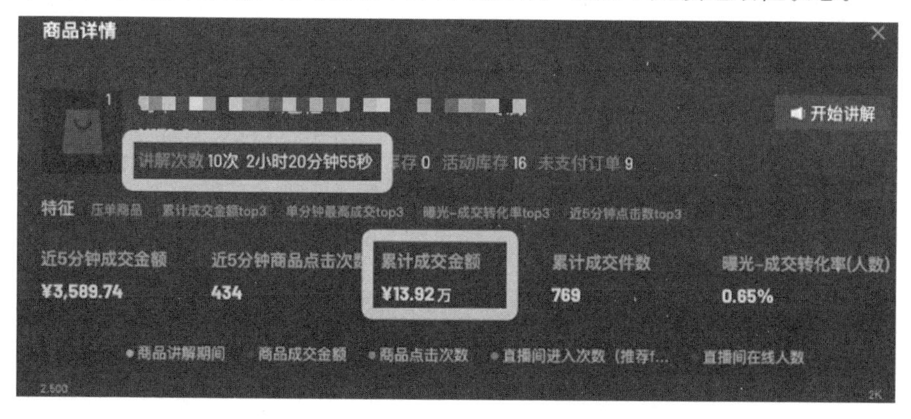

图 10-10　商品详情分析之累计成交金额

要了解商品每一轮的出单效率可以看讲解效果分析(见图 10－11)，最高呈现每一轮都比上一轮增加(看分钟级效率的提升)。

讲解效果分析

开始/结束时间	讲解时长	商品点击次数	商品成交金额	直播间进入次数（推荐feed）	平均在线人数
10/31 22:47 10/31 22:49	2分钟	322	¥2,873.4	932	945
10/31 22:28 10/31 22:47	18分钟57秒	3,229	¥22,486.51	6,538	1,034.15
10/31 22:18 10/31 22:28	10分钟12秒	1,795	¥8,820.42	4,222	1,140.73
10/31 21:05 10/31 22:17	1小时12分钟33秒	9,625	¥69,355.02	2.64万	1,025.08
10/31 20:30 10/31 20:50	19分钟38秒	1,462	¥8,271.4	5,784	750.76

图 10－11　讲解效果分析图

要了解单品最佳效率时，可以点击分钟级最高成交金额(见图 10－12)，以便找到最佳话术和节奏，配置分钟最高成交金额。

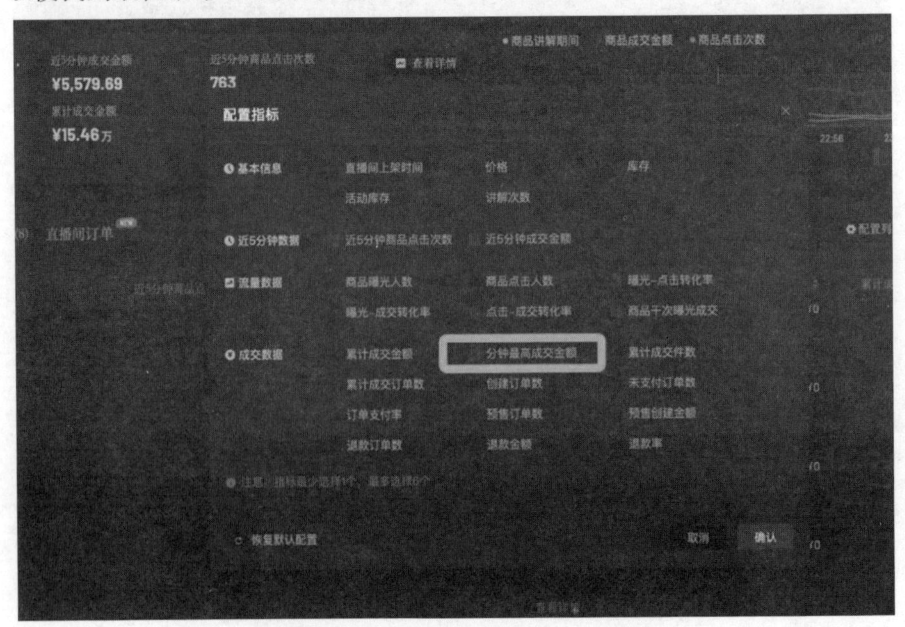

图 10－12　成交数据之分钟最高成交金额

如何做好基础盯屏

第一，关注进入和留人数据。

看进人和留人的情况，关注环比数据（见图 10 - 13）。

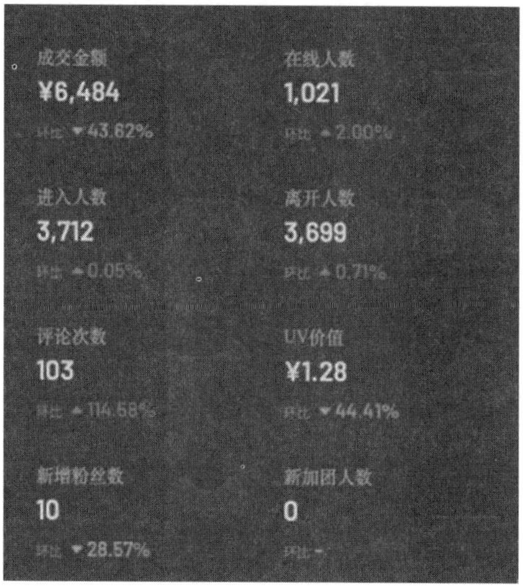

图 10 - 13　进入人数和离开人数相关数据对比

关注右侧近 5 分钟进入人数，系统会自动环比上一个 5 分钟的变化，看趋势就好，因为 5 分钟是抖音对外公布的“赛马”单元。

看巨量百应中间“流量分析”模块中 feed、短视频、付费进入人数，分析最近的 2 分钟是不准确的，所以我们最快能看到 2 分钟前的各个渠道进线变化。

在曝光进入率没有“突发状况”的前提下，关注下图中圈中的 3 个数据指标。当进入人数比离开人数多时，说明此刻直播间动作相对有效（见图 10 - 14）。

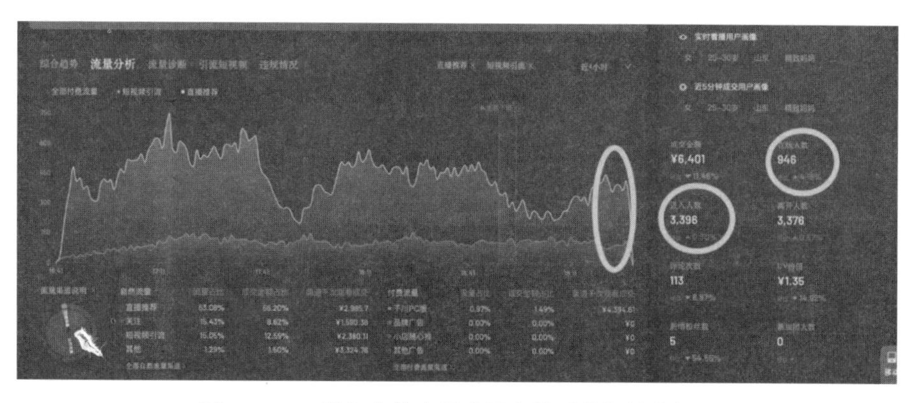

图 10 - 14　进入人数大于离开人数时的相关分析图

当离开人数比进入人数多的时候（见图 10 - 15），需要特别注意增加留人动作，在话术、福袋和运营节奏上进行调整是有效的。

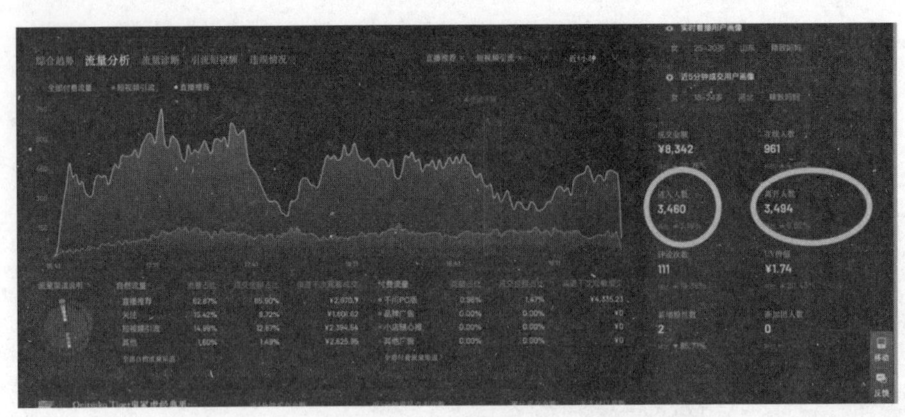

图 10－15　离开人数大于进入人数时的相关分析图

第二，关注曝光观看率的变化。

关注曝光进入率变化，因为这一数据是累加的，开场时看比较有用，开场的时候 feed 占比比较高，付费还没上来。全场直播各个渠道的曝光进入率我们在复盘环节进一步分享。如果当场发现直播数据异常，则马上观察设备、音量、画面等，尽量现场及时调整。

第三，用户平均停留时长。

留意主播憋单话术和卖点清晰度，需要做场记。

超级福袋频次和价值感。

增加整活儿环节。

注意换品时用户数下滑。

第四，关注单品电商数据。

当商品曝光点击率低时，你需要：

商品主图优化；商品标题优化；商品副标题优化；商品点击位调整；增加商品弹窗次数；主推商品附近增加锚点品；超级福袋＋评论置顶引导。

当商品点击成交率低时，你需要：

给商品设置一种促销形式，通常好过于直接改价；去除无效 SKU；关注全链接中的热销 SKU；运营增加清库存频次；留意商品里的负面评价；主播增加价格锚点话术；运营拉掉库存，主播重新高质量塑品；上红包或者强调优惠券数量；商品涨价通知等官方文件；有赠品的商品，告知赠品数量不足。

当商品未付款人数多时，你需要：

抖店商家设置的未付款提单的时间不一致，通常是 1～3 个小时，所以除非发现未付款某个时间猛增，真的有催单的必要。催付款的核心是讲清楚货品或者价格的稀缺性和打消用户的购买顾虑。我们的常规清理未付款话术本质上都是为了刺激新用户下单。运营可以用飘屏和画外音的形式帮助主播催付款。

注意，越是高客单价、需要种草和决策周期长的商品，用户越会犹豫和比价，催未付款的时候要注意增加比价和价值感。

3个应对用户流失状况的小建议

憋单环节用户流失大：在排除福袋开价这种影响因素外，说明主播的塑品话术缺失，没有起到吸引用户注意力的效果。

解决方案：

(1) 迅速用有价值感的超级福袋顶上。

(2) 复盘时通过回访找到对应的节点，优化主播塑品话术。

(3) 主播放钩子话术，开价前预告更大的福利和后边的大动作。

(4) 可能是主播憋单太久，需要重新练习憋单话术。

开价环节用户流失大：说明开价后价格对用户缺乏吸引力。

解决方案：

(1) 快速补充价格信息，找到锚点开始比价，但不要只强调划算。

(2) 主播给用户迅速补充价值，“你以为这就完了吗?”(拉高用户期待)，“可能有伙伴觉得贵！但是我今天要给你一个不得不拥有的理由”(上场景)。

(3) 主播补充产品服务保障，打消用户下单顾虑，给用户一个购买的理由。

(4) 主播继续放钩子话术——预告接下来有吸引力的环节，下一个福袋、补贴货品、一会儿上才艺、热卖冲“免单”。

(5) 主播或者运营人员快速现身说法，或者左手右手两个颜色，你想让主播上身哪一个。

(6) 运营人员迅速刷热卖，然后下掉链接，给用户一种“怎么这么受欢迎！没抢到”的感觉。

(7) 运营人员上超级福袋。

转款环节用户流失大：用户对下一个品没有期待感，或者上一个品用户和下一个品人群偏差比较大。

解决方案：

(1) 运营调整上下承接品结构,防止人群匹配度降低。

(2) 主播在前一个品流量峰值的时候为下一个品一句话预热。

(3) 超级福袋最佳的开奖时间是在开价后的3分钟,因为用户在看到超级福袋3分钟以内参与积极性最高。

完成了配屏和盯屏,我们再来挑战下一个更难的内容:开场运营,测品和单品打爆。

10.2 开播指令一声响,运营技巧必登场

朋友,你有没有发现,如果按照我分享的内容把直播的各个方面准备得充分一些,你在直播的时候,压力会小很多。这就是我常说的磨刀不误砍柴工。接下来我们就开始进入一场完整直播的操盘。

开场做数据,承接极速流

我们在这本书里反复强调,想要获得抖音的流量,其实就是要做好抖音需要我们做的数据:一系列的内容指标和电商指标。我们很难在一场直播的开场就把电商指标完成得很好,因此应更加侧重于完成内容指标,包括用户更好的停留、更多的互动、更多的关注。

如果你负责的直播间是重度付费直播间,且开场就开始跑付费模式,那可以不用特别在意内容指标。除此之外,其他的项目都要努力做一些内容数据。这里我们就不得不先了解一下极速流。

第一,开场极速流是怎么来的?

我们在分析抖音电商流量分发的逻辑时,讲解过标签体系、“赛马”机制和召回机制。其中,在“赛马”机制和召回机制中,我们强调过一场直播表现得比同行同级好,系统会给你更多的实时流量奖励,但其实抖音不仅仅有实时流量奖励,还有预分配的流量奖励。而预分配的流量奖励就是极速流的来源。

也就是说,在你的直播间没有严重违规的情况下,近期3～5天或者3～5场直播的表现会累积到本场直播的基础权重,越是近的场次对本场的影响越大。系统会给直播间提前分配一部分流量,作为你本场开播的测试流量和奖励流量,这就出现了我们所说的极速流。

注意,极速流指的是直播推荐feed流量的进线(或者进入人数),而不是

直播间在线的峰值，这个概念很多人都混淆了。

第二，极速流是精准流量吗？

目前我用自己的项目测试下来，发现极速流不属于相对精准流量。它是系统在得知你开播之后，按照此时此刻大盘流量的情况给你分配的意向流量和随机流量。我们所谓的精准流量，往往要等自己这场直播数据表现得相对稳定的时候，才会相对精准。与此同时，如果你在直播过程中也出现了这种情况，往往中间出现的这一波比开场的要精准。

第三，极速流为什么会消失？

首先，如果你以往的场次一直都有极速流，而今天的场次没有极速流的话，我就建议你快速断播，看看近期直播出没出现过严重的违规或者用户投诉，带货口碑分有没有问题，以及你挂的商品链接有没有问题，以上都有可能导致直播没有极速流。

其次，如果你的账号数据一直不理想，比同行同级都要低，原因可能是抖音系统在一段时间里没收了这个流量奖励。因此，你可以理解为到目前为止，有极速流的账号是相比同行同级较好的。

最后，整个抖音的流量也已经慢慢见顶了，极速流这种流量也在减少，所以从长期看，极速流可能会变得越来越稀缺。但没有极速流不代表不能直播，如果你的账号之前一直都没有极速流，试了很多方法也没用，你也不用耿耿于怀，好好做直播才是正道。

第四，极速流不承接可不可以？

并不是所有类目所有直播间都适合承接极速流，这是一句实话。如果你的直播间做的是高客单价类目，开场的时候也没有什么福利款商品，就没有必要硬去承接极速流。即使你找到了 9.9 元的商品去承接极速流，后续的推流还会受到更大的影响，从流量精准度的角度讲，这个承接对于你销售下一个高客单价的商品没有什么好处，这种情况下就不建议你承接了。

但是，如果你既不是重度付费直播间，也不是高客单价直播间，我还是建议你试着承接一下这部分流量，哪怕你不能销售商品，做做内容数据也是好的。接下来，我们就以一场直播从开始到极速流出现的 3 分钟为例，和大家说说我们能做的事情。大家注意，这部分其实是场控运营和主播协同的工作内容，所以在主播的部分我们就不再单独讲极速流了。

大家要明白，即使你的账号有极速流，但每个项目极速流通常出现的时间也不是完全一致的，所以你要观察一下你的账号近 7 天内极速流往往会在开播的第几分钟出现。下面我以某一场极速流出现在4～6分钟的直播为例（见图10-16），来模拟整个开场的节奏。

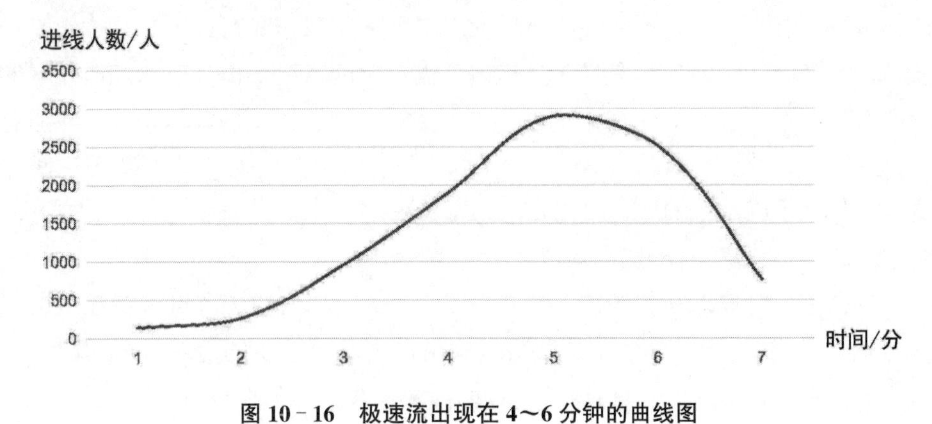

图10-16　极速流出现在4～6分钟的曲线图

0～2分钟：开场互动。

人群分析：我们刚开播，系统第一波唤醒的是自己账号的铁粉或者近期有过购物记录的人，他们会优先看到我们的直播间，比较明显的特征是你会看到粉丝和有粉丝团灯牌的用户比较多。

主播动作：与老粉打招呼，但尽量不要念第一次进入直播间的用户名字，容易使这些用户迅速离开直播间。发布一个聊天的话题，这个话题最好能和你要上的钩子款、密集成交款、预估爆款挂钩，不建议直接聊产品，但可以聊场景、聊个人生活。主播可以告诉大家直播间有××人在线，（建议是你以往极速流人数的三分之一就可以），马上要上一个××大福袋，3分钟就开。

场控运营：准备一个开场福袋，先不用发布，可以等人数达到一定数量再发，或者开播2分钟之后就发。大额抖币宠一人，或者比较有价值感的超级福袋都可以。先准备，时间是3分钟，目的是拉升评论互动指标。

2～4分钟：人数在上升，并且根据以往的情况，极速流预计快要出现了，我们要渲染预告本场的活动了。

主播：记住钩子式预告本场活动。比如：今天是什么特别日子，今天有什么特别有噱头的商品，今天的主打商品多稀缺。一定要记住，这段话是需要刻意练习的，钩子式预告就是要把产品最有噱头的卖点说出来，但是不能说全部。比如，“今天周年庆，我们和集团总部特别申请了专属大福利，一个是今天我们有2折的耐克新款卫衣！龙年限定！还有一个是今天的AJ有600元大额优惠券。”2折和600元优惠券就是我的钩子话术，我没有给用户看具体产品，且没有展开说，我只是希望用户了解到我用这么吸引人的活动要换他们的停留。

场控运营：在开场3分钟的时候发布这个福袋，文案可以是“1000抖币宠1人，马上开奖”。为什么要卡时间呢？因为你的极速流在4～5分钟时出现，当你的直播间出现极速流的时候，进来的一大波用户看到的这个有吸引力的超级福袋还剩1分钟开奖，文案又这么吸引人，用户的点击欲望就会增加。这样就会带来极速流用户更长的停留。

4～6分钟：极速流进入直播间，我们的主要目的是留人，以及准备成交第一个密集成交款商品来转化这波流量。

主播：钩子话术＋密集成交款话术＋引导领取福袋话术，2分钟内要穿插这3种话术，重点是本场重要的钩子话术预告占70%，密集成交款的介绍也要福利感拉满，选择大部分人都有的场景来形容密集成交款的优势占20%；剩余10%中间穿插福袋点击引导。

场控运营：评论置顶福袋信息，引导更多进入直播间的用户点击福袋，准备密集成交款链接。这时候重点冲刺我们的评论指标，最好告诉用户下一个超级福袋是什么，这样还有机会留住更多的用户。我们准备在6～8分钟的时候做第一波成交。

6分钟以后：完成本场第一次密集成交，同时跟进第二个福袋。第二个福袋最好比第一个福袋还有吸引力，泛人群配置一个大多数人需要的密集成交品，这样我们的数据会完成得比较理想。

主播：快速开密集成交款，在商品动销15秒时，中控可以快速清掉一次库存，然后主播花10～20秒塑品，同时再一次引导福袋，讲清楚刚才这个商品的价值感，以及重新给大家补一次的理由，快速做成交，并在再次开价之前，为你下个商品做钩子预告。

场控运营：看数据情况，决定这个密集成交品要不要再上一次。我们开场一般冲看播成交率的2%以上，达到4%就属于非常优秀的了。同时，视内容指标情况再决定后边是不是增加关注、加团的话术和福袋。

以上就是一场极速流出现在4～6分钟的直播间，我们如何完成开场到第一个密集成交款的全部链路。朋友，你要根据你的项目极速流通常出现的时间来设计这个环节。如果你的直播间没有钩子款，也没有密集成交款，你首推的预估主推款就要求主播有非常强的钩子能力。这个单品的话术要反复练习，直到听起来非常有吸引力才可以，否则你便承接不住这波极速流。

快速测新品，全力打爆款

测品环节是在完成了选品、组品和排品之后，才能在直播间里落地的一项工作。其中选品之后，主播和场控运营要一起对这个产品做细致的打磨，这个内容我们在主播演绎能力进阶部分和大家分享。很多场控运营新人在没有任何准备的情况之下，就开始按照自己既定的讲品顺序去测品，这是非常不明智的。

虽然我们在开播之前对商品的讲品顺序做了预估，但直播间的情况是实时变化的，也就是说你在讲解一个测试商品之前，就要多观察一下这个商品在购物车里的静默表现。如果这个产品的静默数据还不错，你就可以准备去讲解这个商品，但是如果这个产品在购物车里的表现并不好，我就建议你不要再按部就班地讲解这个商品了，而要去找静默数据更好的其他商品。

在测品环节，我们还是要拆分成两个部分，一个是静默测品，另一个是讲解测品。这两个方法我都给你画重点，你必须掌握。一个优秀的场控运营要具备两个核心能力，一个是能预估准确一个爆款方向，另一个就是能千方百计地把这个产品卖爆。

如何进行静默测品？

如果你是看了我们这本书中的中控岗位技能部分才过渡到场控运营部分的，那你一定还记得我们前面讲过购物车的顺序很重要，我们把它给分为“看台票”和“内场票”。这里其实就是给你测品做准备的。

第一，在一个新品完全没有数据的时候，你可以把它放到购物车的后5位去做测试，看看你的忠实粉丝和有稳定购物习惯的电商用户对这个品的感兴趣程度。你还可以把这个商品直接放到5～10号链接，看看更多能刷到的用户给的反馈怎么样。如果曝光点击数据挺好，甚至已经有了成交数据，你就可以再大胆一点，把它放到购物车的前4号链接，再看看在这么高的曝光区域的表现情况。

第二，在做这个测试之前，请确认你的商品主图、标题和副标题是否都做好了。如果没有，赶紧再去中控岗位技能部分学习一下如何优化商品主图、标题、副标题等。有时候，场控运营在测品的阶段发现数据不理想，还要凭借个人经验在现场对商品的主图、标题、副标题做优化，一边优化一边测试。

第三，我们在静默测品的时候重点关注哪些数据呢？曝光点击率、近 5 分钟点击次数和商品的点击成交率。如果在你把商品放到 5～10 号链接区间时，这个商品的上述 3 个数据表现都是 A，然后你把它放到 1～4 号链接区间时，这 3 个数据指标还在上升，我就建议你可以准备讲解了。你可以以 5 分钟为单位观察该测品在不同位置的数据表现情况。当然，这个方法对于客单价太高的商品不太奏效，因为高客单价商品静默出单的情况比较难。

第四，在适当的时机，我们还可以让主播偶尔提一两句这个商品，然后我们弹一下链接看看商品的转化数据怎么样。如果你的直播间现在讲的商品可以和我们一会儿要测试的商品搭配，那你就可以使用巨量百应中控台的"搭配购"功能，同时让主播以场景搭配的形式讲解，看看这个商品的销售表现。在服装、美妆类目里，这样的方式比较常用，特别是女性服装，经常能在这个搭配测试环节直接找到一个潜在爆款商品。

以上就是 4 种静默观察商品表现的方式。朋友，如果之前你没有这么做，下一场直播里一定要用起来。

静默测品还有一种情况，我们在场控运营部分的流量准备章节里提到过，那就是短视频种草测品。如果你能先在短视频里测品，然后在直播间里再静默测品，最后再讲解测品，这个商品成为爆款的概率就更大了。

如何进行讲解测品？

说完了静默观察测品之后，我们再来说一说讲解测品。一般我们都会先选择静默测品，之后再开始讲解测品，这样讲解失败的概率会稍微小一点。没有什么能保证百分之百，但至少我能通过努力降低失败的概率，大家一定要用这样的思考方式去衡量直播间的工作。

在讲解测品之前，我们还要做以下 3 个准备工作：

第一，在讲解这个商品前几分钟，建议主播能以钩子预告的形式讲一个这个产品，设置悬念，提高大家的兴趣。

第二，还记得我们在中控福袋部分讲解的互动类型福袋和非官方评论吗？这里同样用得上。用引导讲品类型的文案"有这个季节北方穿的羽绒服吗？"，以及非官方评论"主播，有没有这个季节的羽绒服啊？"这种都是可以营造节奏的。

第三，还记得我们之前讲的，如果你有给这个商品配套的短视频，可以选择用小店随心推快速主推一下，100 元半小时、商品成交、智能推荐。一定要记得告诉你的主播，“咱付费来了，加油！”，鼓励她准备和你一起迎接流量。如果数据表现好，恭喜你，提前锁定了一个潜力爆款。

在主播塑品时，我们怎么弹链接？当主播开价后，我们怎么弹链接？主播通知清掉库存的时候，我们怎么显示商品？这些我们在中控环节里讲过了，大家可以去重温一下。这样你作为场控运营和中控的工作就能默契配合了。到现在为止，我这本书的逻辑就体现得足够清晰了；前后呼应，这就是一套运营该有的逻辑。每个模块看似是独立的，但是彼此之间都有非常强的关联，我在给很多企业做直播团队组织搭建时用的也是这套逻辑。

最后，如果你有多个新款需要测试，建议你给每个测试的商品一个相对固定的讲解时长。比如以 10 分钟为一个单品的测试时间，学会记录这个商品测试前后的曝光点击率、点击成交率、商品千次曝光成交金额这 3 个熟知的变化，一定要记录测试前后的数据。等把几个预计要测试的商品都完成了，你才能横向对比，找到今天这一场直播里最值得你主推的那个商品。

我们做场控运营的，能用数据说话的时候就不要凭感觉，感觉太主观了，对于不相信你的人是没有说服力的。

如果你已经找到了本场直播的爆款，那么恭喜你正式开启了本场直播的赚钱模式。能赚钱的场控运营才是好场控运营，所以能打造爆款的场控运营才有价值。

这里要提醒主播，我们单个商品的讲解时间可能会很长，有可能持续半个小时甚至循环讲品到下播。一定要让主播调整好自己的心态，不要让她觉得自己的直播很无聊。与主播的沟通，我会在后面章节详细介绍。这很关键，因为假如主播不愿意配合，打造爆款的目标就很难实现。直播间就是这样，有任何一个明显的短板我们都很难做出好的数据。

接下来又是一系列的运营动作，我们在前面的章节里几乎都能找到对应的详细节奏。

第 1 步：继续观察你的短视频流量。

在百应直播大屏的短视频引流模块，看看今天的短视频有没有表现比较突出的，不仅曝光量级高，而且引流直播间次数多，曝光进入率还不错（我的经验是通常在 5%以上）。看看这个短视频对应的是什么商品，如果是我们主讲的这个商品，那一定要赶紧开始讲解，承接一下这个短视频的流量，这是短视频继续曝光的增量，也就是大家在行业里说的短视频和直播推荐 feed 双频共振。

与此同时，看看有没有机会给你正在讲解的这个爆款再补拍点短视频，如果可以的话，尽快拍摄，主播出镜的、场控运营现场夸商品的、以往的爆款二次剪辑重新发布的等都可以。总而言之，快速补充短视频。

第 2 步：用好超级福袋等工具，做出直播间的节奏。

你要拉自然流的话，超级福袋等一系列动作都要跟上。你要设计一个自己的讲品节奏，然后超级福袋在这个讲品节奏里起到重要的引导作用。我来给你举一个例子。

首先明确你的主播一次单品循环的时长，也就是一次单品循环话术往往会持续多久。我以自己的某个项目 6～10 分钟一组为例。表 10－1 是我们在场控运营环节弹链接的部分使用的表格，这里作一个优化：

表 10－1　某项目 6～10 分钟运营策略示例

流程	塑品比价	开价讲品	中途拉掉憋单	再开价逼单	单品循环
环节时长	2 分钟	3 分钟	1 分钟	2 分钟	下一个 8 分钟
福袋动作	高级质感超级福袋 2～3 分钟评论 文案：前半句说福袋本身，后半句说产品好	正常价值福袋 3 分钟 评论 文案：前半句说货品好，后半句说下个福袋值钱	高价值感福袋 3 分钟 评论＋加团 文案：前半句说福袋本身，后半句说产品库存少或者保证信息		福袋依照上述循环
链接动作	显示预热	立即开售	显示日常售卖价格但 0 库存	立即开售	显示预热
库存调整	—	根据主播口播数量适当调整库存	0 库存	如果人数没有上升，建议减少单 SKU 库存，配合大屏幕倒计时效果好	—

还记得我们在讲流量准备的时候，说推荐 feed 怎么能做一些拉升吗？其实就是做出来每个时间单元（通常 3～5 分钟）内必有一波成交，同时配合超级福袋和主播的话术，帮助你拉升用户停留和关注加团等内容指标。这种情况

下，推荐 feed 获得更多流量的可能性要高很多。

上面是我常用的一套超级福袋运营策略，再配合我们的评论置顶、喊单和中控的弹链接，使用效果更佳。你感受一下，这个直播间里是不是一下子就有条不紊地热闹起来了。如果你认同，一定要试试！

第 3 步：准备加入付费流量。以最小的风险做最大的增量。

如果你今天的短视频表现得不错，这时候一定要把我们那一套 dou+、小店随心推和千川的短视频组合付费打法用上。如果你没有好的短视频，那也要尝试在爆款环节使用小店随心推和千川直投直播间，翻车的概率都会比较小。使用上述方法时需注意，一旦 ROI 不符合预期，应及时关闭计划。

在你已经开始做爆款的时候，你的直播间场子已经热起来了，场控运营、中控、主播的工作状态都开始渐入佳境，而且你们试验出了本场直播中如何打爆一个单品的基础策略，这个时候你的转化能力应该是还不错的。这种情况下，再叠加你的付费流量，往往都会取得不错的效果。

到这里，你应该看出来了，我是一个对直播间成本控制很严格的人，只有在自己和团队能力状态还不错的情况下才开始使用付费手段。但每个项目的情况不同，你自己酌情考虑。

10.3 场控运营主播组 CP，默契冲刺 GMV

前面我们分享的都是一些测录和数据操盘技巧，接下来我们说说决定直播间成败的一个隐形因素：直播间的氛围。这里特指场控运营如何推进直播间的氛围，如何促进商品销售，如何与主播默契配合。

还记得我在场控运营部分开头所说的场控运营的 5 个重要角色吗？其中的角色 4 叫作观众代表，角色 5 叫作情绪大师。我们就在这一部分和大家分享一下，场控运营如何担任观众代表和情绪大师的角色。这里包含的内容非常多，我们重点说两个，一个是场控运营如何喊单，另一个是场控运营如何调动主播情绪以及保护主播。

场控运营在整场直播中的 3 种表达

2023 年在抖音上出现了一个很有意思的热梗，就是直播间场控运营的钱太好赚了！主播说“咱有没有运费险？”场控运营答“有”；主播说“咱的 T 恤是不是 100%棉的？”场控运营答“是”；主播说“场控运营咱还有几单？”，场控运营答“还有3单”;主播说“3、2、1”,场控运营说“上链接!”……

朋友,你在直播间也是这么喊单的吗?如果是的话,我接下来给你分享的喊单技巧会让你更有价值。我们在讲喊单技巧之前,先讲讲场控运营的另一个角色,即直播间里那个管货的人。所有与货品数量、服务保障有关的信息其实都在场控运营的喊单范围之内。只有当一个场控运营理解了自己在直播间的角色,他才能表达出更多的有效信息,而不是单纯重复主播的话。角色是最难理解的,在我们的一些培训中,一般都会专门花半天的时间帮助主播、场控运营和用户厘清这个关系。

场控运营在整场直播中的表达可以分为3种,其中第3种最为重要。

第1种,按照讲品节奏完成主播所需要的喊单话术以及报库存情况。

这一类包括了最基础的给主播搭话,就是我们上边模仿的那种回答内容,还包括我们每一轮开价前对商品库存的预告,以及商品开价后的热销节奏。

我们以某个服饰直播间为例。在主播塑品开价前,场控运营告诉用户这一轮我们全尺码有40单,然后主播就可以接着演绎说某某尺码有几单,某某颜色更加稀缺,其实这里主播就暗示了用户重点要抢的颜色。

在开价之后,场控运营开始喊热卖。一般在主播3分钟的讲品过程中,场控运营要先喊热卖,再喊剩余库存,最后喊某个尺码还剩几个,还可以喊清理未付款。这其实就是一次商品从上架到清掉的整个喊单节奏。先喊热卖是因为这个数据比较有冲击力,中间喊剩余库存是为了给用户营造一种需要抢购的感觉,最后喊某某尺码还剩几单,或者清理几个未付款是为了再推进一下用户的下单急迫性。这后面暗含的是用户情绪的变化。如果商品销售数据不理想,我们可以上来就喊还剩余几单。

第2种,帮助主播分担压力,回答与货品有关的固定问题,如尺码、服务保障等。

既然我们的场控运营具有管货品的角色,那能表达的内容就有很多。特别是如果你的直播间一场直播里只有一个主播的时候,主播往往比较辛苦,短则连续播3～4个小时,长则播7～8个小时,所以我们的场控运营一定要学会助播的工作,把与货品基础信息、服务保证、尺码推荐有关的,以及用户问的其他问题承接下来,尽量替主播多分担一下。帮助主播展示物料、报身高体重对应的尺码、介绍商品的运费险、回答用户关心的物流等问题,这些场控运营都可以参与一下。

第3种，帮助主播提示接下来的节奏，给主播指明下一个目标。

很多情况下，主播在镜头前专心讲品时顾不上直播间的节奏，但作为场控运营我们能看到直播间的数据变化以及主播节奏的变化。如果直播间持续不出单，这种情况下我们千万不能任凭主播自由发挥，一定要及时干预主播的节奏。

但我们不能强行批评主播或者命令主播，否则有可能因为互不理解而产生矛盾。这种时候，我们的场控运营要学会巧妙地提示主播。接下来，我分享3个方法：

方法1：先给主播一个肯定，再推进节奏，告诉主播刚才特别好，我们马上进入到某某环节或者说什么话术。

方法2：打断主播，但是是以评论区里有用户问某某问题为理由，提醒赶紧过渡到主播下一个动作。

方法3：帮助主播表达，不仅有主播说的某某某，今天我们还有某某某……帮助主播往后续过渡。使用第3种方法时，如果主播没有沿着你的话往下表达，说明她心里有顾虑，先不要着急，等下播之后再详细了解，但是我们可以再次直接提醒主播后续节奏，或者改用方法2提醒。

成为优秀场控运营的5个锦囊

每次我在讲课时提到“好的场控运营激发主播，差的场控运营激怒主播”这句话时，往往都会迎来主播的掌声和场控运营的一片唏嘘声。在我给一个企业做内部培训的时候，有一个场控运营直接站起来问：“老时，你的意思是让我们哄着主播吗？”这应该是很多场控运营都会有的困惑：难道我们为了让主播有个好状态，就要处处哄着主播吗？

其实并不是。我们一定要明白，良好的主播和场控运营关系应该是协作关系，协作要的就是共赢，而不是一方对另一方的一味忍让。这个合作态度要在一开始就表明。

在直播间就爆品打磨达成共识，我们会在主播部分的单品打磨里和大家深度分享，这里我们先讲直播过程中如何激发主播的潜能。我有5个锦囊给你，让你最大程度上激发主播的潜能。

前提是你要准备一个和主播沟通的渠道，比如你使用抖音的飞书文档或者微信聊天，主播前有个屏幕给你作提示，且主播在看摄像头的时候就能看到，至少你要准备一个手写的白板。

锦囊1:提前告知指令。

至少提前1分钟告知主播下一步的动作。不要突然给主播发布指令。主播就像是一辆正在高速路上行驶的汽车,场控运营突然发布指令,主播不见得能马上接收到或者马上执行,所以一定要提前告知,例如:"2分钟后我们要准备过品了,所以接下来我们提升憋单话术。"

锦囊2:把前因后果表述清楚。

除非时间来不及,事情很紧急,此外都要尽量用最简单的文字跟主播表达清楚你做出这个指令的原因,防止主播困惑,否则她会犹豫不决,不愿意配合你的指令。例如:"A商品短视频爆了,我们2分钟后讲A。"

锦囊3:先肯定再指令。

发布新指令的时候,尽量先给主播现有动作一个肯定,让主播的情绪尽量是好的,不要说"这个品不行,过了",要说"这个品讲得不错,B品更有机会,咱试试"。

锦囊4:学会夸赞。

在主播情绪不好的时候,你就更应该给主播加油打气,你可以喊话逗她开心,也可以从现有的数据维度中挑选一个可以夸她的,比如:用户关注增加了,刚才高客单的出了一单,用户停留增加了3秒,短视频开始起量了,等等。你需要学会报喜不报忧,让主播尽量调整好状态;然后当主播表现好的时候,你要乘胜追击,疯狂地夸主播,输出一组各种激动的情绪语气词,表情包都用上,让主播更加开心起来。但别跑偏了,继续好好卖货。

锦囊5:保护我方主播。

在主播被攻击的时候,你一定要保护主播。主播是不能攻击用户的,这很影响主播的情绪。场控运营可以给用户处理建议,别让主播成为"坏人"。最重要的是,你可以做一个夸主播的抖币福袋或者在评论区里夸主播,让主播感受到你们在一起战斗。总而言之,不要抛弃你的主播,避免让她陷入舆论或者情绪里。依照我的经验,你越是会保护主播,主播跟你的私交就会越好,你们俩的直播默契就会尽快达成。这是我带了很多个新老主播的核心方法,你可以试试看。

我在"交个朋友"的时候带过很多新人主播,大多数是还没有毕业的大学生;我也带过非常有性格的资深主播,有些主播经常让场控运营觉得很难合用,但我几乎都和他们建立起默契的配合关系,甚至很多主播的大场次直播会特意喊我去现场操盘。甚至在我离开"交个朋友"以后,很多主播朋友遇到困惑的时候还是会跟我交流。作为一名场控运营，你要让你的主播相信你，你得有让他们相信的能力，这不是你拿你的职级去打压谁，所以打铁还需自身硬，一定要让自己足够优秀。

11 高效复盘分 7 步，业绩增长拦不住

“无复盘，不直播。”这是我经常和学员们讲的 6 个字。直播历来都是由前、中、后 3 个环节组成的，很多朋友过度关注直播过程而忽视了前面的准备和后边的复盘。我见过很多人，一场直播业绩不错，全员高兴，就不复盘了。还有一些朋友，在直播业绩不好的时候，要么把复盘会开成了对主播的“批斗会”，要么简单地把原因归结到大盘不理想上。

直播业绩好，我们要开复盘会，看看在这场直播里我们可能做对了什么，下一场直播有没有可以复制成功点。业绩不好，我们更要开复盘会，找到可能的几个要素，想办法在下一场直播里优化落实。抖音流量算法是一个神秘的黑盒，但它至少是有规律的，我们复盘的目的并不是指责谁做错了，而是要找到解决问题的办法。做直播，不能守株待兔，复盘往往是帮你整理一场直播思路的最有效方式。

复盘的方法有很多种，经验丰富的运营人员会有自己判断的标准。但无论是哪种复盘方式，都要关注业绩、流量效率、货品表现、主播表现和现场执行这几个环节。只要不离开这个前提，复盘大概率都是有效的，只是精细程度会有差异。

这里我给大家分享的是我在很多项目里做的复盘 7 步法。复盘的核心就是让数据说话，以流量为突破口去分析我们的转化能力。我们把这种方式叫作“数据诊断式”复盘。这套方法你可以根据自己项目的情况适当做些简化。这套复盘方法主要适用于自然流量占比高的直播间，如果你是付费流量占比超过 50%甚至到了 70%的直播间，我建议你重点分析付费渠道效率即可。

提到数据诊断，我们要先说明一下，巨量百应每场直播后的数据详情是我们这套复盘的核心，其中就包括“直播诊断”和“核心数据”两个模块。

在核心数据下的渠道曝光数据最快也要下播 1 个小时后才能出来，所以

建议大家在下播1个小时后开始正式开会复盘。虽然核心数据分组下综合趋势分析中的分钟级曝光数据需要下播后一天才能更新，但是在常规场次直播里，也不建议大家下播之后第2天再复盘。最好是下播后稍事休息就开始复盘，这样很多细节和现场行为可以一一对应。但是在比较大的场次里或者熬夜到凌晨的场次里，我们建议大家下播24小时后再进行复盘。

针对当天复盘的情况，我先教大家用直播大屏里综合趋势分析中的进线替代具体的数据，它的缺点是数据只能记录最近8个小时的数据，如直播时长超过8个小时，前边的部分就不能回看了；此外，它不能放大到分钟级数据，所以需要我们自己在曲线图上找一下对应的位置。

11.1 你对抖音电商流量的理解是错的

我们在场控运营部分讲到推荐feed时说过一个观点，抖音是根据你的直播间的数据表现与同行同级去实时对比来决定是否给你流量。这个数据表现包括内容指标和电商指标，其中电商指标最重要的就是千次观看成交金额，也就是我们所说的GPM。这里的GPM指的是直播间的GMV除以进入直播间的人次（注意不是人数，而是人次）。

抖音可以推荐一个直播间，但是进不进入直播间是用户自己的主动行为。抖音无法让用户打开抖音后什么都不点击就进入直播间，短视频需要点击呼吸灯闪烁的头像，直播推荐feed需要点击进入直播间，搜索需要点击进入，关注需要点击进入，商城推荐也需要点击才能进入。所以，抖音如果想奖励你的直播间，只能通过系统给你的直播间更多曝光机会。它用算法把你的直播间推荐给有机会转化的泛热人群，至于这个人进不进入你的直播间，其实是由这个曝光形式对用户有没有吸引力决定的。

所以，抖音的本质是衡量你的曝光效率。什么是曝光效率？用整场的GMV除以整场直播的曝光人次，再乘以1000，这就是曝光效率，即千次曝光成交金额。

我们来看一下抖音官方给出来的直播诊断公式：成交金额＝直播时长×单小时曝光次数×曝光观看率（次数）×千次观看成交金额（见图11-1）

图 11-1 抖音直播诊断公式图

其中，我们把“曝光观看率×千次观看成交金额”得出来的那个数据叫作千次曝光成交金额。要深刻理解这个概念，就是要明白抖音电商其实卖的是曝光。不仅仅抖音电商，抖音上所有的业务都是，广告业务本质上销售的是曝光、本地生活也是销售曝光……所有的流量生意变现的底层逻辑都是曝光效率的转化。

11.2 高效复盘 7 步法

千次曝光成效金额公式里用的是次数，而不是人数，因为抖音就是按照次数来销售曝光的。只有理解了这个基础，你才能正式开始复盘。接下来，我们就一起来尝试一下这套复盘 7 步法。

第 1 步：结合巨量百应直播诊断看单小时曝光、整体曝光进入率。

打开巨量百应中你这一场直播的数据详情，找到对应的直播诊断，同时找到近期的另外两场直播，做 3 场数据的对比记录。记住，表格采用倒叙的形式，当天的复盘往前边写。表 11-1 是我做的一个模板，你可以参考。我们重点看近3～5场直播的单小时曝光次数变化，顺便了解一下千次观看成交金额，但这里千次观看金额先不用重点分析，后边我们有对应的步骤。

表 11-1 直播复盘表

项目	X 月 X 日	X 月 X 日	X 月 X 日	X 月 X 日
直播时长				
单小时曝光次数				
曝光观看率				
千次观看成交金额				

第 2 步：看单渠道曝光效率（外层 GPM）。

在第 1 步中，我们看的是整个直播间单小时曝光次数整体的变化，接下来我们要看看自然流量占比高的前两个渠道——推荐 feed 和短视频的情况。其他渠道根据项目人员的精力来酌情分析。

接下来你可以在直播诊断下方的流量诊断里看看单小时自然流渠道单小时曝光的变化情况，这里是排查哪个渠道造成了单小时曝光次数的减少（见图 11－2 和图 11－3）。

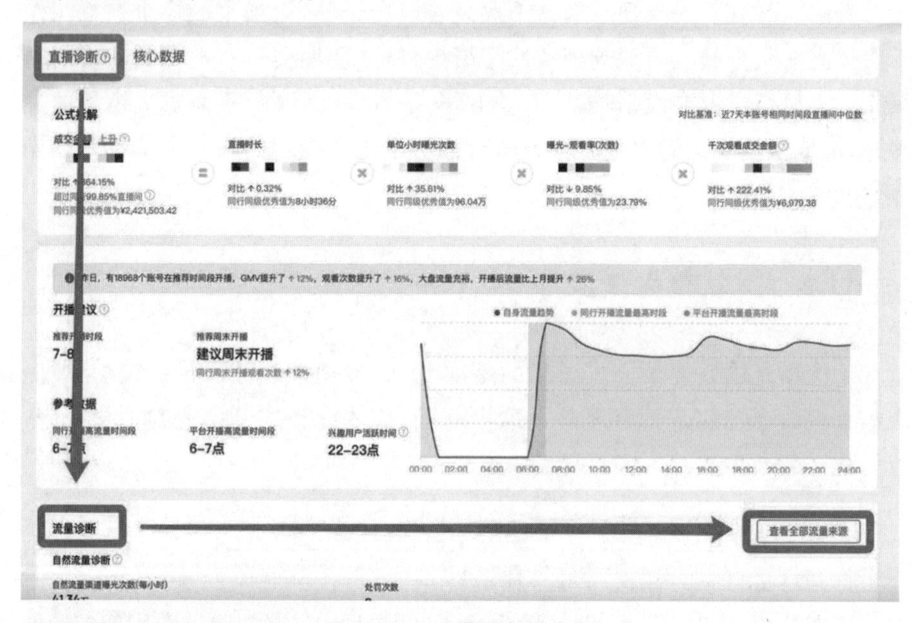

图 11－2　流量诊断示意图

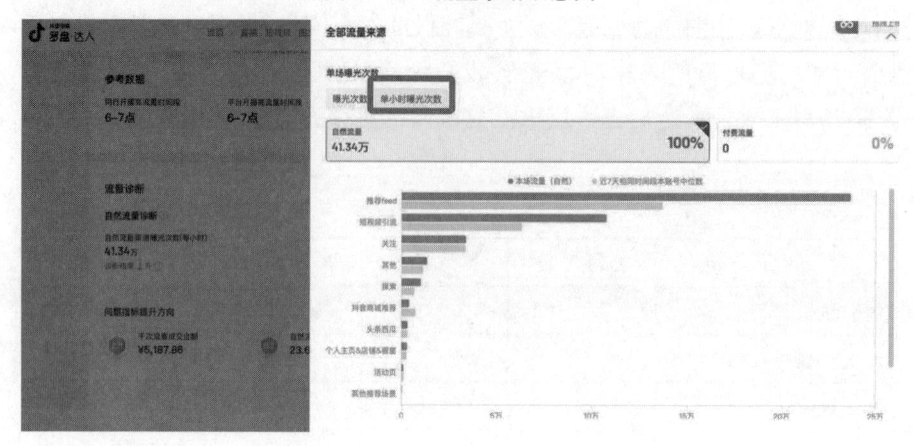

图 11－3　单小时曝光次数示意图

接下来，我们分析一下对应的渠道。同样，我们要做一张分析表格，以推荐 feed 为例，有底色的部分需要你自己填写，无底部分为公式（见表 11－2）。

其中，内层 GPM＝这个渠道的 GMV/这个渠道的看播人次×1000；外层 GPM＝这个渠道的 GMV/对应渠道的曝光次数×1000。这是抖音真正定义渠道效率的指标。

表 11－2　复盘渠道表（部分）

运动户外直播日期		X 月 X 日（今天）	X 月 X 日	X 月 X 日	X 月 X 日
GMW/元					
流量渠道	开播时长/分钟				
数据指标					
推荐 feed	曝光次数				
	进入次数				
	曝光—进入率				
	单小时曝光次数				
	成交金额/元				
	外层 GPM				
	内层 GPM				

互动区

关于短视频和推荐 feed 的带公式分析表，你可以关注我的微信公众号“开播进行时”，回复“复盘渠道表”获得电子版。

至少连续登记 3～5 场直播的渠道数据，在账号不更换类目的前提下，你能看出来在你的类目个，同行同级每个渠道可以刺激到推流的外层 GPM 预估值。你会发现，当你的外层 GPM 减少的时候，你的这个渠道曝光流量大概率也会减少。

同样，我建议每一场直播的各个渠道都登记一下，你会在横向对比的时候发现很多问题，不仅仅是用在渠道推荐量减少和直播数据不理想的时候，其实在渠道曝光量增加的时候我们更有必要来看一下这个增量的具体原因。

如果你的项目有付费渠道，我们还要对付费渠道进行复盘。小店随心推这种智能推荐不需要复盘，但是千川部分我们要从总计划的数量、每个跑量情况、中途叫停的计划、没有过学习期的计划和已经衰减的计划，以及计划之间有没有变量等方面进行对比测试以得出结论。

第 3 步：找到曝光流量下降和上升点位，结合片段回放分析具体原因。

这时候我们需要看这个渠道真实的表现了。一种方式是在下播 24 小时之后，去看各个渠道的曝光分析。我们还是以推荐 feed 为例去看这几个下降的位置（见图 11－4、图 11－5 和图 11－6）。

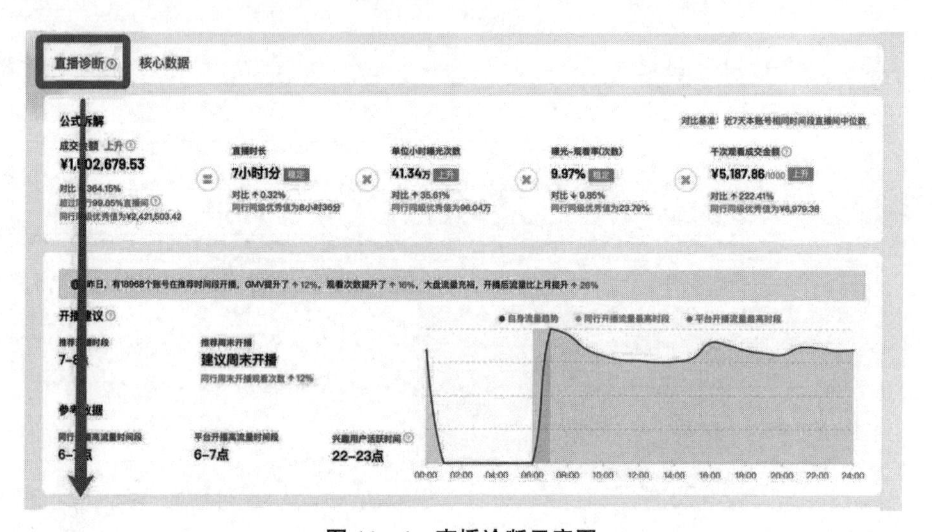

图 11－4　直播诊断示意图

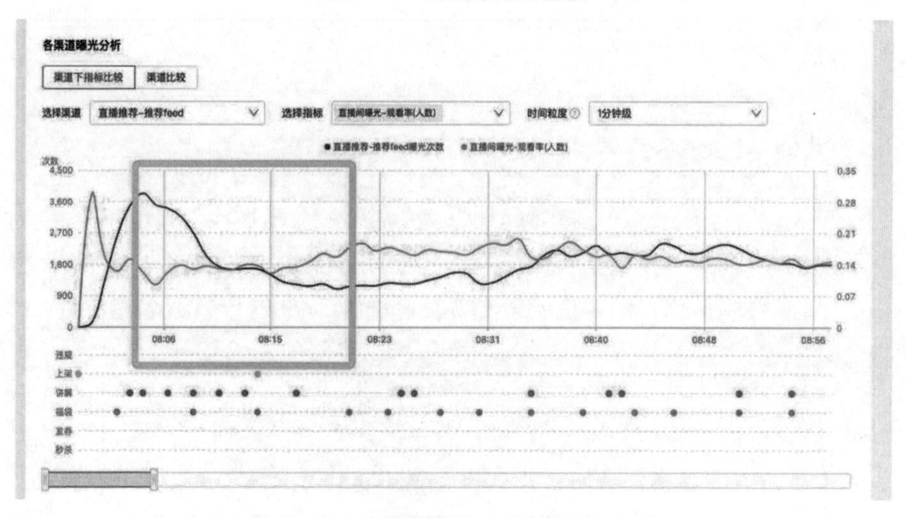

图 11－5　各渠道曝光下降点位分析图 1

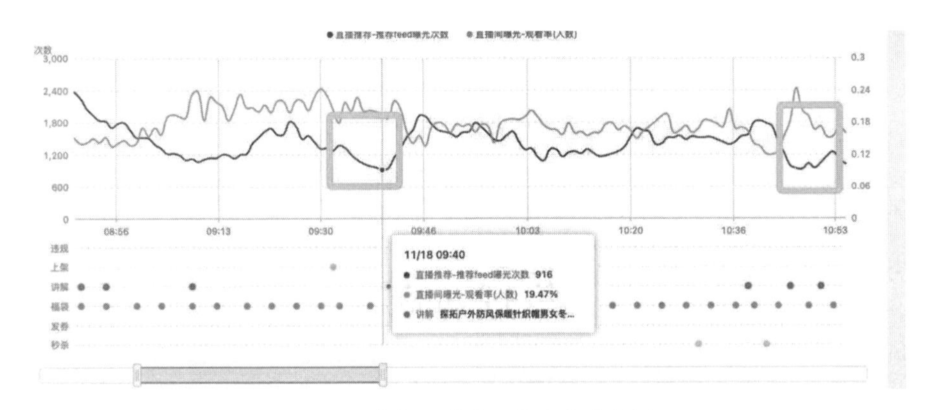

图 11－6　各渠道曝光下降点位分析图 2

同理，不要只看自己流量下滑的点位，还要看自己后续流量上升的点位，重点关注两个箭头位置（见图 11－7）。这两个位置曝光长时间稳定，属于整场的高光点，一定要去回看对应的具体动作。

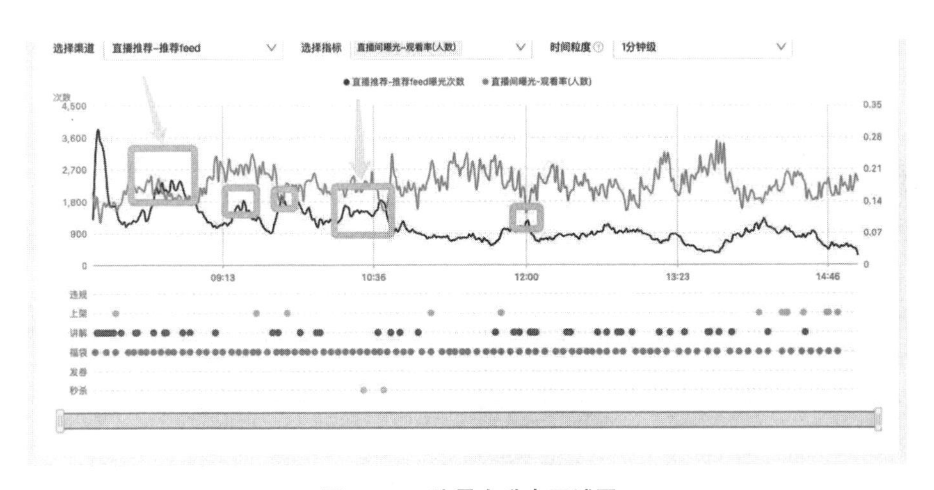

图 11－7　流量上升点区域图

找到高光或者数据下滑点的时候，我们要怎么去排查原因呢？

第一，看直播回放，现在抖音的巨量百应已经开放了最近 14 天的直播录屏回放功能，但前提是你的直播间不能有违规行为，违规的直播是看不到整场直播回放的。在巨量百应大屏的流量分析模块，只选择你要看的渠道，找到具体的节点，对照着右边的回放看这个流量下滑的前 3～5 分钟自己的操作（见图 11－8）。需要注意的是，这里是进线，不是曝光，你要结合着曝光一起看，虽然曝光进入率不是恒定的，但是波动不会特别剧烈，曝光变化约等于进入变化。

图 11－8　巨量百应大屏流量分析用于原因排查展示图

第二，去看你在这阶段讲解的是什么商品，讲品的节奏有没有问题，再看看福袋设置的节奏如何，主播在这个环节有什么具体需要优化的地方。

如果你想在下播后快速复盘，也可以直接用直播大屏里的流量分析去看这个进线波动的位置，准确度也能达到 80%以上（见图 11－9）。到这里，你就学会了先看整体，到看渠道，再到看具体点位时间段。

图 11－9　直播大屏流量分析图

第 4 步：看货盘讲解情况，以及重点单品转化效率。

找到巨量百应中的核心数据对应的商品模块，去看单品的表现。这里重点看：

第一，本场有没有主推商品。如果每个商品都弹了讲解，甚至讲解次数都差不多，说明场控运营没有找到主推商品。

第二，讲品时间安排得是否合理。这里至少要参考一下几个讲解的商品支付 GPM，GPM 高的，应该优先讲解。如果前 3 个商品的 GPM 都还不错，就要看看具体的讲解安排是否合理，讲解次数和讲解时长是否妥当。

第三，如果这个商品在之前的直播里讲解过，就要横向对比一下这个商品的曝光点击率、点击成交率、讲解次数和商品支付 GPM，看看这几个数据有没有变化。如果数据变得更好了，说明本场的讲解运营方式有进步，此时应分析一下进步的原因。如果这场商品表现不如以往场次，我们还要分析一下可能的原因。如果商品的曝光点击率或者点击成交率和之前的相比有所下降，我们就要回到本书关于基础盯屏的第 4 步，有针对性地作出干预策略，在下一场直播时应用。

第 5 步：去看巨量百应大屏每次的商品讲解情况。

接下来我们要去巨量百应大屏的商品模块，详细看看我们讲解的商品每次的出单效率。寻找我们每一轮出单高的时间点，去看回放，找出高光话术和可能的有效动作（见图 11－10）。

我们还要去看这几次讲品的过程中，效率是递增的还是衰减的，递增的一定是方法对了，衰减的也一定有要优化的地方。

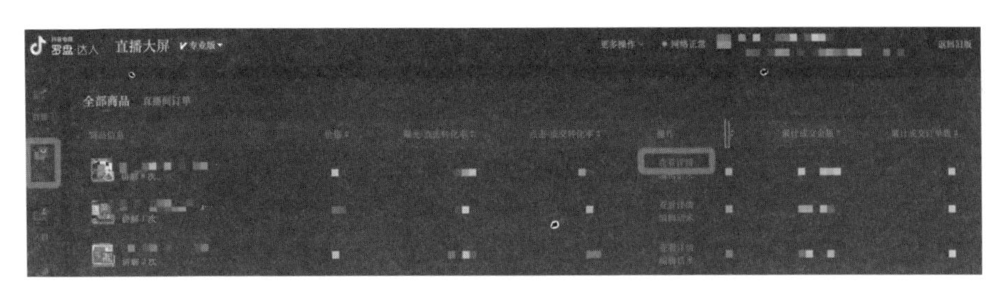

图 11－10 直播大屏全部品展示图

第 6 步：结合场记看主播表现。

一定要记住，复盘环节不是主播批评大会。场控运营自己的数据逻辑不清晰，只会指责主播"状态不对"之类的，就是典型的推卸责任。这样做只会导致和主播的关系越来越僵化。

之前，我们讲了直播中如何激发主播的潜能，现在说说场控运营如何与主播复盘。等到主播部分我们再说说如何和主播一起准备商品的讲解与玩法。

与主播的复盘我们也划分为 5 步，执行时一定要注意使用顺序：

第一，针对主播整体表现中的亮点先给予肯定。特别是对于新主播和不太自信的主播，这个方法非常奏效。这个部分要注意，场控运营一定要针对具体的点进行夸赞，给主播更多、更准确的正反馈。建议你一定要一边直播一边记录主播的亮点。这时候，可以用场记来记录。

第二，先请主播表达自己在本场直播的感受，以及觉得哪些方面需要更好的配合。强势的运营之所以强势，并不体现在态度上，而是体现在他们的数据能力和综合操盘经验上。因此，越是强势的运营，越要先让主播发表主观感受，听一听她的想法和建议，以及帮助她完善自己的想法，争取能落地尝试。当然，如果主播过于强势，她更会优先表达，那运营就准备好沟通策略。

第三，对照直播时做的场记来看几个重点信息，关注话术、互动话术、开价后商品销量等信息逐一给出点评，以及提出主播需要优化的建议。这里做场记的优势就显现出来了。关于场记的使用大家可以看场控运营部分中配置大屏的第 2 步做场记。

第四，违规信息汇总。不建议和主播复盘的第一个环节就说违规，除非你们的违规非常严重，除此之外作为一个既定的事实，没必要放在主播复盘的开头，那样会影响大家的沟通状态。等把重要的信息都讨论完毕之后，再补充一下今天的违规警告和原因即可。这里一定要记得主动去抖音电商学习中心了解新的平台政策。如果主播记不住新的内容，记得写在纸上贴在镜头下方。此外，如果主播上一句话不小心违规了，马上对着镜头道歉，把正确信息再表达一遍，也是可以接受的，因为系统审核是会检查前后语句连贯内容的。

第五，完成以上内容后，要明确给出主播下一场直播需要做的优化点。这一步很关键，因为前 4 步的努力最终都聚焦到要解决的问题和达成的共识上。要求越明确越好，同时也给下一场直播准备了基础参考值。在下次直播结束之后，可以看看这次内容的落实情况，这样复盘就动态循环起来了。

第 7 步：会议纪要和分工落地。

复盘的最后一步就是做一个有明确动作指令的会议纪要，而一个完善的会议纪要是落地执行前的最后一个动作。会议纪要可分如下几点：

第一，货品优化——下场直播的货盘有什么需要增加的，单品有什么要沟通的，主图标题等信息有什么要新尝试的……

第二，运营优化——开场节奏、测品节奏、单品循环节奏有什么要调整的……

第三，短视频、付费流量优化——短视频和付费流量的表现怎么样，下一场怎么优化尝试……

第四，主播优化——主播的话术、逻辑有什么需要调整的……

第五，现场执行优化——中控的工作有什么需要优化的……

以上就是一个完整复盘的步骤，从整体数据到渠道数据，从单品到单品节奏，从场控运营到主播，都包含在内。这是我自己做项目的经验，也是我在培训过程中一直使用的方法，希望对你的直播起作用。

11.3 想为自己赋能，唯一的方法就是不断进步

2023年6月1日，在我离开"交个朋友"刚好一周年的当天，前老板约我给"交个朋友"做运营体系的培训。为了让我了解公司的最新状况，前老板给我找了3个对接人，其中之一就是直播间里被称为甜姨的聂彬。

我在"交个朋友"工作的时候，甜姨在运动户外直播间做运营。在我这次访谈的前3个月，她接手了"交个朋友"潮流服饰直播间。在她接手前，这个直播间数据很低迷，但在她接手后的3个月里，她带领团队已经创造了单场200万GMV的业绩了。是的，她把一个摇摇欲坠的项目搞活了。这话不是甜姨对我说的，是她的老板说的。

在采访前几天，她做了一件非常"荒诞"的事，我不能理解。有一天下午我看她在操盘直播间。直播间正常是5点开播，但是当时才4点多一点她就开播了。从大盘看，这个时间段流量很不好，一般要么用于播大场，要么用于测新品。果然6点的时候，甜姨断播了，但我看货品的表现都很一般。等晚上7点多我再次刷到这个直播间的时候，直播间里已经有1000人了，不到8点已经快2000人了。

我很好奇，这个直播间里卖的还是她下午4点多播的商品，但这次销量挺好。她到底用了什么神奇的方法？在我研究明白之后，她又干了一件让我大跌眼镜的事：在晚上9点多流量最好的时间段，她开始穿插着卖新产品。这个时间段要是我操盘的话，应该赶紧卖爆款，冲大场次，多赚钱。难道是商品库存不够了？还是她收了商家的坑位费要在黄金时段讲解？对此，我充满了疑问。

在采访结束后，我释然了。甜姨做了潮流负责人之后其实也很焦虑：便宜的白牌卖不出去，贵一点的潮牌也卖不出去，团队里人心惶惶，一个空降的

人面临的问题，她几乎都遇到了。她选择了一个非常令人敬佩的方式——自己坐到直播间里，一场一场播。要知道，作为一个业务操盘手，有时候是非常抗拒自己坐到直播间里开直播的，因为一旦直播翻车，面子就保不住了，这是实话。敢自己坐到直播间不怕丢人的操盘手少之又少。

但是，甜姨就自己播，带着大家组货、过品、打磨玩法，下播后领着大家复盘，数据一点一点好转起来。她还有一个更大的优点，就是永远乐观，所以团队的氛围非常好。大家直播效果不理想的时候，她还是鼓励大家。你以为这就结束了吗？远远没有……一周7天14场直播，她至少亲自操盘2场，这2场直播的主要目的是测新品。对，你没看错，她是为了给自己团队其他场次准备“爆款”。一旦她确定一个品是爆款，当天她就尽量不销售了，而是把这个品留到后面的场次，于是就出现了她在晚上9点多流量最好的时间段缩短爆款的讲解频次，反而增加新品的讲解频次的情况。

当坐在对面，听她说这话的时候，我不禁落泪。如果你没做过直播，没做过直播管理，你很难理解她这么做的原因。这也是为什么她的项目那么难，她的团队却对她死心塌地，最后他们能扭转局面，现在她们的直播间几乎每天都有200万成交额。

甜姨在12月5日开了一个新号，叫气质女装，从0粉起号，开播第7天单日成交额200万元，第10天单日成交额已经达300万元……

甜姨是我在2021年9月面试招入“交个朋友”公司的，国庆节之后入职到我当时的团队。她在面试时有点腼腆，我清楚地记得，当时我说她的性格得外向一点，不然做直播会很吃力。结果我后悔了，她的工位在我身后，自从她入职之后，我的听力就开始“长期受损”，随时都能听到她那银铃般的笑声。

2021年12月，我带着她和另一组同事组建了运动户外直播间。我在操盘了大约十几场直播之后，就开始鼓励她上手。甜姨认真地准备了5天时间。这5天里，我几乎没有听到她银铃般的笑声了。她准备了直播间互动的红包墙，给主播一个个地准备商品口播稿，自己设计排品节奏，还找了特别适合圣诞节、元旦氛围的音乐。当天，我俩配合，她第一次坐到主控的位置，我给她当助手，帮她盯节奏、发福袋、调整链接。甜姨首场操盘的直播，成交额达200万元！到180万元的时候，我表现得特别激动，而甜姨一脸严肃，全神贯注地盯着屏幕。这姑娘较真儿起来真叫人敬佩！当成交额达到200万元下播的时候，她终于恢复了银铃模式，哈哈大笑起来。

朋友，我知道这本书的这部分一定不是给所谓的老板写的，而是给你这样要自己操盘的人写的。无论你是在创业，还是在某个直播间里打工，我都希望你是一个能不断进行知识迭代且对自己、对项目结果负责的人。直播这个生意已经过了高速增长期，想要在红海里活得更好一定要拼真本事，而这个真本事不是我这本书里说的技巧，因为很多技巧在平台迭代的时候都会改变，但我特别希望你能明白这些技巧背后的东西，就是运营思维。不断地精细化运营自己的每一场直播，我的方法技巧也许会过时，但这个思维一定不会过时。让自己变得有价值的唯一办法就是你能创造出稀缺价值。董宇辉就是典型的例子，所以我们无论多努力都是为了自己的成长。

前面我说了很多加油打气的话，但接下来我还想说的是：如果你是一个为了直播全力以赴的场控运营，不要因为一场直播的成败而折磨自己，这是我这么多年操盘项目最真实的感受。那时候我对抖音的理解并不如现在深刻，所以我遇到了很多百思不得其解的问题，我的直播也翻车过，我会自责，会在凌晨两点多安抚好团队、走在回出租屋的路上突然暴饮暴食，会回去躺在床上脑子里一遍一遍放电影式地回想自己的直播为什么会失败……然后不知不觉天就亮了。

抖音就是一个黑盒，就算经验再丰富的人也不见得能解决所有的问题，更何况这个平台还在不停改变规则。我知道很多朋友跟我一样是努力做事的人。但是，你要相信这世界永远有此刻的我们解决不了的问题。不仅仅是一场直播，甚至包括你整个生活，人生不如意十之八九，我们不能每件事儿都作得成功，所以这种情况下，我们要与自己和解。我们唯一要做的就是两件事：第一好好休息，照顾好自己的身体，因为身体是革命的本钱；第二不服输，把一个大的不确定的问题拆解成若干个小的马上就可以尝试的方法，然后鼓励自己睡醒后就行动起来，积跬步至千里，聚小流汇江河。

人生和直播都是一场无限的游戏，别灰心，我们总有机会去做得更好。

Part 4　主播演绎能力进阶

12 直播间的顶梁柱——主播

2022 年 3 月，我在“交个朋友”开了自己离职前的最后一个新项目，这个项目后来改名为“交个朋友通勤服饰”。这个项目是“交个朋友”第一次拓展 30+岁男性用户并且以都市蓝领、小镇青年为核心用户画像的直播间。在组建这个新团队的时候，我做了一个非常冒险的决定：场控运营用新人，主播也用新人。当年 6 月，这个直播间步入正轨，我把项目交给了当时的场控运营。2023 年 1 月 16 日的公司年会上，“通勤服饰”整个项目的利润在全公司排前三，还获得了当年的新项目突破奖，主播获得了最佳新人主播称号。

获奖的项目负责人就是我在 2022 年 2 月份招聘来的场控运营新人，我们都喊他“少爷”；而获奖的两个主播一个是佳佳，另一个是鑫哥，都是我当时选的新人。这是我整本书里为数不多的在案例里提到的人名，因为我想和看到这本书的主播朋友们说一些真实感受。

鑫哥原来是我在运动户外直播间的穿衣模特。运动直播间早期有很多运动品牌需要身材很好的模特，而鑫哥过于腼腆，在运动户外直播间尝试了几次讲品都很紧张，所以我们当时不得不放弃让他做主播的想法，只能让他先做穿衣模特。

有一天，鑫哥有点灰心地问我：“宇哥，你说我还能当主播吗？”第一次我给了一些鼓励和讲品建议，第二次我就着急了，对他说：“这样不行，按照这个速度下去，你还没成为正式主播就得被淘汰。回去给我练！练到位了，我再给你协调一次排班，但要是不进步，你就提前滚。”

但就是我“踢”的这一脚起了一点作用，鑫哥在下一次尝试讲品的时候，有了很明显的起色。直播结束后，我说：“走吧，跟我去开一个新项目，能让你好好聊聊让你自信的项目，你来当这个账号的男主播。”鑫哥都没问我这个项目是什么，而是问我：“宇哥你没开玩笑吧？你觉得我行吗？”

事实证明，鑫哥太行了。这个通勤服饰垂类号里第一个千万场次是鑫哥、佳佳、韩峰几个主播努力了16个小时达成的。2024年的年会上，鑫哥拿到了“交个朋友”的“金话筒”主播，而且全公司就这么一个名额。

朋友，之所以讲鑫哥的故事并不是炫耀我慧眼识珠，而是想告诉你，一个主播的成长除了天分之外，离不开勤奋和专业的训练方法。我只是在鑫哥起步的时候推了他一把，后边的路是他自己跑出来的。所以我觉得自己是一个教练，教你、带你然后让你自己跑。从“交个朋友”开始一直到自己出来创业，我前前后后带了不止100个主播。这里指的不是线下大课培训的主播，而是实打实地我跟着进了直播间一起做多场直播的主播。经过大量的全品类实战案例过后，我总结出来一些主播朋友们需要补充的底层知识、讲品逻辑、演绎技巧以及抗压技能。这就是我们要在本书第4部分里和大家详细讲的内容。

12.1 主播，你为直播而生

在这本书的第1部分，我们讲过抖音电商的底层逻辑，它是对传统供需生意的颠覆。传统的电商平台是用户有需求，然后去搜索，而平台通过搜索排名解决用户的需求。但抖音主要是让用户产生需求，然后在抖音上形成购买行为，而这个产生需求的过程就是大家俗称的“种草”。那你可以回忆一下用户在哪里能产生需求？

需求主要产生于短视频和直播间。在抖音官方的说法里，直播间属于爆发场，也就是集中种草、集中转化的场所，这里的效率是整个电商领域里最高的。在这个效率最高的场域里，最主要的因素是谁呢？是主播。

直播电商又被称为情绪电商，一个用户看商品详情页几乎没有觉得好玩甚至会看得激动的，但用户进入了抖音直播间，就会有很强烈的非理性感知。他们会被主播的语言、动作、表情、眼神、现场的布置、背景音乐和工作人员的氛围感刺激，最终下单。这就是直播电商的魅力之处，而这个魅力的核心传递者就是主播。

同样，人有听觉、触觉、嗅觉、视觉和味觉5种感官，能同时满足用户的感官需求越多，用户就越容易成交。传统的电商只能提供单一的视觉效果，但直播电商已经是听觉和高级视觉的混合形式了。与此同时，主播的语言功力和表演能力显得尤为重要。摸起来像婴儿柔嫩的小手，闻起来像大学校园里下过雨后的青草地，尝起来像去马尔代夫旅游时在五星级酒店里吃的那个榴莲千层蛋糕……主播用语言调动用户的五感，给用户更多的刺激。

虽然我在场控运营部分讲过，一场成功的直播一半取决于货品，另一半取决于运营团队和主播，但是在抖音这么庞大的"赛马"机制下，主播则是直播间成败的关键。相同的货品、相同的机制、相同的运营策略，只有主播变化了，直播间的 GMV 也是千差万别的。我 2023 年曾经给国内一家非常有名的全国连锁运动品牌做了多场培训，他们在抖音上有近百个直播间，大家的货盘基本相同，价格也相同，但是销售额差异非常大。最后我们坐下来做所有直播间的分析，大家得出来一个共同的结论："没有好主播，就别开直播。"

你看，场控运营对直播间的氛围再有套路，如果主播不能把控和转化，一切努力都会功亏一篑。所以我们所有的准备，都是为了让主播给商品加分，加速商品的转化。

我们从用户的角度看，抖音电商正式被社会讨论是在 2020 年 4 月 1 日，罗永浩老师当晚在抖音的销售额是 1.18 亿元，整个 2020 年都是各种明星网红带货的热搜。经过了几年，你作为用户还能记住几个品牌直播间？你会记住很多明星和达人直播间，特别是自己喜欢的垂类达人主播，这些强人设的直播间给每一个用户提供了很多的情绪价值。相同的货品，在疯狂小杨哥和与辉同行的直播间你看着看着就想买了，但是你很少被一个品牌直播间的内容打动。当然在主播演绎能力部分，我们会给大家分享店铺直播的主播如何做人设。总而言之，你会发现，主播和主播创造的内容给用户带来的吸引力是非常巨大的。所以每个主播成长的最终方向都是成为直播间的加分项，甚至成为用户购买商品的重要理由。

以上说的所有内容，都是为了告诉我们的主播朋友，如果直播是一场足球赛，那么我们的商品就是足球，中控是我方守门员，场控运营兼任中锋和后卫，我们所有人的努力都是为了把球传给我们的前锋——主播，让她把球踢进对方的球门，也即成交。

12.2 成为潜力主播的一些前提条件

第一，形象、气质符合适配直播间的受众人群审美。大家一定要注意，这里和很多人的固有印象不同，我们叫符合直播间目标受众的审美，具体而言，卖气质轻熟女装的主播要优雅，卖潮流时尚女装的主播要冷艳有性格，卖白酒的往往是成熟有点沧桑感的男主播，卖书法、字画、文玩的主播往往是艺术家风格，卖生鲜的往往是被风吹日晒的淳朴脸主播……总之，主播并不是一定要所谓的普遍意义上的好看，而是要和角色契合。

第二，主播自己热爱直播，有做直播的长期动力，有在镜头前的表达欲，而且能吃苦，愿意主动学习。只有这样，主播才不容易半途而废。很多梦想成为主播赚大钱的人，往往都做不好主播。赚钱是主播热爱、做得好的结果，现在这个阶段很难在带货直播里有早些年的造富神话了。心态不对，难做主播。

第三，要理解目标消费者的消费动机和消费心理。这里其实考验的是主播要么自己本身就与目标用户身份相同，有同道中人的一拍即合感，要么对目标用户有很强的洞察力，能把目标用户的心理描述得感同身受。很多主播在这方面都比较欠缺，我们会在这一部分的内容里给大家分享一些基础的方法。

第四，主播要有良好的临场应变能力。直播与拍摄短视频不同，很多在短视频里表现得非常有趣的主播在带货直播间里往往表现得很木讷和无趣，从而导致直播销售额不理想，甚至造成直播间纷纷掉粉。所以对一个主播来说，这种对着镜头的临场反应能力非常重要。

第五，沟通协作意识。直播就像我们之前所说的。不是一个人就能做成的，这是一个团队配合的游戏，就像一部叫好又叫座的电影，导演、编剧、演员、灯光、舞美、宣传都要非常给力，任何一个环节的失误都会导致失败。所以，整个直播团队都要有非常好的沟通协作意识。

以上的判断标准虽然比较片面，但却是我在自己负责的项目和给甲方做指导的时候会用的基本参考依据。不见得每个主播都符合这些标准，但往往符合越多条件的朋友，从长期来看，获得成功的概率就越高。

12.3 直播前、中、后，主播岗位分工

接下来我们说一下一场直播里的主播岗位分工，帮助大家掌握好每个环节的工作要领。

直播前：

（1）了解直播间要讲解的商品，与场控运营一起打磨讲品策略。

（2）了解整场直播的整体运营策略，以及场控运营需要配合的具体动作。

(3) 根据直播风格做好个人妆造规划和准备。

(4) 提前拍摄引流短视频。

直播中：

(1) 完成抖音系统需要的各项内容指标，包括但不限于关注、评论、加团等。

(2) 通过话术、非语言表达和与场控运营配合完成商品销售。

直播后：

参与复盘，主播复盘的工作我们已经在上一部分场控运营中和大家分享过了，在这个模块里，我们就不再单独讲主播的复盘工作了。

13 掌握关系三角形，直播订单出不停

在正式讲解我们主播在直播前、中、后的工作之前，我要把自己做抖音直播的一个大招分享给大家。这是一套每个做抖音直播的人都该掌握的方法论，叫关系三角形。这部分你要是理解到位了，不仅能做主播，还能成为讲师。

13.1 明确和用户的关系，直播轻松不费力

在创业的这两年里，我经常要帮助一些艺人、网红、垂类达人做直播，而且往往是他们的首场直播。这种压力会很大，因为首场直播是他们做抖音的“门面”。很多操盘者短时间内接到这样的项目，往往会先计算要贴多少钱采购硬通货，然后花多少钱采购流量。但我往往会先想一个很重要的问题，并和这一场直播的主播理清楚两个问题：你是谁？你和用户的关系到底是什么？

这是很多做主播的人到今天都没有思考过的问题，也是很多新主播在镜头前紧张的原因。我经常要飞到一些客户的工作地进入项目直播间去做直播诊断，在现场看主播的表现时，会发现一些问题。是主播的口播内容不对吗？是主播不自信吗？是主播对商品不够了解吗？都是，但也都不是。最本质的原因是主播不知道自己是谁，没有“播感”。

很多人把播感给神化了，说一个主播有没有播感是天生的。我也承认天分的重要性，但我坚持认为这世上绝大多数事情都可以通过刻意练习来提升。在刻意练习之前的环节叫作刻意思考。其中“你是谁，你和用户到底什么关系”这往往就是那个能起到醍醐灌顶作用的问题。

关系是一个很神奇的东西，它是让人和人之间在特定场景里有效沟通的前提。只有当你清楚你和对方是什么关系的时候，你才知道怎么和对方说话，因为在一段关系里，你和对方这两个角色构建出了一个关系半径。你对

对方说的话，只要不离开这个关系半径，你就会发现你们的关系处天一个舒适区。

现在你明白我为什么说关系很重要了吧？关系是由角色定义的。你是谁就是定义你的角色，你和用户的关系是什么就是你要定义你用户的角色，还要想清楚怎么构建你们的关系。

按照我的这个逻辑去看那些没有播感的主播，你会发现，绝大部分主播说的话很冰冷，给人一种复读机的画面感。我经常会刷到这样的直播间，脑子里总会冒出一个奇怪的想法："她说的每个字都很正确，但我就是觉得跟我没有什么关系。"这类主播基本上都是不清楚自己和用户的关系的。

13.2　3种常见的角色及其与用户的关系

在抖音上，所有的直播，不仅仅局限于带货直播，基本上都可以用3种角色和关系来涵盖。当主播的角色是专家时，他与用户的关系是指导传授；当主播的角色是朋友时，他与用户的关系是分享推荐；当主播的角色是销售员时，他与用户的关系是服务导购。接下来，我们分别分析一下这3种关系的特点。

专家：指导传授关系

代表直播间：明星营养师秀贤（膳食大健康）、骆王宇（美妆）、主持人王芳（图书）、泓社崔凯（珠宝文玩）。

几乎每个垂类领域里都有这样人设的主播，在成人教育类目里几乎所有的主播都是老师专家型人设，特别是珠宝文玩、滋补保健、运动健康等高客单价类目里，专家人设更是屡见不鲜。他们往往在这个领域里有很好的个人背书，比如：国内外的某些特定从业资质、某些行业里的资深从业经历，以及某些行业奖项的获得者或者与某些人们熟知的明星有过深度合作……这也是我们说的强专业人设的直播间。

用户在这类直播间里下单的理由是相信主播在特定行业里的权威性。用户在这种场景里，自然地觉得主播分享的东西都是好的，这种情况就是我们在生活里所说的"迷信权威"。用户购买一个产品的决定顺序是"主播＞品牌＞价格"。在专家人设下，用户首先认可专家这个人，而购买产品其实只是专家给出来的解决方案中的一个环节，所以品牌退居二线。这类直播间里的用户对价格往往最不敏感。本质上,专家型主播给用户提供的就是信任价值。用户的信任是转化的第一动力。专家型主播对用户的称呼也很明显,比如:学员、家长、小胖、用户。

那么朋友,你有没有可能也是一个专家人设型的主播呢?很多人一听到这个问题第一反应就是:“我不行,我经验不够。我也没有那么好的工作背景。”

即使我们不能成为专家型主播,也必须要为自己的角色增加这一层让用户信任的东西。无论你做的是达人直播还是品牌店播,都必须要在自己的直播间货品领域里有专业的知识。我在给主播做培训的时候,发现了一个很严重的问题,就是大家对于自己直播间所销售的商品并没有什么深度理解。大家往往是读商品详情页上的文字,可能更多专业的名词连自己也不理解,以致在给用户讲品的时候给人一种“假专业”的感觉。通过堆砌一大堆名词来显得自己专业,这种情况非常常见。所以,我给所有主播的第一个建议,就是成为你直播间品类的深度爱好者,并且能总结出专业的知识。

朋友:分享推荐关系

对标直播间:疯狂小杨哥、与辉同行、很高兴认识你、蔡磊破冰驿站。

朋友型主播直播间是抖音上达人直播里占比最高的,也是普遍更受用户欢迎的。几乎所有类目都可以做朋友型直播间,甚至很多明星都选择这种亲民的人设做直播。这类直播间往往并不要求主播有特别高的专业度,但是要求主播有非常强的分享欲。想成为一个朋友型的主播,前提是要想清楚你能给用户带去什么样的情绪价值。

我们不是卖货直播间吗?我们不是卖货就好了吗?为什么还要考虑给用户的情绪价值呢?其实能提供情绪价值的朋友型主播才会被用户喜欢,因为大部分朋友型主播不生产商品,大家只是产品的搬运工。每个主播的直播间里销售的货品并不算稀缺,用户购买产品的理由就是这个主播能够提供别人不可替代的情绪价值,比如疯狂小杨哥直播间提供的意想不到的欢乐,与辉同行直播间提供的“腹中有书气自华”的恬静。

这里我不得不说一下“蔡磊破冰驿站”。蔡磊老师是我个人非常敬重的主播。他在得知自己患了世上罕见的渐冻症之后,在抖音上开直播带货,身体力行地为渐冻症患者筹集基金。在他的不断坚持下,国内很多医学方面的权威机构和专家一同加入了拯救渐冻症患者的大军中。每次我看到蔡磊老师坐在直播间里憨笑的模样，我的心里都充满敬意，那种永不放弃又乐观践行的精神让我很受鼓舞。所以我推荐每个朋友没事的时候都去蔡磊破冰驿站这个直播间里支持一下，这里我还要给你推荐蔡磊老师在2023年出版的一本书，《相信》。这本书至今还放在我卧室的床头，非常值得看。

用户在朋友型主播直播间里购物的理由是对你感兴趣，如果你足够专业那可是锦上添花，你可以在主播人设里增加自己的专业性。哪怕你不那么专业，你还是可以把货卖得很好，因为朋友型主播要的是"聊天感"。主播和用户的关系是分享推荐，主播的话术要多围绕自己作为用户使用这个产品的感受，使用产品的生活场景。如果是一些有使用门槛的商品，如营养餐、DIY产品、核雕文玩等需要保养的产品，我们还要现场演示操作手法。此外，用户想购买产品的时候，对于朋友型主播销售的商品也会再看一下品牌，品牌是朋友型主播的加分项。用户在下单前还会看一下价格，其实关心的是在朋友型主播这里下单会不会买贵了。所以，当你的价格不比别的主播直播间贵时，用户就能接受。千万不要卖那些"割韭菜"的商品，一旦被用户发现了，他可能就再也不会在你的直播间下单了，甚至还会取关拉黑你。

这类直播间的用户称呼也非常好辨认，比如朋友、老铁、姐妹、家人。疯狂小杨哥旗下几乎所有的主播都称呼用户为"兄弟们"。除了直播间主播要称呼用户之外，主播还要称呼自己。这也是很多人会忽略的细节。大部分主播本来用的都是艺名，所以就可以直接称呼自己的名字。但如果想加强和用户的关系，你还可以给自己再起一个小名，比如女艺人戚薇的直播间粉丝和工作人员都称呼她为"戚哥"。主持人周洲的直播间，粉丝称呼她为"二姐"。我曾经做过健身博主仲昭金的项目，他直播间的粉丝喊他"老仲头"。所以，一个主播一定要想一下你直播间的用户怎么称呼你。

经常会有做品牌直播（店铺自播）的朋友问："店播主播能做朋友型主播吗？"能，必须能。这是大家普遍有的一个误区，感觉自己是来这个账号打工的，所以就是介绍商品的导购，但其实不是。2023年我做过很多优秀的朋友型店播账号，他们的销售数据比其他纯店播风格的账号业绩高出了两倍多。在主播部分的最后一章里，我会和大家分享一套店播主播打造朋友型微人设的方法供你参考。

销售员：服务导购关系

对标直播间：绝大多数品牌直播（店播直播），以及一部分达人直播。

很多人都有个认知误区，认为销售员型主播是比专家型主播和朋友型主播更低水平的主播。是这样吗？其实不是，在销售员型主播里也有很多表现得非常优秀且销售数据很好的案例。我在2023年年末看到过一则新闻，青岛保时捷销售中心的一名非常优秀的女销售员，在过去一年里一个人销售了170辆保时捷汽车。我后来看了对她的完整采访，她说她的销售心得有3个：

第一，对用户真诚。哪怕你不买保时捷，我也希望你在我们店里能度过一段舒服的时光，你可以坐下来茶或者喝一杯咖啡。可能过几年你想买保时捷的时候，你还会记得我。

第二，我在这里工作6年了，大家对我很信任，很多老客户会源源不断地给我介绍新客户，因为他们都相信我是专业的。我会说真话，会替用户着想。

第三，我有一群非常好的交付伙伴，他们能把我销售出去的每一辆车都尽职尽责地交付给车主，这样我才能专心在前端做销售。

这就是一个非常典型的销售员把事情做成的案例，同样适用于销售员型主播，所以大家不要对销售员型主播产生抵触情绪。销售员型主播是要遵守"用户是上帝"这种仰视视角的，因为用户大概率是先对一个品牌或者这个品牌里的某个商品感兴趣，然后通过搜索或者推荐进入直播间。在销售员型主播眼里，品牌的影响力往往排在主播之前，其次是产品的价格，最后才是主播的个人能力。所以在很多的店铺直播间里，经常会出现付费流量占比很高的情况，品牌通过付费获得精准流量，然后主播的工作就是在品牌背书和价格优势下做好精准用户的转化。

但很多销售员型主播会有一个误区，认为只要回答用户问题就可以了。这是不对的。这也是大多数销售员型主播意识不到的问题。我们把这种情况叫作"点菜"，就是直播间的节奏是被用户的问题控制的：用户提问，主播就回答；用户没有提问，主播就自顾自地讲品。那么朋友，你在做店播项目时，是不是也是这样做主播的呢？

其实，销售员型主播对于节奏的把控往往要加严格，而"点菜"这种模式对于绝大多数直播间非常低效，因为即使直播间只有20人，一个用户问的问题最多能代表多少用户呢？作为主播的你一直在有针对性地回答这个用户的问题时，绝大多数的其他用户就会觉得此刻这个直播间跟他没关系，所以越是被"点菜"，越容易留不住用户，这成了很多店铺直播间的一个通病。

遇到这种情况，是不是就不回答了呢？当然不是，但回答问题是有技巧的，简单地说叫作"以点带面"。什么是以点带面？我会在主播话术部分跟大家作详细拆解。

那么销售员型主播遇到的瓶颈是什么？由于用户是被品牌吸引进来的，这类主播就很容易找不到价值感。站到很多品牌的角度看，一些业务负责人不希望主播有朋友型或者专家型人设，他们的理由是"这类主播一旦有了人设，干好了就会离职，自己出去单干，而且主播的状态不稳定，还不如付费买流量来得稳定些"。这种想法是不可取的。

我会劝告主播朋友们想清楚，不要被动地承接所谓的精准流量，也不要每天每场直播都是重复话术，这是对自己不负责的表现。每一个销售员型的主播在看完这本书后，要找到自己能力提升的突破口，成为一个有价值、被需要的主播。记住，想掌握自己事业的主动权，最好的办法就是有独一无二的价值。任何一件事情要想获得长期稳定又良好的结果，一定是大家的共赢。

以上就是我们站在角色和关系层面上，帮助大家梳理的主播认知。我觉得这才是一个主播在开播之前必须要想明白的事。除了"交个朋友"的主播之外，我还带过几十个纯新手小白助播。在别人给他们准备口播逐字稿的时候，我往往都会让他们停下来认真想想自己到底是谁，和用户是什么关系，怎么称呼用户容易让用户认可他们的关系，怎么让用户称呼他来促进他们的关系，以及如何给用户在购买产品的过程中提供独特的情绪价值。这个过程我们称之为"开窍"。让一个主播能理解自己，也理解用户。

也有很多单场成交额达几十万元的主播卡在这个瓶颈里，他们直播间的老粉占比越来越高，退货率不降反升，甚至还有很多主播已经有了放弃这个账号的念头。我们通过帮助他们重新梳理关系，找到一个新的定位，找到和用户沟通的新视角，并且在短视频上做同步调整，最后让他们的直播事业突破了瓶颈。这个过程其实就是帮助他们做人设定位。

很多时候，一个主播的角色及其与用户的关系，我在看完她直播录屏片段之后大体上就有了基础判断，再和她交流半个小时就能修正一遍。我曾经尝试过直接把这个结论告诉给主播，虽然他们都可以欣然接受，但在落实的时候却困难重重，很多人甚至并没有使用。所以，在很多时候，我会通过提问让主播独立思考，然后具有引导性地和主播详细讨论，最后让主播得出结论。这时候，他们会觉得这是他们独立思考的结果，在落地执行的时候，积极性和成功率就提高了很多。

我希望看到这本书的朋友，一定要重视我的每次提问，这是把我的知识体系变成你的知识体系的过程。

互动区

在一场直播里你到底是谁？你和用户是什么关系？你怎么称呼用户容易让用户认可你们的关系？你怎么让用户称呼你来促进你们的关系，以及在用户购买产品的过程中如何提供你的独特情绪价值？

如果你想好了，可以去我的微信公众号“开播进行时”留言，交作业，我会给出反馈。

最后，我把主播角色和用户关系整理成了一张表格，以便你可以横向对比这3种不同角色的差异。表13-1是3种不同角色与用户关系，表13-2是3种不同角色适用类目及话术特点。

表13-1　3种不同角色及其与用户关系

主播角色	用户关系	用户购买理由	用户决策排序
专家型主播	指导传授——俯视用户	相信主播的权威	主播＞品牌＞价格
朋友型主播	分享推荐——平视用户	主播懂我，我想试试	主播＞品牌＞价格
销售员型主播	服务导购——仰视用户	产品品牌我都知道，价格可以	品牌＞价格＞主播

表13-2　3种不同角色适用类目及话术特点

主播角色	重点类目	话术特点
专家型主播	营养、运动、3C、美妆、教培、母婴、珠宝文玩	专业术语——翻译
朋友型主播	全品类	场景话术——共情
销售员型主播	全品类	销售话术——品牌

互动区

如果你需要表13-1和表13-2的电子版，可以关注我的微信公众号“开播进行时”，回复关键词“主播角色关系图”7个字即可免费获取。

13.3 主播和场控运营的关系

在小学时，我们都学过一个知识点：在所有的平面几何图形中，三角形是最稳定的。其实在我们的直播间里也是这样的。如果一个直播间只有你和用户这两个角色，你们构成的关系很容易破裂。为什么会破裂呢？因为用户会产生疲劳，主播也不可能每天都提供不一样的新鲜感。

这个时候，我们就需要引入直播里另一个重要的人物——场控运营。当然，如果有些直播间有两位主播共同讲品，那场控运营这个角色会相对弱一点。但这个角色还是要有的。

主播、用户和场控运营，这三个角色组合到一起就构成了一个直播间里稳定的三角关系。在场控运营的开篇部分我就讲过一名优秀的场控运营要兼顾五大角色，分别是数据大脑、晚会导演、销售助理、观众代表和情绪大师。在这五大角色里，后3个都需要在直播间里和主播一起“表演”出来。你会发现，很多直播间的场控运营和主播配合都很默契。当然，除了一些很强势的主播，完全不需要场控运营助播等角色推进节奏和配合销售之外，在绝大多数的直播间，场控运营都不能当“哑巴”。

主播和场控运营是什么关系

如果说主播的主要工作是介绍商品，那么场控运营的主要工作是什么呢？你可以先回忆一下大部分场控运营在直播间的核心台词。

主播问场控运营：“这个商品库存有多少？”主播还会问“现在有几个朋友未付款的？”……有没有发现，这个对话已经给场控运营找到了他该有的角色，就是直播间里那个管货的人。当你和场控运营找到了这个关系，你会发现你们俩的沟通会变成直播间里非常重要的环节。所有围绕货品数量、质量、服务保障、价格、福利的信息，你都可以和你的场控运营对话完成。这样至少在讲品的过程中，你就不会觉得单调了。

这里我再给主播们提两个小建议：第一，给你的场控运营起一个有意思的称呼，比如财哥、阿发、富贵。取名要根据你直播间的风格来定，这样你每次不要喊场控运营，就直呼这个称呼，用户也会对他产生一种亲切感。我前面提过“交个朋友”通勤商务直播间的“少爷”。他在做场控运营的时候对于库存管理非常严格，主播们每次在镜头前都要“哀求”他给加库存。久而久之，每次直播时商品没了库存，用户就会在评论区里喊："少爷，赶紧加库存！"

所以你看，如果你和场控运营能有一些轻剧情，是不是在讲品的过程中就多了一条可以沟通的故事线？你的用户就会有种从看单人评书过渡到看双口相声的欢乐感。而且有时候，场控运营还能分担你的"炮火"，成为一个不出镜只出声音的"坏人"。当商品没有库存的时候，不是主播的问题，可以是场控运营太小气，可以是商品价格不给力，也可以是场控运营没有申请下来。这种配合比单纯讲品要有意思。

场控运营和用户是什么关系

介绍完了主播和场控运营的关系，我们再来看一下场控运营和用户的关系。我们说场控运营在直播间中有一个角色是观众代表。他们就像是很多直播间的"群众演员"，是负责直播间气氛烘托的工作人员。如果直播间在卖吃的，经常有一些工作人员冲到镜头前开始大吃特吃；如果直播间是卖面膜等护肤产品的，经常会有一个工作人员现场给大家贴面膜说感受；如果直播间是卖男装的，经常会有一个身材不标准的工作人员上镜给大家试穿……以上这些工作人员，都是场控运营。

你看，这就是角色多变的场控运营。他们在镜头外是管理商品库存的人，冲进镜头里就变成了"现场观众"，替看着手机屏幕的用户试吃、试穿、试用……不仅仅要试，还要说出自己的使用感受，说得越绘声绘色，越有利于产品的销售。这就是我们所说的用户代表。在场控运营试吃试穿的过程，主播还要及时来配合，这时候主播要随着场控运营的场景去开展卖货，扩充货品的场景，介绍货品的机制……这种完美的配合对于商品的销售非常有帮助。很多直播间的销售峰值都出现在这个时间段里，而用户也很喜欢这种热闹又有说服力的场景。

到这里，我们就把整个直播间三角关系讲完了。但是，并不是所有直播间都有这么明确的关系，特别是主播能力很强的直播间，经常一个人的气场就能决定整个直播间的走向，例如在罗永浩老师的直播间，现场的工作人员是不会出声的，因为他的人格魅力足以镇住全场。但在整个抖音上，有这样气场的主播为数不多，我们就是要用三角关系来提升直播间的稳定性，这样我们就不用把全部压力放到主播一个人身上（见图 13－1）。团队的作用就从一个受力点变成一个受力面，分摊压力，取长补短。

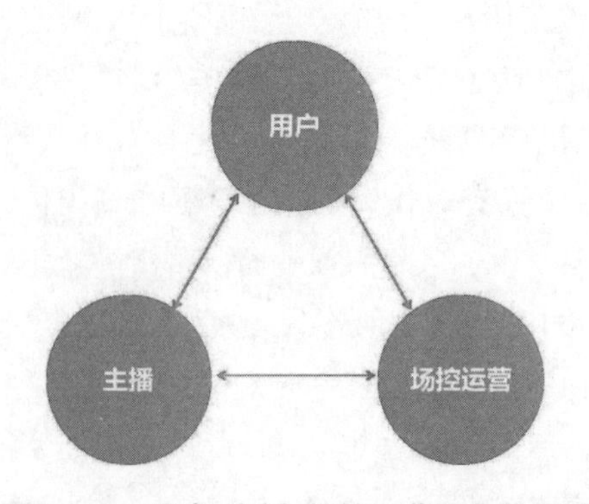

图 13－1　用户、主播、场控运营三角关系图

作业区

请试着给你的直播间构建一个三角关系，把主播、用户、场控运营的关系都填写上。

14 爆品打磨直播前，有备无患再开播

主播朋友们，我们经过了前面一系列知识的学习，终于要过渡到实战环节了。在前面的中控和场控运营环节，我们都提到了直播前的准备工作有多重要。但如果你问我在什么工作完成后，这场直播就能开始时，我的答案是在单品打磨完成后。

这里的单品是指直播间每一款要讲解的商品，包括我们的钩子款、订单成交款、预估爆款、利润款等。我们以预估爆款为例，讲解一个商品的整个打磨过程。当你把这套方法理解到位了，就可以用这个方法去打磨每一个直播间的商品，所以这是一套可复制的方法论。这个爆品打磨的过程，我们分为单品讲品打磨和运营玩法打磨，所以这部分内容直播可以和场控运营一起学习，只有你们通力协作，这个方法才会奏效。

14.1 讲品打磨分 3 步，业绩增长新思路

你在看到这本书之前，或许已经看过很多书介绍主播讲品思路，它们大多会把话术排在第一位，但是我更偏向于帮助你理清楚讲品逻辑。

其实，上来就背话术的主播朋友们，不仅仅缺少对自己角色的理解，也没有找到一个适合自己的角度去理解这个商品。因此，我往往把话术放到比较靠后的环节。让主播找到一个适合自己的角度去讲品，比让主播单纯背话术重要得多。接下来，我先教你如何打磨讲品，让你能掌握一套心法，运用自如。这个讲品打磨的过程可分为 3 个步骤。

第 1 步：尽可能多地罗列商品的卖点

当拿到一个商品的时候，第一件事不要着急去想这个品我应该怎么讲，

或者这个品别的主播是怎么讲的。我们首先应该像做一道菜一样，全方位地了解这道菜需要什么原材料。在准备讲品之前，我们应该尽量全面地收集与这个商品有关的信息。那要收集哪些信息呢？我帮你把可能需要的信息分成了品牌类、功能类、参数类、款式类、场景类、价格类、营销类和服务类 8 个大类，并且对 8 类信息进行了对应的整理（见表 14－1）。我把它称为商品信息的 8 维罗盘，任何一个商品的基本信息都不会离开这 8 个维度。我把收集到的和商品有关的信息统统称为卖点。

表 14－1　商品信息收集 8 维罗盘

品牌类	功能类	参数类	款式类	场景类	价格类	营销类	服务类
国际大牌 老牌国货 新国潮 小众设计师 源头工厂 知名区域品牌	产品功能 解决问题 效果呈现 现场实验 证言证词 好评反馈 证书说明	材质 成分 质检报告 物理拆解 实验测试	外观造型 传统工艺 颜色说法 限定联名 节日专属 特别细节	居家 通勤 办公 商务活动 户外休闲 日常社交 过年过节	官旗价格 历史价格 大促价格 相似款价格 上一代版本 下一代版本 涨价通知 保价协议	大促 店庆 新款上市 周末节假日 买赠 领券 直降 限量秒杀	试吃试用 现货情况 发货时效 物流服务 运费险 坏损包赔 假一罚三 一年换新

一看到表格觉得信息多到头疼的朋友，不要被自己臆想的工作量吓倒。其实你整理信息的时候是有目的性的，也就是说当你打开这个表格，实际上你打开的是一部词典，你没有必要从第 1 页开始翻，而是要凭主观判断去锁定这个品有可能出爆点的方向，然后再用查看信息的形式去验证。

然而，很多主播在做了一段时间直播之后会抱怨讲品太无聊。很多主播会把所有商品都讲成一个品，因为她只记住了一个模式，然后就一直沿用这个方法讲下去，翻过来倒过去就是那几句话。实际上，哪怕是同一个商品，主播用上了商品信息 8 维罗盘后，都会源源不断地找到讲品的新思路。这个商品在不同的时间段、不同场次、不同人的直播间，能讲的信息都不止一种，更别说再加上不同的关系演绎了。

在刚开始使用这个方法的时候，你可能会觉得有点麻烦，但这是一个刻意练习的过程。打开这个商品信息 8 维罗盘，把你收集到的信息按照 8 个分类填写进去。在写的过程中，你可能就会突然有灵感，找到能在讲解这个商品的时候，对你的直播间的目标用户更有吸引力的信息。如果你是一个有经验的主播，你很快就能找到重点；如果你是一个资深主播，只要在讲品灵感枯竭的时候打开它，查缺补漏，总能找到自己要优化的点。

互动区

找一个近期让你头疼的商品，与你的场控运营一起收集一下商品信息，然后进入下一个环节。

如果你需要这个讲品信息 8 维罗盘，可以在我的微信公众号“开播进行时”中回复关键词“商品信息 8 维罗盘”这 8 个字免费获取。

第 2 步：对卖点先筛选，后排列

我们在收集整理完商品信息之后，就要对所有信息进行分类筛选。这个过程很痛苦，就像我自己拍摄短视频的时候，很多内容都舍不得剪辑掉一样，但这是整理讲品前必须要有的动作——筛选信息。

我在抖音市场部工作的时候，公司实施的是双月 OKR 考核制，每个人的工作基本上不会超过 3 项内容，并且需要按照重要性对自己的考核内容进行评定，划分成 P0 级、P1 级、P2 级。在我自己操盘直播项目以后，我把同样的方法运用到了主播讲品训练中。也就是说，无论我们在上一个环节收集到了多少信息，这些信息中的绝大多数最终都要过滤掉，只留下对我们打动用户有加分项的内容。

很多主播特别容易犯一个错误，就是他们会像散弹射击一样，把所有信息都和用户说一遍，但其实这样的效果并不好。直播间的用户是不断流动的，我们没有办法把用户“锁”起来，强迫他们听我们讲完。一旦用户发现你讲品时像读说明书一样单调，他就会选择离开直播间。这是我们经过大量测试得出的结论。对于同一个商品，我们让相同的主播分别按照散弹射击式讲解和卖点优先级讲解，用户的停留时长能够相差 20%，成交能够相差 40%。这里你一定要先记住一句话：用户喜欢听好听的故事，喜欢看有趣的内容。

然后，也有人曾提出过疑虑，问我：“找出来那么多信息，然后再删除，这么浪费时间，为什么我们不能直接过渡到第 2 步呢?”

不是我不想直接过渡，而是很多人忽略了收集信息的必要性。在没有充分的信息之前，我们很难识别出来什么是有价值的线索。这里边缺少一个叫作筛选吸收的过程。经验丰富的主播在收集信息时就开始进行信息甄别了，他们的效率会高一点而已，但即使是在投资圈，想要做出高质量决策的前提

也是全方位地收集信息。所以别嫌麻烦，一定要多练习。

接下来我们就要挑选真正有价值的卖点了。这里我们就会用上抖音OKR考核体系里的P0级、P1级、P2级卖点排序。但是，在进行卖点排序之前，我们要先筛选卖点。这里我给你分享4个我做筛选时的建议。

建议1：能解决目标用户普遍痛点的卖点要保留。

这一条里包含了两个重要的信息，一个是目标用户，另一个是普遍痛点。目标用户部分我们不展开了，在主播和用户关系的部分已经说了很多。这里我们说说普遍痛点，也就是说，一个产品开发出来，它一定是为了解决用户的某种需求：低卡鸡肉丸——解决的是嘴馋但想自律的人的需求；口服胶原蛋白肽——解决的是想对抗时光侵蚀的女性用户爱美的需求；大码女装——解决的是身材不标准但希望自己好看一点的女生的需求；空气炸锅——解决是爱美食、不擅长复杂烹饪的馋嘴一族的需求……你看，几乎每个被发明出来的商品都在解决用户的某种需求。关于用户的所有需求，马斯洛需求原理给出了5个层次，分别是生理需求、安全需求、社交需求、尊重需求和自我实现的需求。在这个需求金字塔体系里，越往上的需求，价越高。你要快速确认你的产品能满足用户的几个需求。通常建议一个层次高一点的需求结合一个层次低一点的需求。用户有需求，你就有卖点。

作业区

把你收集好的商品信息8维罗盘打开，挑选其中能满足目标用户痛点的几条线打上勾。

建议2：人无我有的卖点要重点关注。

现在所有的电商平台商品同质化现象非常严重，很多商品甚至都是一个工厂生产然后贴上不同的品牌标签。在这种情况下，如果你的商品具有和同类产品相比有差异化的卖点，一定要重点保留。这里的差异化包括但不限于特别成分（含量）、特殊资质、获奖证明、外观设计、差异用法等。

我在2015年做互联网市场营销工作的时候，受一位老师的影响，喜欢上了一款叫"小茗同学"的饮料。我当时特别喜欢那个双层瓶盖设计，觉得它非常有新意。它的瓶身用的是非常鲜艳的高饱和度配色，瓶盖又如此有特点，在超市的冰柜里一眼就能看得到。我的那位老师说这就是将来很多没有科研实力的企业都会借鉴的创新方式，其实是产品外观创新的一种，而且越来越多的用户对外观感兴趣。

千万不要说你的产品没有任何特别之处，很多产品在诞生前都是找到了产品定位才开始生产投入市场的。你听到的含6D玻尿酸的面霜、含气凝胶的防风裤、含石墨烯的羽绒服……即使你的产品没有这些成分上的差异，你还是能找到设计、包装，甚至赠品、服务保障上的差异，所以几乎每个产品你都能找到它的差异化卖点。对于很多自认为其产品没有差异化卖点的人，建议去多找几个其他品牌的同类产品对比一下，也许能找到很细微的差异。

这里注意，不是说细微的差异不重要，反而是细微的差异更能体现你作为一个主播对自家产品的了解。越是细节，越能够打动用户。朋友，你一定要记住这句话，这将会是你在讲品环节最难能可贵的技能。只要你能组织好语言、做好呈现，你就是把这个微不足道的差异点做到了放大。

作业区

在商品信息8维罗盘中找到你和别人产品的差异化卖点。

建议3：保障信息要保留至少1个，最好是3个。

保障类信息，对于绝大多数商品都是非常有必要保留的，哪怕你是卖茅台酒、苹果手机这种高认知的大品牌商品，至少你要把保真这件事儿跟用户说清楚。其他商品就更需要留好保障性信息了。网购发展到今天，虽然大家都说“所见即所得”，但在用户的心里，他在直播间里看到的和用户真正收到的还是有可能不一致，或者是他没有了解清楚的。因此，用户在下单前往往都对产品的质量、运输、售后服务等内容格外关注。

大牌好价的商品，用户担心产品保真问题；白牌产品，用户担心买贵了；生鲜、水果、肉类，用户担心运输破损；包装食品，用户担心口感和成分安全问题；美妆产品，用户担心使用感受不好；3C数码家电，用户担心维修售后无保证；大型家居用品，用户担心安装和运输问题；服装，用户担心货不对版穿上不好看……你看，基本上每个品类，用户在下单的时候都会有所顾虑。一个用户只要到了有下单意愿的时候，都会预想自己得到产品后可能遇到的问题。只要当你找到了这个顾虑，能给到对应的保证时，就会让用户瞬间完成支付。

这是用户下单前的“临门一脚”，我会在主播讲品环节给大家梳理出一套我个人的独家话术，即从消费者心理学的角度设计的一套用户情绪地图。但前提依然是你必须要按照我的这些步骤练习，不然你就成了只记话术，那就失去了读这本书的意义。

建议4:品牌故事,你可以适当考虑。

一提到品牌故事,很多主播朋友就开始摇头,认为小品牌没有故事。怎么可能有品牌没有故事呢?

2022年我陪着我妈看过一部名为《爱拼会赢》的电视剧。这部电视剧讲的是晋江企业在改革开放之后把服装和鞋子生意做到全世界的故事。从中我看到了安踏、鸿星尔克、361度等国产运动品牌的影子。每个品牌都是从一个小小的不被人重视的角落成长起来的。自此之后,我一直都觉得每个品牌本身的故事只要找到切入点都是可以好好讲的。

做品牌生意的,你不仅仅有品牌故事,甚至很多产品线都有自己独立的故事线,耐克给乔丹、东契奇、杜兰特等很多球员做了专属系列……品牌故事包括品牌历史、产品线故事、产品的线下门店数量等细节。

做非品牌生意的,你的故事也有很多角度,国潮的崛起让很多服饰、美妆品牌都有了自己的故事;很多白牌至少能讲代工厂的故事,能讲产业带优势的故事,能讲产地故事,能讲自己工艺的故事,还能讲自己服务用户的暖心故事……

这些故事往往是给用户传递情感价值和信任背书的好方法。哪怕你的直播间是一个很小的个体户店铺,你都可以和用户讲讲你们线下经营的时间、老用户的信任、自己做生意的态度……不要小瞧了这些貌似和带货不相关的信息,这其实是你和用户交朋友很重要的环节。

作业区

以上4个建议,请酌情考虑一下,把你觉得你的产品有价值的卖点再筛选一遍。

接下来,我们就要按照P0、P1和P2的分级来排列卖点。

P0级:你觉得你的产品的哪个卖点能打动目标用户?

是解决用户痛点的卖点吗?是产品的降价吗?是产品的限量款吗?是产品的有效成分吗?……这些都是重中之重。即使是一模一样的商品,我们每个不同的主播选择的打动用户的点也不见得一样。通常情况下,主播在找到自己满意的打动用户的P0级卖点之后,我都会追问一下原因。很多主播表达的理由如果不具备用户思维,我会建议她们重新找找看,而且最好能用自己的方式讲成故事。这样难度一下子就上来了。你先试试,在这本书后面的章节中,我会教你讲故事。

P1 级:你和别的产品有没有什么差异性卖点。

我经常举一个例子,如果你是超市水饮货架的导购员,我作为一个顾客来到水饮货架旁边,你如何让我在一堆饮料里愿意拿起你销售的这个品牌?每一个主播都需要想想你怎么让用户知道你家的产品和别人家的不一样。在你把 P0 级卖点讲好了的前提下,用户会不会去找同款卖家呢?还是会的。

也就是说,用户对一个品类或者一个产品没有概念,但通过你的 P0 级讲解,让用户有了认识,你完成了“种草”,但收割转化的环节与你无关,你难受吗?这就是为什么我建议大家找到一个 P1 级卖点,让用户能明确感知到你的产品和别的产品有差异。

那么问题来了,如果你的 P0 级卖点就是差异点,P1 级卖点还可以补充什么呢?我建议你在这里补充一个产品的其他特性,可以和你的 P0 级产品并列的内容,或者产品的某些小细节。

P2 级:你打动用户的保障性信息有哪些?

正如我们在上一部分建议 3 里所说,尽量梳理出商品的保障信息,最好不止一个。这时候,我们就要把这些保障性信息再次区分优先级:首先,你的用户买这个产品最担心的问题是什么?这就是你的第一重保障。其次,你的用户还有什么普遍的顾虑?这就是你的第二重保障。最后才是运费险这种比较通用的保障或者长期的售后服务。这个排序请你根据你的商品类型做一个调整。以上三重保障请你用“不仅……而且……还”的句式连接到一起。

我来给你举个例子,购买价格为 4000 元的沙发时,用户最担心的是尺寸不合适,放家里不好看;其次担心的是运输;最后担心的是质量。那我们主播在讲保障性话术的时候就可以这么说:“咱们家的沙发尺寸从 2 米 4 到 3 米 5,无论您家客厅大小都有适合的规格,我们为了让您满意准备了特有的大件家电运费险,不满意直接退!不仅有大件运费险,我们还给您准备了运输保障,运输全程沙发的每个模块都是先贴保护膜,后加防撞泡沫,再加厚纸板,最后尼龙绳 8 组加固,给您做到 4 重保护,还送货上门包安装,不用多花一分钱。您以为这就完了吗?我们的沙发还质保 10 年,我们在全国 140 个城市有专业的维修师傅,有情况随时联系!”

经常有人会问他们的产品没卖点、没品牌、没特别成分、没保障该怎么办。这里，我给大家准备了3个小妙招。

妙招1：找这个商品全网的高销量链接，看看大家给的评价聚合词排名靠前的有哪些，挑选出和你的人群关联度高的。

妙招2：淘宝的商品详情页里有一个非常好的功能，叫"问大家"。这里经常汇集了用户的疑虑。用户在购买商品前的疑虑往往就是你要重点阐述的方向。用户已经明确表达出了购买该产品的顾虑，你就可以重点关注这方面信息了。这会大大缩短你自己找P0级卖点的时间。

妙招3：去找这个产品的内容爆款，比如抖音、小红书、得物、B站上的博主都有分享一些非常优质的产品卖点，播放高、点赞高的内容可以优先关注。

第3步：把卖点转化成买点

朋友，你是不是以为把产品的卖点找到了，就可以准备讲品了？不行！我们还得从原理和逻辑两个层面上学明白。

我和一个非常好的健身博主沟通过这个话题，他说他的视频只要开头是"学会这三个动作，在家躺着都能瘦！"，视频的播放量往往都能破千万，而且点赞、收藏、转发量都特别高。但我觉得这特别像是掩耳盗铃，躺着瘦不仅仅需要有很高的基础代谢，还需要有低油低盐的饮食习惯，还不能熬夜……这种仅仅靠话术来培训的模式我不太认可。我希望自己讲的是有体系的干货，是你看完后自己能完成80%，如果有需要再来找我进修剩下的20%。

卖点买点大不同，理解讲品更生动。话说回来，为什么会有一个专门的步骤叫作把卖点转化成买点呢？我凭借自己做了6年市场营销的经验非常负责任地说，卖点和买点压根不是一回事儿。

卖点是产品自带的属性，买点是用户购买的理由。这句话各位主播和场控运营朋友们一定要记住。这句话是一个主播能力的分水岭。卖点是商家参数、是包装、是专利、是"秀肌肉"，而买点是用户需要的场景、解决的问题和对好处的向往。

这个描述有点抽象，我还是拿我非常喜爱的一个广告案例来作对比。2014年，很多手机品牌都在标榜自己的手机性能好，大家纷纷秀测评软件安兔兔的跑分，秀产品的处理器、芯片、照相机像素。当时一个国产手机品牌的广告词是"骁龙800处理器，真4核！"我看到这个广告的第一反应是这个手机很牛，但是我听不懂，不知道什么是骁龙800处理器，这就是一个品牌在"秀肌肉"。但这一年还有另外一个手机品牌做了一个到今天都被营销圈交口称赞的广告,就短短 10 个字——“充电 5 分钟,通话 2 小时”,让我记住了 10 年。

朋友,当我把这两个例子摆到一起的时候,你是不是瞬间就明白了卖点和买点之间的差别。“充电 5 分钟,通话 2 小时”,这个就清清楚楚地告诉了你,这款手机充电特别快,不耽误你玩游戏,你着急的时候充几分钟也能用很久。由此可见,买点说出了用户需要的场景、给用户解决的问题,以及用户得到之后的好处,让用户产生了很强烈的向往感。

现在我们就要把卖点转化成买点了,这是一个刻意练习的过程。为了便于理解,我来举一个服装的例子,看一下我们是如何做转化的。

前提条件:某白牌服饰的用户是 25～40 岁的男性,主要是都市白领、都市蓝领及小镇青年。该品牌推出了一个 199 元初春套装,包括一件卫衣、一件爆款冲锋衣造型的外套和一条春季工装裤。这是一个基础款的服装。

P0 级卖点:春季新款 3 件套抖音首发,买套装得限量新款卫衣。

P1 级卖点:冲锋衣外套和工装裤是四防面料——防水、防油、防风、防刮。

P2 级卖点:现货、顺丰空运、运费险。

我们怎么把上述卖点转换成买点呢?

P0 级买点:一名男性用户为什么要买一个春装三件套,而不是去买单件?

第一,25～40 岁的男性上班族是不太在意穿搭风格的。他们在每天选择穿什么衣服出门上班的时候比较随意,经常是在衣柜里看到什么就穿什么。所以一个三件套是给用户做好了搭配组合,让目标用户省时间,还会显得有点帅气。

第二,换季。男性往往并不像女性一样,一年四季都可能买新衣服,他们只有在换季的时候会有比较强烈的购买需求。很多男生是懒得去找去年穿过的,还有一些男生是发现去年的衣服褶皱了、磨损了、有污渍了,或者穿了一年穿腻了。

第三,新款首发有很强的刺激感。大部分男生喜欢尝鲜,不仅因为新款显得有品位,还因为新款过时的速度会较慢。

第四,有赠品,而且赠品还是搭配的春季卫衣,简直是解决了一名男性用户从里到外的穿搭需求。

你看,一个 P0 级卖点在转化成买点的时候,我们就从用户的角度梳理出来了这么多信息。

P1 级买点:我们的衣服套装和别家的有什么不同?

第一,我们是挺阔的冲锋衣造型。内衣要穿贴身舒适的,但是外衣可不行，外衣要穿只显衣型不显身形的，因为很多男生的身材并不标准，有人可能圆肩驼背，有人有肚腩，挺阔的面料会让人显得精神。

第二，春天全国都是多雨季节，男生很少会像女生一样出门看天气预报，在包里或者车里放一把雨伞以备不时之需，所以当你出门刚好途中下了小雨的时候，你不用担心被雨淋湿。此外，吃东西万一掉到上衣或裤子上，轻轻一擦就干净，不用频繁地洗衣服。

第三，面料很结实。男生衣服的腋下、袖口等不用担心穿久了磨损泛黄，出门不小心被铁丝剐蹭了也不会坏掉。

你看，当你能这样去给一个直播间的用户介绍这个产品差异性的时候，他是不是瞬间就觉得你很懂他，而且这些优点在别的商品上不多见，或者有这么多功能的服装也不是这个价格。

P2 级买点：服务保障。

第一，男生的性格普遍比较着急，买衣服就希望快点发货，不希望等 10 多天预售，所以我们的服装是现货，就在仓库里，今天拍下，24 小时之内就能发货。

第二，我们不仅仅是现货，为了能让大家尽快收到，我们还发顺丰空运。顺丰不仅发货快，而且快递小哥都能给你送货上门。你晚上下班回家不用去楼下快递驿站找快递，回家就能试穿。

第三，男生会担心收到的衣服不满意，万一货不对版，收到的产品没有主播说得这么好，也不用担心，我们安排了运费险。到家自己上身感受，不喜欢直接点击退货，快递小哥上门取货，买衣服的钱马上原路返回。

朋友，你看，我是不是相当于已经把主播讲品的话术给你整理出来了。但其实，这还不是一份优秀的讲品话术。我们把话术做一个分类：不合格的话术是连产品打动用户的卖点是什么都没有想清楚，就照本宣科式地背下来；合格的话术是能找到产品的核心卖点，并且能表达清楚；良好的话术是能把产品的 3 层卖点转化成如上文一样的买点，让用户听起来像是在聊天；优秀的话术是能在良好话术的基础上，把买点讲成对目标用户有画面感的故事，让用户被故事代入。

到现在为止，你至少已经从不合格话术里走了出来，看到了一套非常完整的讲品打磨全攻略。而且你是从非常底层的知识开始学习，一步一步跟着我往前走，看到了逻辑，有了框架，最后慢慢变成了自己的方法论。朋友，这个过程不容易，但我特别希望你能坚持下来，用日拱一卒的精神完成这样的训练,然后看着自己的讲品能力一点一点地提升起来。只要你勤加练习,掌握良好的话术和讲品逻辑,你就已经超过80%的同行了。

朋友,你知道我做直播培训这件事最大的成就感是什么吗?就是每过一段时间,会有朋友在线下见面的时候,或在我的微信公众号、视频号、抖音号里留言说:"老时,你的方法我坚持用了,我真的看到了自己的进步!"令我更加高兴的是,对方说:"现在我迭代出来了一个新的版本,我试了,非常好,我给你讲讲我的感受。"

总而言之,我就是希望你把这套方法用起来,真正把我的东西变成你的东西,加油!

14.2 加餐1:主播如何找到动人的场景

之所以把主播找到动人场景这部分定义为加餐,主要原因是这部分内容有一定的难度。只有当你把前面的知识体系掌握得差不多了,才会有更多的精力去学习场景。

场景,也可以表述为"有画面感"。什么是有画面感?一句话怎么就能让对方有画面感呢?我来给你举两个小例子,第一个:"不要去想你脑子里那头粉色的大象,千万不要去想。"第二个:"哎呀,我吃了一个山楂,酸到我这辈子都没有勇气再吃第二个。"

你看到或听到这两个例子,脑子里一定会出现一头粉色的大象,你的嘴里也一定有口水分泌出来。这就是语言的魅力,能让你有画面感。

一个优秀的主播一定是具备这种能力的,他会用自己的语言调动用户的情绪,促使其完成下单。我再给你分享一位主播在直播间里说的一段话:"我没有卖米,我只是在说三餐四季,我只是在说纸短情长,我只是在说大江大河,我只是在说人间烟火,这些话为什么可以触动你,那是因为你本身热爱美丽。"这段话出自董宇辉的一次卖大米的直播。这段话打动了很多人,三餐四季、纸短情长、大江大河、人间烟火……就连我这种不做饭的人都被打动而下了单。

当然,我们的目的不是去和董宇辉这种现象级的主播去对比,我们说的是在我们自己讲品的时候如何做到"有画面感"。这里我有3个步骤帮助你提升你的讲故事能力。

第1步：把观察和记录生活当作一个新常态

这里我拆分成3个小点，也是我自己亲身体验过并且一直到今天都还在用的方法：

在生活中去接触和观察我的直播间所销售商品的目标用户。我这个人特别不喜欢逛街，但有一段时间我经常去滔搏、胜道、奥莱商场观察买衣服和鞋子的男顾客。我发现他们比我想象得还没有耐心，有目标的直接就去问导购某某商品在哪里，试穿之后觉得价格合适就付款了。还有一些不知道想买什么的男顾客，会看海报或者直接问店员，选定之后直接付款。我还观察到了，男生由于怕麻烦，经常是一双鞋子穿多个场景。上班穿、周末去运动也穿这双，甚至出差最好也别换了，这样最省事儿。我每次去迪卡侬商店的时候还发现了另一个特点，很多男性用户是半年来一趟，一次买好几件。你看，这就是一部分男生的典型行为了。我会拍照或者录视频，这样积累素材最真实，以便和主播过产品的时候给他们讲。等你讲品的时候，你就会忘了自己是一个需要背稿子的主播，而是在和你的朋友聊一个你的新发现。

咨询同行里的专家。这个方法在我做珠宝、文玩类目的时候，真是帮了大忙。由于很多产品的目标用户并不会经常出现在我们的生活里，我们就要去请教这个行业的专家。我在做一个橄榄核雕的项目时，特意去了一趟产地，拜访一位在全国核雕大赛上获得过金奖的老师傅，参观了他的仓库，知道了他如何挑选橄榄核。他还给我讲了核雕历史以及南派北派的纷争，还用不同的刻刀讲解了雕刻工艺，甚至还讲了他自己做核雕的独特工艺。这为我们讲品提供了丰富的资料在做一个生鲜项目的时候，我也去了云南冰糖橙原产地，和种植专家了解影响水果口感的因素，还在果园里体验了一次采摘橙子的快乐。我找到了很多细节，给主播转述的时候，他们都觉得非常生动，甚至在讲品的时候，直接用上了我拍摄的照片作展示物料。

研究抖音上会讲故事的带货主播。注意，这里指的带货主播不见得是你这个赛道的主播，而是所有会绘声绘色地讲品的带货主播，特别是你认可的很会讲故事的主播。观看这类主播回放时，记住要录屏。以前看他们直播的时候，你是把自己当作用户，现在你要把自己当作一个观察者，记录他们说的话，更要去理解他们讲话的核心思想，还要记住他们表达的逻辑和金句。我会经常在培训时领着大家练习如何拆解一个直播间，其中最重要的不是记录话术，而是研究他的讲品逻辑。

第2步：用小学生都能学会的方式讲故事

时间、地点、人物、事件是小学作文的4要素，其实在讲场景的时候，这个方法依旧非常适用。我以车厘子为例：

时间：大年初一

地点：你的老家

人物：你和姐姐家的外甥

事件：姐姐带着外甥回来过年

大年初一，你姐该领着你可爱的、嘴碎话多的小外甥回来过年了，早上7点多你还没起床，你的小外甥就开始“老姨、老姨”地喊个没完。人家孩子为什么喊你，因为要给你拜年；那孩子为什么这么热情，因为等着你给他发红包和带好吃的。你带啥给孩子都不如带这个4J的智利车厘子，一个个红彤彤，汁水还多，而且一年就这么一季，你左手一个红包，右手一盘车厘子，得把你小外甥美上天。吃完了还满嘴懂事夸他小姨好。如果你要是单身，你这时候就要收买好咱小外甥，告诉他“一会儿饭桌子上要是你姥姥、姥爷催小姨赶紧搞对象，你就说反对！你反对小姨搞对象越激烈，小姨就还给你买这个比硬币还大、比草莓还甜的车厘子。”

你看，我在写这个故事的时候，把父母春节催婚、孩子的童言无忌和车厘子就组合到一起了。这样用户根本分不清是你的车厘子打动了他，还是你讲的故事打动了他，总而言之，用户付款了。这样的讲品方式，是不是瞬间就给人一种画面感了？

当拿到一个商品的时候，你要迅速想到这个产品用户在什么场景下最需要，你把这个最需要的场景用时间、地点、人物、事件4个要素还原回来。我能给一个产品通过这四个要素的变化组合成十几甚至几十个不同的故事，很多主播用了这个方法之后都给了很好的反馈。

这里还有一个小秘诀，就是你在讲故事的时候，要把事情描述得很具体，比如把“早上”换成“早上7点半”，把“车厘子”换成“比硬币大的车厘子”，把“开心”变成“比平时高兴180多倍”，把“好吃”变成“吃完了我把盘子边都舔了一遍”……你看是不是加上具体描述和数字之后，听起来就更加有画面感了？

第3步：多做表达练习

你能想象我小学的时候是一个上课回答问题会紧张到手心流汗，甚至会把自己舌头咬出血的孩子吗？但是今天我可以连续7天主持7场不同形式的路演活动，而且不用准备逐字稿。甚至在2023年10月前的一天，我去上海抖音电商总部做一个分享，第一次挑战去官方做分享不带课件，现场回答台下上百个商家的提问，效果非常好。

我有这么大的改变是因为我在小学4年级的时候遇到了一位贵人，她就是当时我们班新来的班主任王海英老师。当时她为了培养我当众演讲的能力，每次早上先给我一个词，让我自己组织语言变成一句话，晚上去跟她讲一遍；等我通过了，她会让我把这句话变成一段话，还是晚上检查；她告诉我去买一面大镜子，让我在家对着镜子练习表达，再后来她教我怎么演讲，重音、语气、眼神、手势……

我小学时候经历的这些刻意练习让我今天依然受益匪浅，而且我能围绕一个主题或者一个明确目的去把这段话讲好。我到今天给主播上课的时候还在用我小学班主任王海英老师的方法。刻意练习能解决你80%的表达问题，另外20%通过看书或者听课来解决。

总结一下，动人的场景需要你能观察记录，能用4要素讲故事框架，能通过刻意练习实现自我提升。通过这3步锻炼出来的能力不仅会对你的主播工作有所帮助，甚至会让你受益终身。

14.3 加餐2：情绪讲品3步法

如果上一个加餐你消化吸收得不错，那我们就继续加第二道菜。我们要用情绪3步法把讲品的过程再深化一下。这是建立在前面所有内容基础之上的一个高阶方法。正如我们一直强调的，直播本质上就是通过刺激用户的情绪完成下单，所以用户的情绪在你的直播间里得到的满足越多，就越容易下单。我们再从推进用户情绪的角度讲一下更好玩的讲品方法。但这里大家不要和我们前文提过的情绪价值和商品价值部分搞混了，这里的情绪主要讲的是我们如何调动用户的情绪。

我们把这个过程分为拉用户、推用户和断顾虑3个部分。

第1步：拉用户

抖音的直播间和短视频构成了抖音的内容场景，我们在内容场景里最需要做的是把故事讲清楚，让用户产生向往。由于用户在内容场景里可能是没有明确购物诉求的，所以主播讲品的第1步就是让用户产生兴趣，有兴趣才能转化成需求。让用户对我们的商品产生兴趣，我们就要站在用户对面“拉”用户一把。

拉用户一把，其实就是我们要讲一个让目标用户听完讲品会有画面感的故事，让用户听到这个故事的时候有种他乡遇故知的感觉。在这个过程中，最重要的就是主播讲故事的能力。主播要和用户聊天，但注意不是为了聊天而聊天，是为了完成用户情绪引导而聊天。在拉用户的过程中，我们还要完成商品信息的导入工作，顺理成章地把我们提到的商品理解成为一个他需要的解决方案。

第2步：推用户

你拉了用户一把，认可的用户会继续留在直播间，不认可的用户会选择离开。这是塑品过程中必然会经历的情况。如果在这个过程中，直播间涨人了，那太好了，说明我们的方法很奏效，进来的用户普遍对你讲的内容感兴趣。但是如果我们塑品的时候掉人，作为主播的你也不要慌，因为慌是解决不了任何问题的，可以把这个过程理解成筛选目标用户。商品销售越多，系统就越知道给你推荐什么样的目标用户比较容易促成交易；主播能力越强，留下来的用户也越多。这是一个循序渐进的过程，但此刻，你要集中精力把这个品继续讲好。

当用户对你讲述的商品感兴趣时，你的产品就已经完成了植入，成为用户的一个备选方案，但这仅仅是一个备选。要想成交的效果更好，这时候你还要“推”用户一把。

怎么推用户？其实就是告诉用户他的选择很明智，因为你的产品和他知道的别的产品相比，更加与众不同。这个过程就是拿出你的产品和其他产品差异特性的过程，让用户感知到你的产品在很多方面都比其他品牌好。

经常会有学员问：“我们不和其他品牌比较不行吗？”不是不行，但往往效果没有那么好。就算我们不比，很多用户自己也会去比，甚至抖音系统都在帮助用户比，因为用户退出了你的直播间，可能很快就会看到其他直播间，或者抖音商城的推荐里也会有。或者我们可以换一个说法，我们不是非要和某个品牌对比，只是希望告诉用户，这个产品比其他产品要好。其实对比的方法有很多种。我们说行业通用标准算不算是一种比较？自己家前后几代产品之间能不能比？甚至主播说自己使用前后的感受（注意不要违规）是不是也是一种比较。比不是我们的目的，目的是在比的过程中向用户传递我们商品的优点，更能解决用户的需求。

比的方法也有很多种，做实验对比、做成分对比、做获奖专利对比、做使用前后效果对比、做大牌平替对比……你越是敢比，用户就越相信你，这就是对比的意义。

同样，比价是不是一种比？当然也是，我们在场控运营部分分享了8种不同形式的比价，你都可以用在这个环节。而这么一看，你是不是发现能比的维度还是很多的？所以这个比的过程就是推着用户往你希望他去的方向前进。

第3步：断顾虑

通过有针对性的场景故事我们拉了用户一把，然后通过花式对比我们又往前推了用户一把，往往到了这个时候，你就可以选择开价了。当然你还可以在开价之前先斩断用户的后顾之忧，让用户下单的时候更加爽快一点。

我们把这个过程叫作“断”。断的意思就是让用户把心一横赶紧下单，心里想着“就买这个了”！我们用什么去打消用户的顾虑呢？对，就是用我们之前讲过的“不仅……而且……还”的服务保障来完成这个动作。

朋友，你有没有发现，这一部分我们提到的3步和我们卖点排列部分是一一对应的：

拉用户一把用到的是我们的P0级卖点，是把产品最有吸引力的部分做场景化表达。推用户一把用到的是我们的P1级卖点，是对产品的差异化信息区分。断用户顾虑用到的是我们的P2级卖点，是给用户更多的服务保障，促使用户快速下单。

对！就是这么个关系！然后你再把P0级、P1级、P2级卖点转化成对应的买点，每句话都尽量不离开对用户的好处，你就站在提升用户情绪的角度，把这套讲品的逻辑又升华了。

这一小节我们就把讲品打磨和大家讲清楚了。接下来，我们的场控运营终于要和主播进行开播前的合作了。下面我们从以3个角度来进行详细讲述：系统营销工具、产品链接玩法设计和产品现场玩法设计。

14.4 系统营销工具的使用——优惠券和红包

优惠券的分类和使用

系统自带的日常营销工具，主要是优惠券和红包两种类型。在一些特殊的节点或者电商大促，平台还会阶段性地开发更多的促销工具。

目前在抖音上有 4 个主要类型的优惠券：达人券、店铺券、平台券和支付券。这里平台券和支付券我们不做过多解释，一是因为平台券出现的场景比较少，二是因为我们没有办法控制这两种券的使用。所以我们重点介绍使用比较灵活的达人券和店铺券。

达人券是一种非常常见且好用的促销形式，它向用户传达了一个讯息：主播帮大家争取了专属福利。

达人券是由达人自行出资发放的，但有一些商品达人是没办法自己设置优惠券的，因为很多品牌商家为了防止直播间乱价会关闭商品链接设置优惠券权限。达人券的领取门槛可以分为全部用户可领取和粉丝专属两种形式。如果产品价格比较有吸引力，我建议大家尽量设置成粉丝专属，这样对拉新会比较有帮助。

达人券可以分为直减券和满减券。这里一定要注意，我们需要计算好哪些商品使用不亏钱，然后再根据我们的目的勾选上对应的商品，不可盲目地把所有商品都选上，这种情况给直播间带来的损失可能是不可估量的。

达人券不仅仅可以设置成显示在直播间左上角的"直播间推广券"(用户须手动点击领取)，也可以设置成在商品详情页里的"商品页发券"(用户无需领取即可使用)，还可以设置成专门的"橱窗惊喜券"，以刺激逛橱窗的用户下单。

系统中达人券的使用时长最长不超过 6 小时。如果你希望优惠券有很强的促销感，建议把时间设置得短一点，比如领券后 5～30 分钟失效，会给用户更强的急迫性，这样我们的主播在话术上就会有更多的逼单内容。

在达人券的玩法上，我有以下 4 个建议。

建议 1：看起来要尽量真实可信。我曾经见过一个卖女士挎包的直播间，一款挎包标价 499 元，主播豪爽地自掏腰包给用户发了 400 元优惠券。这种情况在各个直播平台屡见不鲜，但这就是非常不可信的一种行为，用户自己都犯嘀咕："这个主播凭什么给我发400元优惠券？这一定是套路。"所以优惠券的额度设置建议最多不超过商品标价的一半，即最多是5折券。越是低客单价的商品，这个优惠券的额度就越不要太大。

建议2：发优惠券前一定要想好降价理由。你是一个达人直播间，为什么愿意自掏腰包发优惠券，这个理由很重要。如果你的这场直播有促销的主题，你就可以按照这个主题来设计商品优惠的理由，比如开播一周年，某个单品主播的直播间自己补贴20元。

建议3：优惠券最好出现在讲品环节的开价前、比价后。我们来模拟一个流程，塑品→比价→优惠券→开价，往往优惠券放在比价后，显得这个商品就是叠加优惠的效果。这里一定要记住，如果是粉丝专属券，一定要引导用户关注直播间。

建议4：如果使用了直播间左上角的直播间推广券（这种形式比较醒目），在上优惠券的时候主播一定要高频次口播"左上角优惠券给大家上了××张"，强调数量少，力度大。在优惠券领取之后，主播要口播优惠券的有效时间很短，花式催促用户付款，这时场控运营要配合主播喊单优惠券、评论置顶优惠券相关信息，很多直播间还会调大直播间的促销音乐音量，给用户更强烈的刺激感。

互动区

请我们的主播朋友和场控运营小伙伴一起来设计一下达人优惠券的玩法：

发放多少钱的单品优惠券？发放优惠券的理由是什么？发放什么形式的单品优惠券，是发直播间推广券还是商品页发券？主播怎么渲染优惠券的价值？主播把优惠券放在话术的什么位置？场控运营在什么时间节点放置优惠券？优惠券上了之后，主播和场控运营如何配合？

以上问题的答案，欢迎你给我的公众号"开播进行时"后台留言，我会及时给出反馈意见。

关于配置达人券的具体操作步骤，大家可以在抖音电商学习中心搜索"优惠券"去看具体的配置方法。

店铺券是由商家出资来完成的优惠券配置。

店铺券可以进一步划分为限定商品可用和全店通用券，也可以根据使用范围分为所有人公开券和定向人群发放券。店铺券如果是在自己店播时使用，则在话术上也可以参考前文达人券的说法。店铺券还可以配置给指定的达人，商家给所有人配置都能用的就属于公开券，给达人单独配置的就属于定向券。商家完成配置之后，可以把优惠券 ID 给到达人。

我在 2022 年与一位非常优秀的跑步达人合作销售一款专业跑鞋时，通过店铺内商品券定向发放的方法 10 天 6 场完成了单品销售破千万元的品牌抖音销售记录。这其中店铺券的玩法起到了至关重要的作用。

在直播间使用店铺券时，我们在达人券环节给出的 4 个建议依然有效，这里我们再额外强调两点：

第一，一定不要每个直播间的商品都配置店铺券或者达人券，券只是促销形式的一种，刺激用户下单是目的，但不论多好用的方法都不要反复使用。用户看到所有的商品都有券，其实等于所有商品都没有券。

第二，在引导用户领各种粉丝专用券的时候，一定不要把话术说成"××个人点关注，我给大家上××张优惠券。"这在抖音里叫作利益诱导互动，轻则直播间会收到违规提醒，重则被扣分。那这里我们应该怎么表达呢？我们可以说成："这是粉丝专属优惠券，您的一个关注平台不要钱，但我们直播间的一个关注很值钱，因为粉丝领券立减××元。"

大家比较关心优惠券的使用率和转化率。目前我并没有看到抖音官方大数据公布的口径，其实优惠券使用率的主要影响因素是力度和券后价，力度越高转化越好；如果券后真的是全网低价，用户也会更加愿意使用。目前我在服饰、滋补品、食品 3 类直播间测试下来，发现优惠券的领取使用率基本上在 3%～7%，这个数值给大家做个参考。

红包的分类和使用

红包从费用承担的角度可以分为达人购物红包、店铺购物红包和平台购物红包；从红包的功能上可以分为普通倒计时红包、整点抢购物粉丝团红包、橱窗红包、活动招商红包、直播间裂变红包和抖口令红包等，其中每类红包都有不同的作用（见表 14-2）：

表 14-2 红包的分类及作用

分类	作用
普通购物红包	直播间常用，注意设置领取后失效时间
整点裂变红包	培养用户整点进入直播间心智，适合大场搞预算直播
粉丝团红包	刺激涨粉加团。和普通红包同属于最常用的两个形式
橱窗红包	用来帮助橱窗做转化的红包，刺激用户在橱窗里自助下单
直播间裂变红包	用于通过社交裂变来获得红包翻倍，有门槛，作者等级 L4 及以上，带货口碑分≥4.5
抖口令红包	用于站外裂变。大家会看到分享到微信社群类的红包都属于这个类型

在我们自己的直播间里，往往使用最多的是普通购物红包。红包是一种比券还有刺激性的营销工具，大家在使用时须注意以下 3 个方面：

第一，红包在各个电商平台里都约等于 0 门槛优惠券。你可以把红包和钱画上等号，而且红包是不能限定某个商品专用的，所以它的属性和钱更像了。但有些类目抖音不允许发红包。红包可以在巨量百应中控台配置。

第二，红包可以和上面我们讲的优惠券叠加使用。大家在使用红包和优惠券组合玩法的时候，一定要做好计算，防止销量越高，赔钱越多。

第三，到 2023 年年末为止，抖音用户的购物红包最多可以叠加使用 10 个，也就是说只要红包没过有效期，店家每次发的红包，用户可以累计使用。所以建议红包有效期尽量设置短一点。系统中红包有效期最长领取后 72 小时可用，也有很多明星和头部主播会故意把红包的有效期设置时间长一点，覆盖整场直播，用不停发红包的形式来让用户停留更长时间。

关于红包在直播间的使用，我给大家分享一套对于单品销售比较有帮助的方法。

首先，主播在塑品的时候应该预告红包信息，这时候主播一定要直说红包金额高达多少钱，但如果你准备了 1000 元红包，你告诉大家会有 1000 人抢到红包，那其实就是人均 1 元左右，对于用户就完全没有吸引力了。所以这里的预告只挑选有利的、看起来是噱头的点说，而且这个话术要总结成短短的一句，在整个塑品过程中至少说 2 次以上。

其次，发红包要倒计时，我们以 2 分钟倒计时为例，那也就意味着，这 2 分钟内绝大部分用户会等这个红包，所以此刻你的商品最好是预热或者已抢光的状态，否则用户大概率也不会下单。这 2 分钟内主播必须完成比价和红包预告两个动作，在红包打开的同时，给商品加好库存，这样的连续操作才会对商品的转化起到短时间的快速促进作用。

再次，红包打开之前，场控运营的手速一定要快，最好把所有不想让用户使用红包的商品关闭库存或者下掉链接。我建议最好是下掉链接，防止用户把红包用来买你不赚钱的商品。

最后，一定要在开价前要求关注直播间，这是要关注的好机会；一定要在开价后强调红包的时效性很短，这是促进用户快速付款的重要节点；一定要明确引导用户去买你主推的那个商品，如果主推商品链接里有多个 SKU，一定要给出明确指向性，这样可以更快地引导用户成交。

另外，如果你想冲击半点或者整点的带货榜，更需要注意这一波操作的节奏。我们以冲刺 11 点带货榜为例，给大家讲一下这个节奏：我会从 10 点 50 分开始每 3 分钟设置一个福袋，对商品进行销售，然后在 56 分的时候把商品库存清掉，重新塑品，同时在 57 分左右设置一个 2 分钟限时红包，确保红包能在 59 分时打开，59 分钟红包开了的同时商品加库存，这时左上角还有一个正在进行的福袋，用户到 11 点整的时候已经完成了一波快速成交。这样直播间非常容易冲到带货榜里比较好的名次。在 11 点的时候，距离开福袋还有 1 分多钟，我再引导用户点击福袋，同时为了冲更高的数据，还可以再快速设置一个 1 分钟的红包，相当于我从 10 点 59 分到 11 点 03 分完成了两波极高的成交。

这里再补充一句，现在带货榜因为划分得过于细致，流量已经不像前几年那么多了，但是对于精准人群还是有帮助的。与此同时，上述方法如果运营得体也能带来更多的自然流，朋友们抓紧试一下。

除了上述的优惠券和红包，抖音还有秒杀玩法，并且在 2024 年年初开始灰度测试达人秒杀玩法，更多的营销工具大家可以在抖音电商学习中心中搜索到。

互动区

这里你和场控运营可以一起来试着设计一个红包玩法：

红包总金额是多少？打算用什么方法？金额是随机发放还是平均？红包什么时候开始预热？怎么在塑品话术里增加红包引导话术？红包开价前后主播和场控运营分别有什么样的动作？

以上问题的答案，欢迎你在我的公众号“开播进行时”后台留言，我会及时给出反馈意见。

红包和优惠券一样，也是要力度和频次，以及用户到手的价格，所以也没有一个统一的转化值，大家需要根据自己的项目情况进行测试。但往往你每轮发1万元总额的红包，可能使用情况只有10%，但剩下的9000元也没办法马上原路返回。建议按照10%来计算红包使用率，如果商品售价是100元，红包是5元，你希望这个红包能带来10万的销售额，就是要完成1000单，每单5元你的红包实际消耗就是5000元，按照红包10%的使用率预估，你需要在自己的账号里至少充值5万元。最终用不完的红包会退回，并且可以提现。

14.5 产品本身设计和链接——锚点、买赠机制和控制库存的节奏

除了上述提到的营销工具玩法，我们在产品本身还可以做更多的设计。我们在中控部分分享了如何优化一个链接，其中包括产品主图、标题、商品详情页和SKU信息。这里我们再接着这个被优化好的链接做一些新的尝试。

第1种：锚点SKU

我们在场控运营部分的排品中讲过在购物车里挂锚点品，锚点的作用就是让我们主推的商品看起来更加划算。比如我们主推1号链接，2号链接就是锚点品，但其实我们不仅可以有锚点商品，还可以在同一个商品里设置锚点SKU。

我举两个类型的例子，让大家来感受一下钩子和锚点的作用。你一定在抖音上刷到过一件显示售价几元钱的衣服，结果你点击进入这个链接，会发现可能只有某个特别不适合亚洲人身材的超大尺码衣服售价最便宜的，其他尺码的价格都要稍微贵一些。如果其他适合你的尺码的商品的价格只是稍微贵一点点，你就想买了，觉得还是划算的。这个时候，这个钩子SKU就生效了；那反过来，只有一个SKU商品卖得特别便宜，而其他SKU商品都特别贵，这个时候这个钩子就有可能失效。

反过来，锚点的作用与钩子恰恰相反，锚点自己本身看起来没那么划算，但你会看到一个类似于加1元额外多得一件的选项，这时候你会瞬间觉得划算了。这在很多直播间也很常见，特别是能囤货的商品，比如洗衣液3公斤售价30元，但6公斤的却只卖40元，用户瞬间就觉得6公斤的太划算了。食品生鲜、美妆护肤、日用百货、基础服装等类目锚点款都非常常见。我在一个男

装直播间里用过类似的方法：单件白色 T 恤售价 49 元，但是 3 件组合售价只有 98 元，我们会在 3 件的 SKU 后边写着“(更划算)”字样，事实证明 3 件的销量比一件的高了 500%。

这就是锚点 SKU 的作用，你可以试着在你的链接设置一个这样的锚点 SKU，让用户看到那个更划算的选项。同时，在直播间里，主播的话术要讲清楚锚点 SKU 已经非常好了，而别的平台更便宜，但今天直播间给大家做了一个多件的组合，简直划算到家了。这里一定要注意，主播千万不要不塑锚点 SKU，或者将锚点 SKU 设置成贵到离谱，这种都不会对商品销售带来帮助。

作业区

和你的场控运营一起来设置一个锚点 SKU，然后思考怎么表达才能让锚点 SKU 起到效果。

第 2 种：买赠机制

商品的买赠机制也是一种非常好的销售设计。我刚工作的时候为了省钱经常买方便面，最喜欢超市里带个玻璃碗和玻璃杯的方便面套装了。我的住处并不是没有碗或者杯子，我只是觉得有个赠品太划算了，划算到让我忘了其实我还有好多包方便面没有吃完。

买赠机制在各个品类里广泛存在，新品发售的时候用买赠、老款清仓的时候还可以用买赠，推高客单价组合装商品的时候可以用买赠，美妆、服饰、食品等几乎每个类目都可以做买赠。我们有一个项目是卖儿童安全座椅的，这个产品在直播间是很难卖得好，目标人群窄到没有复购，但我们上了一个活动——买儿童安全座椅赠一辆单手可折叠的儿童推车，并且为其起名为“赠价值 699 元的遛娃神器”。这个儿童安全座椅在非大促节点也出现了单场直播销售额破百万元的纪录。

所以，你可以看看你的商品有没有可能拆出来一个买赠机制，就像我在上一个锚点里讲的，一件 T 恤 49 元，两件 98 元，设置成买二赠一，98 元可以拿走三件，男生一整个夏天都可以换着穿。这时候，我们可以在链接里用买赠工具，做成买两件赠一件同款，也可以不用买赠工具，但写清楚两件价格拿走三件，也是可以的。

美妆类产品可以赠小样，食品类可以赠小包装试吃装，二奢珠宝类可以赠定制礼盒，男士西装可以赠送腰带、皮鞋，甚至耐克、阿迪鞋子赠送备用鞋带，很多目标用户都愿意下单。

关于买赠品的3个建议：

第一，要么不赠送，要赠送一定不是破损的、过期的。如果赠送的东西是临期或者微瑕品，一定要在直播间里告诉用户，防止用户期待值过高，收到之后给差评，因为赠品给差评也是屡见不鲜的。

第二，如果赠品不是和主品发同一个快递，也一定要在直播间告诉用户是分成两个快递发送的，同样是防止用户给差评。

第三，赠品一定要有价值感。这个赠品真实的成本价是多少钱没那么重要，但是这个赠品一定要有价值感，最好这个赠品是在网上有单独销售的，这样主播在塑品的时候就可以把价值感说得更到位，给用户带去更强烈的刺激。但千万不要出现赠品比销售的主品标价还高的情况，这是抖音严打的。

我们做买赠活动不是为了给用户创造收到货后的惊喜，而是为了促进商品销售，所以买赠是的玩法一定要在话术里讲清楚。

主播可以放到我们的P1级卖点中讲解，告诉大家我们和其他平台或者其他商品比不仅价格划算，还额外准备了限量赠品。赠品还可以放到开价前的话术里做“赠品稀缺”的渲染使用，主播可以告诉用户：“我们商品仓库有现货，但是我们的赠品只有几十单，一会儿系统显示赠品抢完，那就是没有了，所以大家先到先得。”

买赠的话术还可以放到商品开价以后，作为一个口播的惊喜卖点，可以和P2级卖点组合使用，如“此刻下单的用户不仅有保价双十一，而且有运费险，甚至我们还给大家准备了价值××元的限量赠品！”

对于场控运营来说，优惠券、红包、买赠的赠品也都可以变成喊单的理由，如“优惠券发完了”“红包还有20秒过期”“赠品还有7件，先到先得”……你看直播间的主播和场控运营是不是瞬间就把促销氛围拉满了？

这里提醒一下，我介绍了很多种玩法，你要根据自己项目的情况有选择地使用，不需要在一个产品里面设计太多玩法，找到适合自己产品的玩法最重要。很多商品由于毛利、库存等限制，不适合做买赠，所以大家一定要找到适合这个商品的玩法。

作业区

你要销售的商品中有没有多件多规格的？有没有能带赠品的？请你和场控运营一起来设计一下这个买赠的话术和运营节奏。

第 3 种：控库存

在给大家解答控库存的方法之前，我先说一个困扰很多新人的观点。经常有新人来问我："老时，我能不能做一个有调性的直播间，慢慢讲品，给用户掰开了揉碎了好好讲。"朋友，其实不只你这么想，我也这么想，每一个对产品有深入了解、有研究的人都想这么讲品，但电商直播的算法并不允许我们这么做。

在做直播的时候，我反复强调，其实节奏快很容易，因为快可以掩盖很多细节，快可以刺激到没有什么耐心的用户，让他们快点成交下单。但是慢直播却很难，或者说慢需要有更强的销售能力。

首先，抖音电商需要内容指标和成交指标刺激，如果 3～5 分钟都没有用户成交，系统可能马上就会降低分配给你的流量。

其次，慢讲品需要主播强信任背书，这个背书还得是大众认可的。之前有几个非常有名的非遗文化传承人和珠宝文玩领域的前辈说："小时，抖音不适合我们，我们对于自己的产品真的非常专业，我们在业内也都是有头有脸的人，但是在抖音上我们卖货卖不过那些不懂产品的人。"这些老前辈在自己的圈子里都很有名气，但是在抖音的大众用户里，大家并不认识、也不认可他们，最终就变成了曲高和寡，不得不放弃了抖音直播。

最后，抖音平台也想在商业算法和优质内容两者之间找到一个平衡点，因为越来越多的用户开始觉得带货直播千篇一律，很没意思。但目前在算法不做大规模调整之前，我们也就只能看到一小部分像东方甄选、与辉同行等头部直播间能做到有趣的内容和精细的讲品相结合，庞大的中腰部直播间还是在以快节奏为运营逻辑。

作为一个做直播的导师，我也很希望做出来内容足够打动人、全程不用任何套路的直播间，但是目前这个很难实现，而且也没法给大家变成方法论去分享。我整本书都在给你讲精细化运营、消费者心理学这些短期内不会失效的通识策略，还会分享一些通用的包括控库存这种运营方法，这些是真正能给你的直播间带来帮助的。我还教你讲故事说场景，让你的直播间尽量有趣一点，让用户能多停留几秒钟。但我不会放弃尝试好的内容直播，等我总结出来方法的时候，一定会第一时间再和大家分享。

但是我在真诚地教大家讲品，也会教大家一些技巧。接下来我们就说说控库存这种玩法。我以单品 8 分钟控库存运营案例为例。

我们在中控环节有基础控库存的方式，甚至还给大家分享了在塑品比价→开价→中途憋单等环节中，我们怎么弹链接和控库存，大家可以看到基本的控库存方式和节奏。

控库存的前提是设计好讲品节奏，比如设置好一个单品预计单轮讲解(从开始讲这个产品到这个产品讲解结束)的时长。例如我对常规300元以下的非标品或者消耗型标品类目设计的单品讲解时间通常为7～10分钟，我们以8分钟为例，这8分钟的时间分布大约如下：开场场景引入到塑品花3分钟(P0买点＋P1买点)，比价＋服务保障耗时1分钟，第一波开价销售共2分钟，快速拉掉库存补充信息之后开价销售花2分钟(这2分钟可以拆分为30秒微憋单加上1分半的销售时间)，之后可以完整地循环一遍，也可以讲解下一个商品。

我们就以这个8分钟单品话术为例，来具体说一下控库存的玩法：

(1)主播开始场景引入时，可以不弹链接。

(2)在主播提到产品时(P0级买点)，开始弹预热链接。

(3)在主播讲到差异化时(P1级买点)，准备好对应的玩法如优惠券、红包；观察直播间在线人数的变化，如果人数在上升，说明这一轮塑品效果不错，可以适当延长P1的节奏。

(4)在主播讲完比价和服务保障的时候，开售商品，百元价格左右的商品，我们的库存一般取在线人数的5%～10%。SKU多的可以每个都取5%，有些已知的热销SKU可以上浮。(你可以观察一下自己直播间的观看成交率，基本上乘以2就可以满足第一轮需求。)

(5)商品上了链接之后，如果有红包，场控运营先提醒红包马上过期；如果有优惠券，我们报优惠券剩余数量；如果红包和优惠券都没有，我们先喊单热销尺码，等热卖出现了改喊单热卖数量。

(6)观察商品开售后分钟级销量，如果1分半以后发现商品出单开始衰减，场控运营提醒主播“30秒后拉光库存，塑品微憋单”。

(7)场控运营先把所有商品的库存都改成0(注意我们强调过程中这里用0库存已抢光，而不是用预热)。主播准备30秒微憋单话术，重点是比价和服务保障，之后场控运营开启新一轮库存。这一次每个SKU可以比上一次多放一些，如果不是稀缺品或者补贴品，库存数量设置成在线人数的20%已经足够了。

(8)之后场控运营喊单变成总体剩余商品库存数量和热销尺码剩余数量，再一次刺激用户下单。

以上就是场控运营和主播配合的控库存节奏。大家要去根据自己直播间的讲品市场完成自己的设计动作，然后可以迭代出中途第二次或者第三次0库存的玩法。但要有一个标准，就是你的出单效率在逼单憋单之后持续下降，就说明需要开始新一轮的塑品或者过渡到其他商品了。

14.6 展示实验、抽奖及其他

接下来我们说单品玩法打磨的第三大类，主要包括产品展示方案、非系统功能的抽奖玩法、会员积分及其他玩法等。

产品展示的好处及方案设计

俗话讲，“耳听为虚，眼见为实。”在直播间里，这句话更加实用，用户本来就隔着屏幕，只能看到你介绍的产品，既看不到产品的细节，也没办法体验产品的真实性能，所以你的产品展示就成了给用户传递产品价值和提升用户兴趣的重要抓手。产品展示的好处，有如下3点：

首先，一个用户虽然进了我们的直播间，但是他的注意力并不完全集中在我们的直播间。用户可能在一边吃饭一边看抖音，也可能在坐地铁看抖音，当他觉得直播间没有意思的时候还会选择划走。但好的产品展示会让用户集中注意力，降低用户流失的风险，而且我们在很多直播间都有过数据验证支撑。

其次，产品的展示会给用户更强烈的获得感，在主播语言和产品展示的双重刺激下，用户会产生一种感觉——“如果我买了这个产品，我也能像这个主播说得那样去使用产品，改变我生活里的一个小细节。”

最后，一些设计比较有看点的展示会提升用户的互动意愿，让用户期待后续发生的情况，比如说疯狂小杨哥的直播间经常会设计一些出其不意的产品展示方案，让大家对接下来的“剧情”充满期待。我们在很多直播间也做过一些产品展示的实验，一边做一边和用户互动，至少“觉得主播能翻车打翻车！”用户的互动意愿都会比较高。

综上所述，好的产品展示方案一定是产品销售的加分项。接下来我们就来设计一下产品的展示方式。

是不是所有商品都应该有展示实验？在我看来是的，哪怕你卖的是虚拟或者服务类产品，也需要做一点KT板式的物料和用户描述清楚产品内容。具象化的东西会比抽象的描述能给用户带去更加直观的刺激，这里我们重点和大家分享实物类商品展示实验的5个建议。

建议1：展示方案一整套细节设计，它是用来服务于你的某个产品买点的。

注意，我们不是为了展示而展示，而是为了辅助商品销售。一个产品能展示的地方特别多，但是时间有限，我们要找到重点展示的部分。什么是重点？你的产品的P0、P1级买点是什么？你有没有对应的产品展示方案来把这个买点讲解得更生动？这一点比怎么展示还要重要。同样，如果原本已经选择了一个P1级买点，但是在设计演方案的时候，你发现了一个更加吸引用户的点，也可以把原来的P1级买点替换掉，或者干脆把这个商品讲两遍，来测试两种不同的P1级买点哪个更加吸引用户。

与此同时，展示的时候主播的话术一定要跟得上，话术的核心不是我们的产品有多好，这是卖点，但我们要转化成买点，就要介绍用户得到这个产品能解决什么问题，带来什么好的体验。

接下来我们举例说几个常见的展示方案：

如果是一件衣服，那么先展示上身效果，再举到镜头前给用户展示细节的剪裁、走线、装饰，然后往后退再展示一次穿搭效果（还能关联一下别的商品），试验面料的透气性的时候，可以借助干冰。

如果是一双鞋，先展示上脚效果，然后举到镜头前，先全景展示，再展示鞋的鞋面、鞋底、鞋垫。

如果是一口锅，先展示整体（最好带食物），再展示细节的涂层、按键，然后给用户现场做几个看起来复杂但是用这口锅很容易做的食物等。

如果是吃的，先展示最吸引人的画面，注意摆盘造型，一定要看起来好看。一定要当场吃，而且要吃出"向往感"。很多明星直播间，一到试吃环节就会喊一群工作人员上来一起吃。

如果是一个面膜，先展示产品成分表，打开展示产品膜布，现场上脸亲敷，然后再拿出来另一张面膜，现场给大家把精华液挤出来放在透明容器里。

如果是一瓶酒，看包装、看酒厂、再看酒花等。

建议2:展示方案可以还原用户真实生活场景,让用户体验获得感。

我们展示产品的目的是让用户有更强的“身临其境感”,所以在演示产品的时候很重要的一个设计思路就是尽量还原目标用户的生活。

扫地机器人是如何帮助养猫家庭清理猫毛的?擦碗布是如何不用洗洁精就把盘子上的油渍擦掉的?遮瑕膏是如何帮助主播遮盖眼角下的雀斑的?智能门锁是如何远程发送一次性密码给朋友并且同时开启录像功能的?智能马桶是如何用脚来感应后清洁出水的?一个从没有做过牛排的新手是如何用这口锅10分钟煎好一份牛排的?三防的冲锋衣是如何让雨水快速滚落的?3秒造型喷雾是如何快速让你拥有高颅顶的……

这里其实对应的就是目标用户的痛点或者我们的P0级买点了,这时候我们的主播语言一定要“有画面感”。把用户在生活里遇到的情况具体详细地描述出来,像个小剧场一样给用户高度还原生活。怎么才能“有画面感”?可以去看一下我们讲品打磨部分的第3步和加餐1。

建议3:展示方案还可以是比生活还夸张N倍的极端情况,让用户充满期待。

我们除了帮助用户高度还原生活场景之外,为了突出产品的性能,还可以适当夸张演绎一些极端的情况,让用户觉得连这种情况这个产品都能解决,那我生活里用这个产品的时候这不就是“杀鸡用牛刀”吗?

用炒菜锅炒钢钉证明做饭锅底不会留划痕;用破壁机打碎苹果手机、耐克鞋、玻璃杯来证明刀片锋利;用吹风机吹保鲜膜没有烧焦说明吹风机不伤头发;让上千只蜜蜂趴在一箱子切开的橙子上说明橙子的含糖量很高;把办公室用的水桶塞到一条裤腿里说明裤子弹力大、胖人也能穿,甚至直播穿一双跑鞋跑步20公里让大家看鞋底的磨损情况……

总而言之,一个夸张的演示实验会给用户带来很强的视觉震撼效果,让用户有种看热闹的快感,在这样的氛围里主播讲品会更加容易促进交易。这里重点在突出P1级买点、体现产品差异化的时候比较好用。

但这里注意不要违规。夸张演绎是有分寸的,特别是涉及人身安全的时候系统往往都会重点监控。

建议4:对比实验效果也很好,但不要提及其他品牌信息。

“没有对比就没有伤害”,这句话充分说明了对比的威力,在直播间同样如此。对比就相当于给你的产品找到了一个锚点,让用户在A和B之间做选择，所以对比也是经常会用到的一种展示方案。对比时最好展示你产品的硬性参数。

视频对比配料表；保健滋补类产品对比成分；羽绒服对比新国标的含绒量和蓬松度；日用居家百货对比数量(克数重量、产品数量等)；手机对比芯片参数、电池电量；家电对比国标等级；家居对比原材料……

对比非常好用，但是对比其他品牌的产品时，一定要把对方的标志等品牌信息遮盖，不要口播出品牌的信息，同时防止侵权。但是你可以对比自己品牌的其他系列，只要公司认可就可以了，经常是这一代产品对比上一代产品。对比时注意防止违规，特别是减肥前后对比在电商直播间是不可以的。

建议 5：记得配套打印物料或者设计贴片。

我们说了这么多种不同类型的对比，大家一定要记得做一些方便展示的物料，有些成分检测报告、获奖证书、国家专利以及一些现场不方便出现但可以用图片代替的场景，还有一些产品的多重保障信息等最好都打印出来，放在对应的展示环节使用。

有一些信息也可以选择做成直播间的贴片信息展示，这里要注意，手机屏幕有限，贴片的字数要精简，同时还要不遮挡主播和产品，以及还要及时更换，防止过品的时候贴片信息忘了更换造成的违规。

以上物料一定要在开播前都检查一遍。很多实验一定要让主播亲自做几遍，确保万无一失再放到展示方案里，因为一旦展示方案翻车会很麻烦。但是，万一展示方案翻车了怎么办？这里给你 3 个救场的小方法：第一，主播自己起哄，比如可以说“大家把翻车打在公屏上，我给大家跳一段舞”；第二，准备过品把人群洗完了重新讲；第三，下一次讲的时候，如果场控运营或者现场工作人员能操作成功，可以站在镜头前来展示。

这里我为大家整理了服装类和食品类的产品展示策略(见表 14 - 3)供参考使用。

互动区

如果大家想看茶叶酒水、母婴、家具、营养膳食等类目的展示设计方案，可以到微信公众号“开播进行时”回复“产品展示策略”6 个字获取完整版表格。

表 14-3　产品展示策略(服装类、食品类)

品类	二级类目细分	试吃/试穿/试用	物理属性/实验	产品资质
服装类	服饰、鞋、包	近处特写,衣服看走线、版型、里子、表面、纽扣、腰带、口袋、原边。鞋子看鞋型、鞋底、鞋跟、鞋垫、鞋带、鞋舌等; 远处穿搭效果; 户外女鞋,展示的时候,要好看,细节处给特写,体现脚感好; 女性一定要用小红书种草效果图	透气——可以用到加湿器、干冰 轻盈,重磅——可以用到挂钩称 三防——可以用到矿泉水、可乐、辣椒油 保暖升温——可以用到温度计 增高——可以用到卡尺 复杂实验——直接用贴片短视频	100% 棉,水洗标,抗菌资质,三防资质,蓬松度资质等
食品类	休闲零食、生鲜水果	参考高点击头图、小红书摆盘图,颜色搭配搜小红书对应水果或零食名称; 水果和零食需要展示横切面; 可摆满直播间	水果看汁水——挤到透明杯里,哈密瓜可以挖球展示,现场 DIY; 动物奶油类小零食可以将奶油涂抹在手上看融化效果	生产日期; 配料表; 进口食品报关单
	生鲜(肉类海鲜)	做熟,并且摆盘,同时也预留一份生的; 需要用深容器摆盘的用透明容器,需要用浅容器摆盘的用白色容器	—	产地资质; 生产日期

半价与锦鲤工具的使用方式

这里我要先说一下,玩半价、免单锦鲤等方法有一定风险,因为抖音希望每个直播间的营销玩法都是规范的,对用户有保障的,且能保证相对公平。而直播间随机点抽这种情况系统无法监管。所以这个方法大家慎用,而且如果使用,一定要注意规避风险话术。我给大家分享几个到 2023 年年底还能使用的方法:

首先,建议大家在商品详情页里增加一个“直播间随机抽免单”的文字说明,这会起到一定的效果。

其次，主播在口播的时候，尽量不要说“半价”“免单”这种词，替换成“报销”“宠爱”“锦鲤”这种相对含蓄但用户也能听明白的词。

再次，主播要提前说好半价、免单的具体规则，然后在活动开始之前一定要完成这个动作，防止用户录屏投诉。

最后，我们半价和免单这样的活动不仅是为了冲一个阶段的高销售额，还可以把互动关注灯牌等指标放进来，如“下单并付款、关注加灯牌，然后回复拍了”。这样我们可以在倒计时的 2 分钟里把内容指标和成交指标都做一下。

半价、锦鲤玩法也是一把双刃剑，因为非常容易短时间内获得更多的流量，但也会带来比正常情况还要高的退货率。目前退货率已经变成一个重要的考核指标，所以千万不要过度使用这个方法，特别是广告投放占比高的直播间，这个退货率可能会让你直接赔钱。

秒杀、消费积分和消费后返等其他工具

其他部分我们简单说一下秒杀、消费积分和消费后返三种。其中消费积分和消费后返这两个玩法目前还不太成熟，平台还在不断地优化工具中。

关于，秒杀工具的使用技巧，大家要记住“秒杀”是一个非常谨慎的词，如果你没有使用系统的秒杀工具，是不可以在直播间口播秒杀的，否则就是违规。特别是用低价商品诱骗用户，实际不兑现或者拖延的情况都是平台明令禁止的。大家可以在抖音电商学习中心中搜索“诱骗秒杀”来了解更多的细则。

此外，以前的秒杀功能只有商家可以配置这个活动形式，但在 2023 年年末，达人直播间也有了这个功能。商家按照要求提报秒杀商品价格及库存，系统审核通过后，平台定向邀约优质达人选品创建秒杀活动，在直播间作为秒杀品挂车，给用户福利，快速爆单；秒杀活动会生成对应的达人专属价，价格为商家提报的价格，库存不超过商家提报的库存，不允许商家为不同达人单独配置活动；不涉及额外补贴，不收佣金。具体的规则大家可以在电商学习中心中搜索“秒杀”就能看到。

关于秒杀玩法我们需要了解：重点是秒杀的展示形式很有吸引力，因为下方配有一个剩余时间和库存进度条，这一点对用户非常有吸引力。这里建议大家把秒杀时间设置得短一点，比如 1 个小时，库存稍加一点，这样显示剩余百分比的时候会走得很快。

在使用秒杀工具的时候，主播的话术一定要讲清楚为什么给大家上秒杀，以及秒杀来得多不容易，同时配合着比价动作，给用户更加强烈的刺激感。

消费积分也是2024年平台的一个重要抓手，这个功能的目的是培养用户的消费黏性，其中，抖音有抖音的积分，店铺有店铺的积分，达人也有达人的积分。

在2023年“双11”大促的时候，由于达人直播间破价现象非常严重，很多品牌都被禁止达人破价。这时候一些综合达人和头部垂类达人开始使用消费积分，给下单付款并确认签收的用户用积分兑换礼品的形式去间接破价，而且提升了直播间的客单价和用户黏性。这一玩法在2024年应该会更加常见。

积分就是会员体系的一个具体权益，2024年抖音电商的整体增速会放缓，所以会员体系和私域运营一定是非常重要的两个方向，大家可以留意新的规则。

消费后返，目前只要在商品详情页里标记清楚规则还是可以使用的。但这个玩法比较麻烦，因为用户看到的价格是实实在在的当下需要付款的价格，只有在主播反复口播和商品详情页或者主图上显著标记的时候才有可能看到这个玩法。如果商品在直播间的售价比其他直播间或者平台贵的话，一方面会影响推流，因为在价格力体系里这是属于“同款高价”，另一方面是用户会直接在比价后放弃这个直播间，转向价格更划算的直播间或渠道去购买。与此同时，消费后返还会增加客服的工作，以及产生不必要的顾客投诉，所以不建议大家使用。

以上我们介绍的三大类玩法的叠加使用，很多朋友会问是不是玩法越多越好？不见得！我们的目的是让用户有下单的欲望，而不是增加用户的决策成本，直播本来就是一个快速消费的场景，我们要趁热打铁，所以不要节外生枝。

有时候设计得太多或者频次太高，都会给商品带来比正常值还要高的退货率，站在平台和商家的角度看，这都不是什么好事儿。平台根据你直播间的成交转化能力给你分配了相应的流量，但更高的退货率其实并没有让平台赚到钱，甚至还不如把流量给到其他销售业绩不如你但退货率更低的同行同级商家，因为平台也需要赚钱。

还有一个原因，高退货率给商家也带来了很多苦恼。在发货前的退货对商家的影响稍微小点，但是也会让商家对商品在各个平台的调度发生问题；

而发货之后的退货对商家的影响就更大了，因为人工分拣成本、物流运输成本甚至还有退货运费险成本，不发货商家逾期，发货退回来的货都成了商家的库存，所以，很多刺激瞬时成交的玩法都是双刃剑，一定要合理使用。

此外，2024年抖音已经开始根据退货率调节流量的分配了。重中之重，很多玩法都是阶段性的，不会一直生效，所以大家不要对玩法上瘾，不要让自己陷入玩法中，而忽略了全流程的精细化运营。

朋友你看，平时觉得讲一个产品总是那么单调，但经过系统的梳理，原来我们还有这么多种玩法设计。我对这本书的期待是成为你做直播的百宝箱或者私人兵器库，在你需要的时候打开它，就能看到更多的辅助工具，帮助你把一场场直播做好。还是那句话，一定用起来！

到这里为止，主播部分最复杂的单品打磨内容我们就讲完了，虽然这部分我放在了直播前，但其实我是按照直播过程中的操作路径给大家做的讲解，这是主播部分中篇幅最长的部分，大家一定要反复看。

作业区

请你和你的场控运营小伙伴一起为你的主推产品设计一套玩法。你可以在前两个玩法中分别选取一个类型，尝试组合一下，然后和你的场控运营一起设计到你的讲品话术中。

15 直播中：别人教你讲品，而我教你演绎

如果你看完了本书关于直播前的所有筹备工作，你的直播过程一定可以轻松很多。这一点儿都不夸张，因为你心里有了一场直播的基础版本。这一章，我会重点和大家强调两个方面：一个是主播的话术逻辑，另一个是主播的非语言表达。这两个部分注重的都是主播演绎。

15.1 话术分类有逻辑，自由组合百变风

在学习了很多逻辑之后，我们再来学习话术部分，会觉得轻松很多。我非常不希望主播们单纯地背话术，因为话术背出来和深度理解后表达出来的效果是截然不同的。我经常用背诗来给朋友们打个比方：4 岁的孩子能背李白的《静夜思》，但漂泊 20 年的中年人才能理解《静夜思》，后者朗诵的《静夜思》会更有温度，因此我们才会在主播模块的开头强调如何理解目标用户和主播角色，以及如何打磨讲品。但这并不意味着话术不重要，而是说明在理解了用户、自身角色和讲品逻辑之后的话术用起来会更加游刃有余。

我认为一个新主播早期的话术可以有模版，主播要记住模版而不是逐字稿。这个模版要符合主播角色的讲品逻辑，然后慢慢演变成主播自己的讲品风格，让话术和自己的角色合二为一，所以这里我们还是用讲品逻辑来理解话术。

我们把话术分为两个部分，一是开场话术，另一个是单品话术。关于开场话术，大家可以看场控运营模块的极速流部分的从开场到承接极速流，我们是以极速流在开播 4～5 分钟时出现给大家举的例子。其中有我们场控运营的玩法和主播的核心话术，这里我就不再赘述。这里我们重点讲解单品话术，同时介绍我们如何把销售话术与内容指标话术以及信任(人设)话术做结

合，把一个产品讲解得更加生动。

还记得我们在做运营玩法打磨部分讲到的控库存节奏吗？我们还是以8分钟为例，来做个讲品的模拟和演示。这一次我们不仅要把产品讲明白，还要穿插互动话术，以及尝试完成自己的信任介绍。我把场控运营和主播在每个环节里的工作整理成了表15-1供参考：

表15-1　8分钟讲品分工表

流程	主播		中控	
	塑品	展示	链接动作	库存调整
塑品（3分钟）	塑品话术（P0和P1） 互动话术 信任话术 钩子话术	产品展示	显示预热	—
比价（1分钟）	比价话术（便宜理由） 服务保障话术（P2） 互动话术	比价物料	—	—
开价后销售（2分钟）	来不及的话服务保障话术可以开价后说一句场景、一句比价、一句逼单；一句保障、一句比价、一句逼单；穿插关注和信任话术	服务保障物料	立即开售	根据主播口播数量适当调整库存
中途拉掉憋单（30秒）	P0 P1二选一或者锁定人群推荐比价开价	比价物料	显示日常售卖价格但0库存	0库存
再开价逼单（1.5分钟）	一句场景、一句比价、一句逼单；一句保障、一句比价、一句逼单	服务保障 比价物料	立即开售	如果人数没有上升，建议减少单SKU库存
过款或者循环	下一个产品导入话术单品循环话术	—	立刻开售	放少量库存不断货就好

注意，虽然我是以8分钟为例，但是你不要把自己的讲品限制在8分钟，而要根据你的讲品风格和品类以及自己的能力去定义自己的单品话术时间。

结合上面的表格，我们重点和大家分享塑品、互动、信任、比价、服务保障、逼单和钩子7类话术。同时，我以讲品打磨部分把产品卖点转化为买点中提到的男装为例，做话术的拆解和演示。

前情提要：某白牌服饰的目标用户为25～40岁的男性，主要是都市白领和都市蓝领以及小镇青年。该品牌推出了一个199元初春套装，包括一件卫衣、一件爆款冲锋衣造型的外套和一条春季工装裤。这是一个基础款的服装。我们假定是一位27岁的直播间女主播，在给男性用户介绍这个套装组合。

P0级卖点：春季新款三件套抖音首发，买套装得限量新款卫衣。

P1级卖点：冲锋衣外套和工装裤是四防面料——防水防油防风防刮。

P2级卖点：现货、顺丰空运、运费险。

全流程话术示例与话术逻辑：

主播77在左上角给哥哥们准备了一个0门槛的福袋，咱这个直播间不大，但咱福袋里都是货真价实哥哥们生活里会用到的好东西。

直播间的哥哥们，你们有没有发现，你们男生和我们女生在穿衣服上的要求真的是天差地别，我前天跟我对象说："马上开春了，给你买件新衣服吧。"我对象说："去年的还能穿，别买了。"你知道我听到这句话的时候心里又生气又感动。生气的是他也就每天上班、洗脸、刮胡子是及时的，从来不好好穿搭衣服，从衣柜扯一件就走。我说他好多次了，给自己捯饬捯饬，但真的是左耳朵听进去，右耳朵冒出来。感动的是他特别舍得给我买衣服，但是他不舍得给自己买。可是他穿得干干净净、帅气一点，我跟他出门也有面子呀。

信任话术1：讲自己和对象的故事

互动话术1：描述场景

咱直播间很多哥哥也都是这样，大家非常讨厌服装搭配，恨不得每天想都不用想就能直接穿出门。哥哥们你们看我说得对不对，如果你也这样，给妹妹打一个"是我"，77看看有多少人跟我对象一样。你们不光想直接穿出门，甚至还想着上班能穿、周末运动能穿、刮风天能穿，甚至下雨也能穿。不脏是绝对不愿意换一套的(这种场合说绝对不违规，放心说)。

塑品话术：
1. 讲一个拉近与目标用户距离的故事：女主播和她对象的故事。轻吐槽，既表达出对男生的理解，又间接夸男生有担当，容易让男性用户产生共鸣
2. 各个场景都能穿、又省事又好搭的男士春装——P0级买点

77给对象买了好几套衣服，他都不喜欢，说上班穿太张扬，还挺贵。上周我们公司打板出来一套新春装，我买了一套。哎呀，他这都穿了4天了，说面料舒服。今天77就把这

套专门为直播间里25+的哥哥们设计，工作日上班穿帅气，周末运动穿舒服，刮风穿防风，甚至下雨穿还能防小雨的春装让哥哥们几包“华子”钱带走一整套。

这套衣服能省去哥哥们不懂穿搭的烦恼，冲锋衣造型的外套，还给大家做了插肩式设计，显得肩宽腰细。你看那些高端的健身服和冲锋衣都是这样的设计，让你出门一秒变型男，女同事从你对面走过去都得多看几眼。为什么我对象愿意穿，因为他说这件衣服能遮肚子。这个面料非常挺阔，只显衣型不显身型，让你整个人看起来都精神干练有气场。而且三防的面料能解决哥哥们出门不带伞的小烦恼(展示产品面料的实用型专利材料)，专门的荷叶式疏水设计让每一滴雨都一秒滚落，下雨天到家一抖，浑身上下干干爽爽。(增加泼水实验)一会给大家的价格让大家感受一下什么叫“突破想象”，让你的女友都不敢相信的好价格。

3. 插肩设计显肩宽腰细、面料挺阔不显肚子、三防面料——P1级买点

勾子话术：加波浪线部分，让用户有听下去的冲动和欲望

今天更加难得的是套装，还是2024春季新款套装。很多哥哥不愿意穿套装，因为看起来特别呆板，但是咱的套装是冲锋衣造型加收腿工装裤造型：硬汉风拉满，机能风拉满，帅气值拉满。打败哥哥们衣柜里所有的其他套装。今天咱给大家做到新款不到3折。

互动话术2：作比价

比价话术1：质优价廉

直播间的400多位哥哥们，你们买一件这样的既有三防功能、又显肩宽显腰细、还是2024春季新款的衣服得多少钱？咱实话实说，××哥哥说自己穿迪某特的4000多，哥您真的是有一定的消费实力；××哥哥说一件国产的春装冲锋衣至少也有四五百了，对，哥哥，这还是线上的价格。您要是进了商场，随随便便看一个春装外套都要七八百块钱。还有哥哥说99元的，哥，我77不信，99元的三防冲锋衣给您您都不爱穿，那质量可想而知。

哥哥们点一下咱的福袋，还有2分钟就开奖了，这个福袋过后主播77再给大家上一个价值××元的大福袋。哥哥们愿意点，我就愿意放。

咱们家是好几个国内国际品牌的男装×××和×××的代工厂之一，这是我们的代工许可证，我们的生产线是符

信任话术2：代工厂品牌背书

合国际标准的，所以咱衣服的质量是经得起检验的。咱们家这个套装在线下门店吊牌价是799元，今天也在其他电商平台上线了，并且刚上线不到4个小时已经有了上百单销量，大家

比价话术2：其他平台和线下吊牌价

看看某平台上此时此刻的新款在售价格是259元，并且还上了平台的春季热销男装实时榜单。259元买一套三防、显瘦显帅的春装非常值了，今天主播77在这里请400多位哥哥点一下免费的关注，别的账号点关注不值钱，但是今天在咱的这个账号，每个关注的哥哥都是对我们最大的支持。新款上新别的平台至少是259元，2024年我们家主攻抖音，所以成本价放在抖音上销售。今天给我们点关注的哥哥们，每人还可以领走一张价值60元的大额粉丝专享优惠券。对，咱直播间一个关注就值60元。是不是不到3折？而且一会儿咱还有惊喜。

比价话术3 阶梯式报价，附加赠品

关注话术1：发放粉丝优惠券

互动话术3：送赠品

哥哥们别着急，您以为这就完了吗？这个新款就是我们工厂用来做口碑的。别的平台是259元，咱今天199元！而且今天我们给前30个下单的哥哥还额外准备了一件价值99元的春季新款卫衣。也就是说咱前30名下单的哥哥，您到手的不是2件，是3件。现在咱统计一下人数，哥哥扣体重报名，我们精准地给大家加对应的赠品卫衣，让您穿上都是合适的。所以请直播间的哥哥们给我们点点关注，关注的人数越多，主播一会儿还有更炸的活动给哥哥们。关注了，我下次开播您就能收到提醒，开场往往都有9块9的卫衣，19块9的裤子，而且关注了，产品有啥问题售后找我们也方便。

关注话术2：赠品之后（关注越多，福利多）注意不要违规

直播间有没有体重在170斤以上的哥哥们，有的话帮主播77打一个“有”字。大家在网上买衣服很难碰到适合自己尺码的，但今天咱们这个套装从120斤到240斤的哥哥们都能穿，我们15斤为一个尺码，一共8个，大家可以看看只有一线大品牌才会做这么精准又这么全的尺码。哥哥们把身高体重打出来，77给哥哥们精准推荐适合您的尺码。

互动话术4：开价后的身高、体重推荐尺码

趁着哥哥们点关注，主播77最后多说一句：咱家这批新款是现货。哥哥们，对，您没听错，是现货。我知道哥哥们不

保障话术：开价前，打消用

愿等快递，过了15天发货您都忘了自己还买了套新衣服，所以今天下单的哥哥咱在下午6点的时候统一发顺丰空运。所以今天199元，到手3件，春季新款！现货！发顺丰！还有运费险！主播77不是什么小的达人，我就是这个账号的主播，每天都直播，播了3年了，77服务大家3年了，我这个人有啥说啥，我3年服务了得几十万个下单的哥哥了，所以大家放心拍，质量有问题售后不及时你来我直播间骂我都行。

户顾虑

信任话术3：账号直播时间长

六哥，链接准备好了吗？99元的前30个哥哥的赠品卫衣准备好了吗？告诉咱仓库的多多，给大家标记发顺丰快递。3、2、1，上链接。

主播77给大家推荐一遍尺码！××斤拍X码，××斤拍X码，××斤拍X码……卡码的哥哥们往大码拍，穿着舒服不紧绷。别人家一件春装外套就199元，咱家199元带走一套。赠品名额还有18单。咱这是正经八百三防的外套和工装裤，小雨大风都不怕，199元的价格都不够您和嫂子出去吃顿火锅的，但今天能带走一身三件，140斤到160斤的我们还有两套了。

逼单话术：开价前的赠品数量有限、热销尺码有限、参加锦鲤活动时间有限都属于这类

比价话术4：对比场景，显得199元三件划算

很多哥哥愿意把裤子往上提，因为自己的肚子有点大，穿衣服不好看，但是咱这件衣服的挺阔感非常好。我们场控运营六哥上来给大家看看，他210斤，他穿的是4XL的，六哥你亮出来肚子，给大家看看，你再穿上咱这件衣服给哥哥们看看，是不是看不出来大肚子了？199元一件这个外套都很值了，今天哥哥们到手的是三件一套。我们99元的卫衣还有9件了。

信任话术4：同事现场试穿（产品展示）

大家看看这个防泼水的效果，出门赶上个中雨、小雨您都一点不会淋湿的（防泼水实验）。这个面料咱是有国家专利的，199元的价格能买到三防面料真的非常良心了，咱现货不是预售，咱顺丰下午6点前就发货，咱还有运费险，我们家衣服真的是没啥退货率，但是咱还是给哥哥们准备了运费险，给大家以防万一。

比价话术5：防泼面料，现场试验印象深刻

哥哥们，我们的赠品只有4件了，没想好的哥哥们不要下单，咱把这个赠品留给真的想要的哥哥们。

互动话术5：

咱就2分钟的时间，这30件赠品就都抢完了，刚才付款成功的哥哥，帮主播77打一个“已拍”，我让小助理再录屏统计一遍；而且打“已拍”的哥哥一定不白打，我一会还有惊喜。

赠品信息确认

主播77再给大家来一个3分钟的0门槛福袋。这次是咱的哥哥都用得到的水洗剃须刀。开场说了给大家上值钱的、用得上的福袋，77说话算话。一会还有大惊喜，哥哥们点福袋。

互动话术6：引导用户点击福袋

六哥，还能再给直播间的600多位哥哥再申请点99元的卫衣当赠品吗？来，刚进来的哥哥们，主播77快速地说一下咱今天的机制，如果你想要一个马上就能穿的新款套装，如果你想上班穿、逛街穿、运动穿，如果你想刮风穿、下雨穿，今天我马上补货的这个套装你一定要带走，某平台刚上线4个小时，销量100单！259元的价格，今天咱直播间新来的哥哥们给77点个关注，我给大家再上一上立减60元的优惠券，然后这一波前30个下单的哥哥，您到手不是2件套，您是199到手3件套。额外加赠一件价值99元的春季新款卫衣，哥哥们打一下自己的尺码，我们10秒后给大家补库存。哥哥们，您点了关注就知道我们的诚意了！60元的优惠券，现货顺丰快递，还有运费险。××哥，您穿3XL，××哥，您穿2XL，××哥，您穿5XL。

关注话术3：放入循环话术

咱再给大家上一次链接，这一轮前30个下单的哥哥，咱还199元到手三件。3、2、1，上链接。

（……这里是开价后循环逼单话术……）

直播间还有600个哥哥，这样咱把库存加满，主播77两分钟之后给下单的哥哥再来个报销。对，我们从下单这个套装的哥哥里抓一个幸运儿，报销一套。三个步骤，第一步，先下单并付款；第二步，给我们这个账号点个关注；第三步，点亮咱直播间的粉丝灯牌，然后打“已付款”。咱2分钟倒计时。倒计时结束前符合条件的哥哥都能参与。199元到手3件新款，赠品还有20单。三防面料挺阔遮肉，赠品还有15单。120斤到240斤都能穿，赠品还有10单。现货运费险，顺丰快递，运费险，赠品好多5单……作为给国际国内一线品牌的

互动话术7：引导用户参与抽锦鲤活动

关注话术4：抽锦鲤，强调关注是必备动作

代工厂……大家穿大牌啥质量，穿咱家衣服就啥质量。不到大牌价格的五分之一，挣钱不易省下的钱干点啥不行。咱赠品还有2单……

下单的哥哥们抓紧打口令，77把规则再说一遍，第一步，先下单并付款；第二步，给我们这个账号点个关注；第三步，点亮咱直播间的粉丝灯牌，然后打"已付款"。哥哥们多刷几遍，屏幕滚动比较快，所以多刷概率才会增加。

还有6个未付款的哥哥，我们大家再等您5秒钟，放心拍，199元到手新款3件，现货顺丰运费险。120件到240斤都能穿。

来咱准备开始了，我倒计时3个数，3。现在付款还来得及参与。2。咱199元到手3件。1。恭喜××这位哥哥。我们后台核实一下您的订单，确认收货后和我们的客服联系就可以获得这个幸运了。

0门槛福袋还有1分钟就开了，哥哥们来得早不来得巧，现在参与还有不到40秒就开奖了……

以上就是我给大家模拟的从开始塑品到整个循环结束的话术。这个版本的话术开价前的部分略长，原因有两个：一是我希望尽量给大家把更多的场景部分写出来，帮助大家加深印象。这是很多主播的薄弱环节，我把一个主要P0级和4个P1级买点都罗列出来了，让大家可以有选择地使用；二是我们模拟的是新款首次登录直播间，主播第一次作讲解，所以整个时间要比我们原来建议的7～10分钟更长一点，但是到了后边的循环部分就可以精简了。朋友们可能会问如何精简？这里就需要你的场控运营帮你给话术内容做场记了。关于场记的知识点，可以在本书场控运营部分的配置大屏章节找到。

互动区

关注话术是需要穿插在讲品全过程里的，我在公众号“开播进行时”给你准备了10个不同类型的关注话术，回复“关注话术”4个字免费领取。

这里，你可以试着写一个自己的话术。根据实际情况，随意组合一套适合自己的独特打法。

15.2 多维表现更立体，主播魅力无限大

从优秀主播到卓越主播的必修课

有人说主播这个职业需要一定天份，这句话我认同。做主播的确是有天赋的影响因素，但我也坚持认为，后天的努力和刻意练习也很重要。虽然我的方法可能很难让大家都成为各个直播平台上最出类拔萃的那几个，但至少能帮助更多有主播梦想的朋友把主播这件事儿做得比过去更好一些。

我说过，“别人教你讲品，而我教你演绎”。在我看来，主播的语言表达固然重要，但这并不是全部，所以我们在讲品部分还专门准备了非语言表达的内容，来帮助大家提升自己的讲品生动性。我们把语言表达和非语言表达组合到一起，就把单纯的讲品变成了演绎。

还记得我们给话术划分的段位吗？不合格的话术是连产品打动用户的卖点是什么都没有想清楚，就照本宣科式地背下来。合格的话术是能找到产品的核心卖点，并且能表达清楚。良好的话术是能把产品的三层卖点转化成相应的买点，让用户听起来像是在聊天。而一个优秀的话术，是能在良好话术的基础上把买点讲成对目标用户有画面感的故事，让用户被故事代入。

这其实不仅仅是话术的段位，更是主播的段位。优秀主播不仅要能讲故事，还要能完成商品的演绎。为什么我们说演绎呢？因为演绎比讲故事更有难度，也更加吸引目标用户。在讲解语言和非语言表达之前，我们有必要先了解一下新主播讲品常遇到的3个误区。

新主播讲品的3个误区

我在给矩阵号直播团队做能力提升训练的时候，经常会遇到很多新主

播。这些新朋友往往在开播前既兴奋又紧张焦虑，很多人在直播一两个小时之后，声音就沙哑到说不出来话了，新主播的直播数据还特别不理想。主播下播后垂头丧气地问我："老师，我是不是不适合做主播？我背好了口播的内容，和用户热情真诚地聊天，但是用户还是不下单，而且直播间人数还越来越少。"

你看这就是很多新主播在直播前后心态的变化，以及他们在直播过程中感受到的事与愿违。针对这种状况，我总结了新人主播对于直播讲品的3个误区。

误区1：我喊，我激动，我就是有感情。

这是很多新人主播朋友都会犯的错误。打开一个直播间，你看到主播正在卖力地讲解，卖力主要体现在嗓门儿高上，他对着屏幕慷慨激昂地讲着产品的好处，越说声音越洪亮，说不到一个小时，嗓子就哑到变声了。主播们很容易把声音的大小和是否有感情或走心关联到一起，这其实是不对的。

这类主播往往不会用丹田之气发声，这么喊话式地讲品，一方面体力很快就用完了，而我们一场直播至少也要4个小时；另一方面就是给自己的声道也带来损伤，时间一长非常容易变成职业病，很多主播的声音都存在声带受损的情况，而且已经不能恢复了。因此，全程大喊式讲品对吸引用户注意力和自己的身体都是无益的。

误区2：我得快点说，说慢了用户没听完就走了。

这是连很多做得还不错的主播都容易犯的错误。大家的时间观念很强，知道每一分钟都有用户进入直播间，也有用户离开直播间，所以要争取在最短的时间内把商品说完，这样用户在离开前就能听到更多的信息，就有可能下单。

但实际情况并不是这样的。所谓的有效信息密度并不等于语速，并不是语速越快，用户接收到的信息就越多，就越有效果。事实可能恰恰相反，语速太快会导致用户丢失更多的有效信息，因为主播说出去的信息和用户接收到的中间损耗很大，主播说得越多越快，这个损耗就越大。

我经常告诉主播朋友们："你说得快，就是在驱赶直播间的用户，因为他们不是来参加高考英语听力考试的，他们是来购物的。"

误区3：对新进来的用户，我得赶紧跟他互动留住他，让他感觉到我的热情。

相比于前两个误区的普遍性，第 3 个误区往往是刚起号的新主播会遇到的困惑。可以试想一下，一名用户打开一个刚开播 3～5 分钟的直播间，发现只有十几个人在线，他的心里是什么感受？他是不是多多少少会对这个直播间没有那么感兴趣？而主播看到新用户进来了，马上说："欢迎××进入直播间，可以给我点个关注。"如果你是这个刚进来的用户，对主播不熟悉，对直播间售卖的品牌和产品也不熟悉，突然被主播点名了，像不像高中课堂上准备摸鱼的你，突然被老师喊起来回答问题？像极了！这时主播还给用户提了一个非常尴尬且无理的要求——给主播点个关注。一名用户对主播和产品都不了解，他怎么可能对这个直播间产生兴趣呢？他就更没有理由给这个直播间点关注了。因此，这名用户大概率会选择离开直播间。这就是很多新人主播和用户越互动人越少的原因。

那我怎么让用户感受到我的热情呢？答案是用通俗的语言来讲解你的专业知识，用你的肢体语言和舒服的面部表情，用你的钩子话术和运营的玩法工具……

接下来我来介绍一下主播要刻意训练的两种练习，分别是表达节奏练习（语速、语调、重复、停顿）和非语言表达练习（眼神、动作、走位）。

表达节奏练习——语速、语调、重复和停顿

表达是有节奏的，节奏不仅包括了说的内容，还包括这句话要怎么说。有时候怎么说比说什么还重要。这里我们重点介绍语速、语调、重复和停顿 4 种能增强你的表达节奏的方法。我们把这种有节奏的讲品方式就称为情绪式讲品。

方法 1：语速要快慢结合。

我们上小学的时候，老师经常要求我们要有感情地朗读课文。同样在我们讲品的时候，我们的语速也应该有快有慢，交替进行。我给大家一套在整个讲品过程中语速快慢结合的建议，但注意，这并不是一个固定的公式，要根据你说的具体内容来相应地调节语速快慢。

开场塑品 P0 级买点——语速整体偏慢，像讲故事一样，可以娓娓道来，也可以绘声绘色，其中如果涉及模拟人物语气的时候，一定要认真，让用户听出来你模拟的人物和你的身份不同。在整个塑品过程中，有几句话可以适当语速加快，在模拟着急、有情绪、高兴这种场景时，也会有一些话比预期还要更慢，所有走心、温情等内容适合慢表达。但这个也和你一贯的讲品风格有

关系，不要求绝对慢，要求相对慢，让用户能感受到你的语速波动就可以。

产品差异 P1 级买点——说到产品时，第一要表现得自信，自信在手势、语调上都有体现，我们在下文再说。这里的语速可以稍微加快，特别是说到别人家产品时可以快一点，但对比说到自己家产品时，语速应该稍微慢一点。

服务保障 P2 级买点——这里整体上语速可以再稍微加快一点，如果都是一些常规的服务保障，语速快一点没问题，这并不是多吸引人的点，但是如果里边有特别的服务保障，这个部分语速就要慢一点了。

开价之后的第 1 轮逼单——这里的语速整体上要比前边的语速都要快，逼单的过程中要增加一些排比句，快速的语气会更加有气势。

拉掉库存后的第 2 轮逼单——这里语速往往是整个讲品过程中最快的，因为你替用户着急，因为你的产品要售完了，所以用语速来体现着急和激动是好的，比用"快点拍"这种要更有说服力。

方法 2：语调用抑扬顿挫。

语调也是一个很重要的部分，如果一个人的语调没有变化，听起来就会特别像是不太成熟的 AI 朗读出来的效果。我们说两种在直播过程中比较常见的语调变化建议。

一种是一定要学会讲故事。讲故事的时候，每个人物都有自己要说的内容，这个内容最好和你本人的角色有一些反差，这样他们说的话也会体现在语调上，比如模拟老人的沧桑感、模拟闺蜜之间的窃窃私语、模拟海底捞服务员的热情，用故事里的人物说话的方式来切换你的语气语调。

另一种是多用反问句。反问句是一种自带语气语调的句式，这种句式和排比句式放到一起，给用户带去的效果会很震撼。我们来举个例子：这么好的价格您不心动吗？这么多的赠品您还没下单吗？这么多的服务保障您还有顾虑吗？这种排比句式本身就表示情绪的递进，再加上反问句式的助推，在逼单环节非常有帮助。

很多主播喜欢问用户有没有、是不是、对不对，其实是相同的道理。好的场控运营帮腔回答也会起到促进成交的作用。这个技能不难掌握，如果担心自己忘了，主播朋友们可以提炼成"语速、语调、重点、停顿"4 个词贴到摄像机的下方，这样每次盯着镜头看的时候会起到很好的提示作用。

方法 3：重点内容要重复。

我们说的重点内容要重复，指的是两种重复：第一种，你想让用户记住的

重要信息，不仅要慢慢说，要加重语气，还可以把这句话连续重复两三遍。比如“产品保价一整年”，这种对于用户成交很关键的信息，你就可以重复。例如：“我给担心买贵了的朋友们说句话，大家可以打开录屏功能，咱的这台电视保价一整年。对，你没听错，保价一整年，也就是说未来的‘双 11’‘双 12’、年货节、三八节、618 您都不用担心。官方旗舰店里只要降价了，我们都给您退差价。”这就是我们所说的“重要的话说三遍”。

第二种指的是单品讲解过程中，我们一定要让场控运营找到自己话术里用户有可能会密集成交的那几句。找到这几个促进成交的高光时刻，这场直播里你就可以反复强调，特别是在逼单环节。大家还记得我们的逼单话术节奏吗？一句场景、一句比价、一句逼单；一句保障、一句比价、一句逼单；穿插关注和信任话术。这里用到的场景、比价、保障、新人话术就是这么来的。但是这里也注意，不要重复好多天，效果一定会衰减。

方法 4：关键时刻敢停顿。

突然停顿看起来不太重要，但确实是很高级的一种吸引用户注意力的方式，因为用户虽然打开了我们的直播间，但是用户的注意力有可能根本就不在我们的直播间，这时你要用我们这整个表达节奏和下边的非语言表达一起来吸引用户的注意力。

一个主播越是在重要的时刻，越要越慢下来，并且还敢停顿 3 秒钟，这个主播的气场一定很强大。比如在比价后报自己产品的直播价格前，以及在说赠品、特殊保障机制前这种停顿都会显得主播胸有成竹。你不妨在自己的讲品过程中也设置一个这样重要时刻的停顿，把氛围烘托到一个新高度。

我们再简化总结一下：开场人群锁定时语气要轻要慢，像面对面聊天一样；场景痛点讲解要慢，像讲故事一样娓娓道来；产品塑造要自信，语速要加快，核心卖点要有力量；开价上车要坚定。结合停顿，之后语速要提升；逼单环节要加快节奏，情绪要饱满……这就是情绪讲品的结合。

非语言表达练习——眼神、动作和走位

朋友，我们先讲了主播和用户的关系，然后讲了如何对讲品进行打磨，之后讲了直播话术，加了话术的节奏，到这里为止，我们马上就要登顶了。最后我们再来学习一些非语言表达，这是主播演绎部分的最后一块拼图。这里我们分为眼神、动作和走位 3 个角度来详细讲解。

眼神：不飘离，学会用你的眼神让用户下单。

很多主播从来不敢看自己的直播回放，但不看直播回放，你怎么能客观地看到自己当时的表现呢？我经常劝主播朋友们，要多看自己的直播回放，才能找到自己的优化点，自我观察是提升最快的一种方式。你把屏幕前的你当用户，把回放里讲品的你当作你不认识的主播。这个过程叫作“观察自己”，这是一种心理学中让自己快速成长的方法。

我经常带着主播一起看他们的回放。在看回放的时候，我发现最多的问题不是表达不够流畅，也不是逻辑不清晰，而是很多主播全程不看摄像头。看提词器，看评论，看手机，甚至不知道眼神应该放在哪里……总而言之，就是不看镜头。你不看用户，你说的内容可信度至少要减少 50%。你不看用户，你就是不自信。你不看用户，用户就不下单。当你和一个人面对面聊天的时候，他不看你，你还愿意看他吗？你会觉得对方心不在焉，或者不重视你，对不对？同样，作为一个主播，无论此刻直播间有几个人，他们只要没离开走，就有可能在盯着屏幕看。他们在看你，而你也要做出眼神上的回应。

眼睛是心灵的窗户，这句话对于做主播的人来说更加重要。眼神本身也是情绪的一部分。温柔、坚定、真诚、着急，这些情绪在你讲故事的时候，都会从你的眼神中流露出来。当你讲到自己产品的差异化买点时，你的语气是自信的，你的眼神也是自信的；当你用利他的话术和用户要关注的时候，你的眼神是充满渴望的；同样，在你逼单的时候，你的语气是自信的，你更应该目不转睛地盯着镜头看，把你的情绪传递给用户。

主播的眼神是可以练习的。我给你推荐的方法就是对着镜子或者自己没事的时候就对着手机拍短视频，练你和镜头对视的语言。

此外，有一些主播不盯着摄像头的原因是直播间的设备位置摆放有问题。主播看评论的位置距离镜头比较远，这就导致主播看评论、回复评论的时候不看镜头。改进方法是使这两个设备尽量离得近一些，越近越好。还要给主播提个醒，看完评论区的问题之后，需要马上把眼睛看向摄像头，这才是你用户的位置，你要看着用户的眼睛回答用户的问题。

动作：幅度比在生活里放大 30%才好看。

我在线下讲大课的时候经常是手舞足蹈的，这导致很多人觉得我是一个非常外向的人，但真实情况并不是，我生活中不太喜欢社交，更加喜欢一个人安静地做事。但为什么我要在讲大课的时候手舞足蹈呢？就是为了吸引现场上百个学员的注意力。我们的大课至少都是两整天，而且课程安排得非常紧凑，中间的休息时间很短，因此我必须要把课程内容设计得有趣一点，我的

授课方式也必须多变一点，以及我的肢体语言一定是大开大合的。只有这样才会更容易让用户把注意力放到我的身上，听我讲的内容。

同样的道理，用户是在一个小小的手机屏幕上看到你，你的动作稍微小一点，站位距离镜头远一点，很多细节就都看不清了。你的动作应该尽量比你在生活里表现得再大一点，而且用户天然喜欢捕捉动的东西，一旦静止就容易疲劳乏味，所以你要尽量在符合你身份和性格的情况下把动作做得大一点。我的经验是比你在生活中的动作幅度大30%：笑的弧度大一点，手势动作大一点，面部表情也大一点，前进后退的幅度也要大一点。

特别是把你的语速、语调、重复、停顿这4个表达节奏和我们的眼神以及动作配合到一起，你感受一下自己的讲品变化，一定非常明显。

走位：配合展示与讲品节奏紧密结合。

还记得我们在单品运营玩法打磨里和大家分享的展示实验吗？上文我们只提到了如何展示直播间的产品，但在很多类目的直播间里，主播的走位也是对产品展示的一种体现。要想让一个产品的销量有提升，就要让产品动起来，让产品的方方面面都能被用户看见。

产品不会动，但主播能让产品动，甚至主播和产品一起动，这就是我们要和大家讲的主播的走位。我经常和主播们开玩笑说："在一个直播间里，一个主播连喘气都是带有目的性的，走位就更是了。"主播的走位就像一个演员的走位一样，是表演中必不可少的一部分。接下来我们就结合产品展示和讲品节奏一起来看。

当然，这里还要特别说明一下，全场坐着直播和只有手播的直播间里是不涉及走位的，但凡需要站起来直播的品类大家都会或多或少关注一下自己的直播走位。

我们还是以讲品逻辑为走位的设计基础，以服饰直播间为案例，然后把前边讲解的表达节奏和眼神动作串联到一起，顺便帮助大家做一个小复习。

单品讲解开始P0级买点——主播往往处于中景，展示半身，人物位于画面正中间，语速偏慢，讲场景化故事，记得语调变化。

P0级买点场景化部分——如果需要展示商品全景，主播需要往后退，一般在服饰、鞋靴、箱包、家纺、家居、家电等类目需要往后退到全景，给用户展示产品整体效果。这时主播的讲述内容是故事，但要体现出对产品的认可，语气偏慢，眼睛盯着屏幕，如果是服饰类产品要给用户看正身、侧身、后背等并配合产品的买点。

产品差异性 P1 级买点——主播往前走，变成近景展示产品细节，如果有需要局部给大特写，还要往前再近一次，并且身体微微前倾，这时需要用手指着自己想要让用户看清楚的细节，手部动作幅度要比生活里大 30%，然后围绕着特别部分给用户画两圈。主播语速稍微加快，在强调自己的产品特点时要加重音，对于特别重要的部分要重复两次，眼神要盯着镜头。如果产品本身有实验设计，在用户能看全的情况下尽量往前放，离镜头越近，效果越好。

比价前回到中景半身位置，如果有比价物料可以再次往前放，对着镜头做特写展示；如果没有，则直接站在中景位置开始比价，比价的过程中慢慢往前走，呈现一种递进关系。

强调保障信息 P2 级买点——变成近景，身体可适当前倾，语速加快，重点位置有停顿。如果保障信息比较多，用上我们说的“不仅……而且……还……”递进的句式，给用户形成保障到位的印象。

开价时——保持近景，可以再提一次比价，然后准备开价，这段主播语气要非常自信且坚定，开价前可突然停顿 3 秒，然后喊“3、2、1，上链接”。开价后如果是有 SKU 分别推荐物料，则继续推近景；如果没有，则回到中景位置。

逼单环节——先往后走到全景，配合场景话术作展示，然后中景，最后近景，主播递进，用上我们的一句场景、一句比价、一句逼单；一句保障、一句比价、一句逼单；穿插关注和信任话术。最好可以用上“不仅……而且……还……”句式或者排比句，又或者用反问句体现出自信和对用户的利他之心。

以上就是我们通常在讲品环节的走位，每个类目的情况不太一致，需根据情况稍作调整。需要给用户看细节、表现自信、情绪激动的时候，尽量用近景；看整体展示的时候，用中景或者远景。在整个讲品过程中，主播可以给自己设计多次走位，但不能移动得过于频繁，否则会显得非常不专业。可以走位，但不能乱晃；往中景或者远景走的时候，不要背对着用户，要倒退着走，眼睛尽量保持和用户对话的感觉。

我们补充说一下服饰类直播间，主播上身前一定要做好搭配，如果主播穿上不好看，对于商品的销量影响很大，我们说主播上身效果好，用户下单不会少。

以上就是我们的主播非语言表达练习内容。至此，讲品过程已经全部讲解清楚了。我们从思考逻辑到表达话术再到非语言表达，全部串联到一起，朋友你是不是感受到了原来直播是一场表演？这个职业很好，我们还有很大的进步空间。

互动区

我还有一些给主播朋友们的小建议，大家可以在微信公众号“开播进行时”里回复“主播提升”4个字，获得我给你准备的22个主播细节方法，让你要逻辑有逻辑，要表达有表达，要气场有气场，要细节有细节。

15.3 加餐：店铺主播别迷路，微人设才是出路

在过去的两年里，我给店播企业做直播教练的数量比给达人的要多得多。店播主播往往都有一个困惑，大家会私底下跟我说：“老时，我特别羡慕达人直播，因为人家播的是自己的账号，而我播的是公司的账号，播到最后达人变成了IP，而我还只是一个打工的而已，公司随时随地可以和我终止合同。”

看到这段话的主播朋友们，不知道你是不是也有同样的感受？站在一个过来人的角度，我一定鼓励你成为一个能带货的达人，这样你自己的价值会更高，获得的收入也会更好。但是站在直播教练的角度，我还是会替你担心，因为达人也要有团队，单枪匹马越来越难以做好一个账号甚至一场直播。你自己现在掌握的本领越多，有一天出去创业的时候成功的概率就越高。但即使像我一样最终走上了创业这条路，我还是会感觉到精力不够用，不得不把一部分业务交给其他伙伴去做。创业其实比看起来的情况要复杂得多，所以我建议你要慎重，但你可以现在好好提升你的能力。

做店播主播就低人一等吗？这是很多主播朋友会问我的第2个问题。大家觉得自己没有达人主播那么有话语权，因为自己要听很多人的安排。但我想和你说，无论做店铺主播还是达人主播，你永远需要理解的一件事就是你的价值决定了你的话语权。你在一个项目里的价值越大，你就越无可替代，你也越容易获得话语权。因此我明确反对一个主播在直播间里重复背一段话术，然后面无表情地机械式讲解，我觉得这样的主播是在浪费自己的生命，甚至他会越来越没有价值，最终被这个行业淘汰。

店铺主播的价值要怎么来提升呢？在我看来，店铺主播也要做好自己的人设。我们销售的商品并不稀缺甚至是趋同的，而且我们也不希望自己永远只是被动地承接投放带来的流量。毕竟，如果一个主播只能承接相对精准的

付费流量，长此以往他做自然流的能力会下降，更麻烦的是他会失去对流量的感知意识。

现在回过头来看我们的讲品逻辑。我们在讲品开始的时候第一个要点是要做P0级买点的故事化呈现。我非常希望每个主播都有讲故事的能力，有展示自己独特人格魅力的能力，哪怕你今天就是在一个店铺上播4个小时，之后就交班给其他主播了，我也希望你有自己独特的记忆点。

如果店铺主播有段位，那么基础主播说产品，合格主播说场景，IP主播说感受。如果你用了我上面这一整套讲品逻辑，就已经走出了纯粹的店播风格。现在至少你是一个能说场景的主播了，接下来我们加餐，就要再分享一些做人设的小技巧。

我把这些技巧称为微人设，即掌握这些技能会让你渐渐拥有自己的直播风格，但还不够让你成为一个IP。关于如何做IP主播，我也争取早日整理出系统方法，再和大家分享。

这里我们说3个微人设主播一学就会的技巧，一点都不难，都是你在日常直播里马上就可以用到的。

技巧1：对待自己有定位。

多提及自己的名字，让用户至少记得你是谁。所以以后不要称呼自己为主播，那是职业，不是名字。你的名字就是你的标志。

多提及自己生活里可公开的象限，把自己的生活和讲品融合得再多一点，拍照录视频，把品带回生活场景里。让你的产品在生活场景里出现，用户会更加相信你。

公开一个无伤大雅的小缺点，成为直播间的梗，让自己渐渐被大家熟悉。直播教练老时那个无伤大雅的小缺点就是容易着急，但是我是为学员、为甲方客户负责而着急，不是发泄情绪的着急。

给自己想一句口号或者口头禅，特殊的手势，也可以给自己准备一些小道具，比如商品上架的时候摇铃铛等，让自己成为一种风格。

掌握一种和自己人设吻合的表达方式，学会使用一些适合自己人设的金句。我个人很喜欢押韵，所以我在这本书的很多章节标题里都会用韵脚。

技巧2：对待用户要真诚。

真诚可以帮助用户避坑，明显不适合某类人群的商品，要告诉用户不适合的原因，但不能攻击或者讽刺用户的不足，同时推荐其他的商品。让用户觉得你是一个专业的人。

能和直播间用户分享老粉丝的故事，让用户觉得他了解你，期待有一天你也能记住他的名字，说出他在直播间的故事。

教会用户小技巧、小妙招，让用户感觉到你的专业，你是他那个有一技之长的好朋友。

技巧3：对待商品有见解。

了解商品的核心信息以及用户购买的痛点，这是每个主播必须要做的功课，去淘宝高销量的链接里找“问大家”模块，看看有购买意向的朋友们都在问什么问题，对你收集整理用户的痛点非常有帮助。

了解商品的一个隐藏小细节，这一点很重要。这种小细节经常给用户一种“主播对这个产品了如指掌”的感觉。这会增强用户对你的信任度。

了解商品的“神仙”使用方式。所谓的“神仙”使用方式，就是惊喜点，这个商品不仅能干什么，还能干什么，这种操作对于用户来说就可以带来小惊喜。

了解一个商品品牌的有趣故事。产品开发时候的趣闻、面世的一波三折，产品开发出来内部同事的反馈，增强用户对品牌侧面的好奇。注意不要伤害品牌，不要说那种危机公关类的事情，更不能攻击自己的竞争对手。

重要的商品提前试用，出测评报告，像美妆博主一样自己做物料准备。

以上就是我给店播主播朋友们的3个小技巧，希望能对你做一个微人设的主播有所帮助。但这部分不着急，你先把前边的部分练习扎实了，再添加这些技巧。罗马不是一天建成的，所以不要着急，一步一步来。

作业区

朋友，到现在为止，整个主播的技能部分我们就都分享完了，你要把以上我们说的所有知识点都消化吸收一遍，然后把你做的每个小练习都一步一步叠加到一起，最终形成一套你独有的讲品思路。大家在工作中还需要反复实战训练，这个方法的效果才会慢慢地显现出来。

加油！朋友，练起来！

16 复盘不要有压力，进步迭代要持续

“无复盘不直播”，这句话强调复盘是一场直播的核心所在，因为复盘解决的是这场直播中好方法的提炼和下场直播方法的优化，以及新想法的尝试。但往往在复盘的时候，主播的心理压力是最大的，因为大家经常会把一场糟糕的直播最后都归因到主播身上，导致这个直播复盘最终变成对主播的批评会。我认为这是非常不客观的，而且对于主播的能力提升没有任何帮助。

16.1 主播复盘分 5 步，无复盘不直播

这里我把复盘中与主播有关的部分简单呈现一下，关于复盘的完整逻辑，大家可以去看我们在场控运营部分中的复盘章节。我们的复盘一共可以分为 7 个步骤，那里有一个非常清晰且完整的逻辑，帮助你看明白一个成熟的、有合作意识、有数据思维的场控运营如何带领团队去做复盘。其中，主播的复盘是第 6 步。

与主播的复盘，我们划分为 5 步，一定要注意顺序。

第 1 步：针对主播的整体表现中的亮点先给予肯定，特别是对新主播和不太自信的主播这个方法非常奏效。这个部分要注意，场控运营一定要夸赞具体的点，给主播更多、更准确的正反馈。建议你一定要一边直播一边记录主播的亮点。你可以用场记来记录。

第 2 步：请主播先表达自己在本场直播的感受，以及觉得哪些方面需要更好的配合。无论在我做的明星项目、达人项目还是品牌自播项目，我的运营都算是比较强势的，我们的强势不是体现在我们态度上，而是体现在我们的数据能力和综合操盘经验上，所以主播往往对我和运营团队的信任度很高，但越是这样，越要让主播先发表主观感受，我们要听一听她的想法和建议，以

及帮助她完善自己的想法，争取能落地。当然如果你遇到的主播过于强势，她就更会先表达，那就准备好沟通策略。

第3步：对照直播时做的场记来看几个重点信息，关注话术、互动话术、开价后商品销量等信息逐一给出点评，以及提出主播需要优化的建议。关于场记的使用大家可以看场控运营部分中配置大屏的第2步做场记。

第4步：违规信息汇总。不建议和主播复盘的第一个环节就先说这个违规，除非你们的违规非常严重，除此之外作为一个既定的事实，没必要放在主播复盘的开头，会影响大家的沟通状态。等把重要的信息都讨论完毕之后，再补充一下今天的违规警告和原因就好。这里一定要记得主动去抖音电商学习中心了解新的平台政策，如果新的内容记不住的话，记得写在纸上贴在镜头下方。直播中，如果上一句不小心违规了，马上对镜头道歉，把正确信息再表达一遍，这个方法很有效，因为系统审核时会看前后语句连贯内容。

第5步：完成以上内容后，要明确给出主播下一场直播需要做的优化点。这一步很关键，因为我们说了那么多信息，最后都要聚焦到要解决的问题、主播的建议、你的建议、你们讨论后达成的共识。建议越明确越好，同时你也给下一场直播准备了基础参考值。在下次直播结束之后，你可以看看这次内容的落实情况，这样复盘就动态循环起来了。

以上是我们主播的复盘步骤，大家注意到了吗？我用最大程度的善意，希望主播们的复盘压力小一点，但作为一名主播，你也一定要懂得和场控运营去合作共赢，找到自己的提升空间。我往往对于运营非常严格，但是对待主播我多以鼓励为主，希望主播能在镜头前有更好的表现。但主播朋友们一定不要骄傲，不懂协作、不懂相互体谅的主播，我也一定不会容忍。我觉得这是一个直播教练该有的分明态度。

我个人最欣赏的就是不断进步的主播。绝大多数时候，我不在意新主播的业绩，因为对一个新人来说不能有太高的期望，那样只会给他很大的压力，反而会影响他的表现和心态。但只要这个主播在进步，每次直播都能有一点点改变，并且认真对待直播工作，还能独立思考，这就是我心目中的潜力主播。虽然不是每个主播都能成为头部，但是他至少可以是行业里腰部以上的主播。

16.2 渴望成功的人，别慌，走好每一步

我为自己带过的几位主播流过泪，原因是当我得知这些主播焦虑到凌晨

两三点还睡不着觉，早上4点多就要起床去直播。我有那么一瞬间，特别想劝他们离职。说这话的时候，我不是直播教练老时，我是他们的老大哥老时。我心疼这些孩子。恕我冒昧，我一直把自己带过的主播、场控运营、运营、商务、投手、编导都称为孩子，可能是自己年纪大了，也可能是觉得叫他们孩子，比叫他们甲方或者学员要亲切。所以，我以老大哥的身份，也称呼素未谋面的你为"孩子"。

在很多没有做过直播的人眼中，感觉主播就是在捡钱，而我们都知道，辛巴、罗永浩、董宇辉都是主播，但他们这样的主播和你我这样的主播，并不是同一个主播。大部分主播远远没有那么风光，甚至直播行业99%的主播不过是为了养家糊口而日夜奔波的打工人，一个普普通通的打工人而已。

孩子，做直播是一个非常容易让人焦虑的工作。实不相瞒，做直播之前，我辛辛苦苦工作一年体重轻了50斤，从176斤瘦到了126斤，但现在我又胖到了146斤。每天晚上一过0点，我就像受刺激的绿巨人一样，忍不住找东西吃，专挑热量高的，有甜味儿、咸味儿、辣味儿的东西吃。我控制不了0点以后的自己，不吃东西我就像要疯了一样。直播压力太大了，不做直播的人是无法理解的。特别是抖音的直播，直播间的流量一天一个变化，甚至每分钟都在变化。昨天你单场成交额达到100万，外人以为今天你就稳了，但不好意思，每天按下"开始直播"那个键的时候，一切都归零了。我经常开玩笑说，直播间特别像是一个没有尽头的隧道，并不会因为你爬过了1000米，你就看见终点的亮光了。你的前边仍然是黑漆漆的一片，每天醒来每场开播，你不得不逼着自己进步，至少要跑赢同行同级，才会短暂地感到安全。

然后，下播的时候深深地喘一口气。可是明天再开播的时候要怎么维持住今天的战绩呢？你不知道，我也不知道，其实没人知道。很多歌手演唱会结束之后，都会瘫倒在后台，体力用完了，真的没劲儿了，但又睡不着。成功了，神经是兴奋的；失败了，神经是焦虑的……总而言之，睡不着。然后，一不小心还有违规，可能会给账号扣分，可能还要被罚钱……

我经常在早上六七点醒来的时候打开手机，看到主播们、场控运营们、项目负责人的留言。昨天我收到了一个主播孩子的微信留言："宇哥，我坚持不住了，我觉得我越播状态越不对，我想放弃了。"留言时间是凌晨3点27分。3点35分，她撤回了一条留言。4点06分，她给我留言："宇哥，我还是想干直播，你能帮帮我吗？"我看了一下手机，我醒来的时间是早上的6点半，大约在7点钟的时候，这个孩子已经化好妆出现在直播间里了。

我不知道，是不是只有我知道，这个孩子昨天一夜没睡。那一瞬间，我鼻子一酸，眼泪掉了下来。

如果是我自己的妹妹，我一定劝她不要再直播了，没必要这样，年纪这么轻，为什么要活得这么累？人家同龄人在哈尔滨冰雪大世界玩得不亦乐乎，而你只能被固定在直播间里……我年轻的时候，为了多赚点钱，哪里都没玩过，每天省吃俭用，甚至没有周末，我不想自己的妹妹也过上这样的日子。我犹豫自己要不要进入直播间，因为我一旦进来，孩子就能迅速认出我的名字。

她在卖力地讲品，脸上有笑容，声音很亢奋但却是沙哑的。我想了想，还是进了直播间。“快去喝口水，不用回复。”

我不希望这孩子在直播间里回复我，我怕打断她讲品。这孩子站在机位前，展示近景，她迅速地比了一个 OK 的手势，然后迅速地转过头去，往中景走，一边走一边介绍产品。主播很少会转过身给用户看背影，大家基本上都是倒退着往后走。当她转过来的时候，我看见，她也哭了……

那一瞬间，我挺恨自己的，为什么要留这个言，把这孩子一大早给弄哭了。我本可以给她微信留言的，我这冲动劲儿，真的是没给这孩子起到任何好的作用。她在镜头里哽咽着说话，我在这头也掉眼泪……这一早上，我心里无比难受。

我在想，地球上有多少个人在直播啊？有多少个人像这个孩子一样被直播折磨得整夜睡不着觉，想找个人说说自己的恐惧、焦虑和迷茫，这些年纪轻轻的孩子们真的是被锁在直播间里，从每天 4 个小时到每天 6 个小时。他们不敢休息，因为他们中绝大多数是时薪制，多播一个小时，就多一个小时的收入，有的人攒钱是准备逃离，有的人攒钱是为了梦想，还有人攒钱是为了让自己的家人过得再好一点……

他们害怕被数字人替代，也害怕自己的直播间项目因为不盈利而解散，更害怕公司来了更优秀的主播而减少了他们上播的频次……好好的一个年轻人，满心都是焦虑和恐惧。他们早起就点一杯外卖咖啡送到公司，还开玩笑说这是他们的续命水，晚上吃着褪黑素，希望能早点睡着……是的，就连我，一个做直播咨询培训的人，我都是这么过的，更别说那些在直播一线里的人了……

孩子，我不认识你，我不知道你的名字，但我知道你正在经历这样的日子。住在便宜的合租屋里，点着十几块钱一份的外卖，算着自己一个月一共播了多少个小时，然后希望自己明天可以比今天播得更好。因为我也是这么生活了一段时间。

孩子，作为过来人，我有3个心得想和你分享，希望能在你失眠的时候，有那么点作用，至少让你能好好地睡一觉。

第一，如果你为了直播而失眠，说明你已经很优秀了。那些对直播不上心的人，甚至抱着当一天和尚敲一天钟的人是不会为了直播而失眠的。他们没指望自己把直播做得更好，所以根本不在乎自己明天到底会不会更好。但你因为想做得更好，想突破困境，你才会焦虑和失眠。从骨子里，你是一个重视直播且上进的孩子，你已经打败了90%的主播了。

第二，直播和创业其实是一样的，我们的终局一定是被淘汰。这是终局，你我都回避不了的终局。只有你看清楚了这终局，你才会明白要用什么方式做每一场直播、接每一个业务、度过你生命里的每一天。创新工场的李开复曾经写过一本书叫《向死而生》，写的是他检查出癌症之后，对待生活和创业的态度；还有一个得了渐冻症的京东高管叫蔡磊，他写了一本书叫《相信》。花朵的终局是凋谢，生命的终局是死亡，唯有认认真真做自己热爱的事，才没有辜负生命。

第三，我希望你爱上直播，爱上每一天都像抽盲盒一样的直播，无论今天的流量有多差，你都要尽量把一把烂牌打得精彩。但一旦下了直播，就不要再陷入懊悔和自责中，因为明天又是一个崭新的开始，你需要做的就是快速想一想下一场直播自己最想优化迭代的是哪个方面。别担心，你什么都不会错过，只要你像玩游戏一样对未知抱有期待，就像我小时候玩"超级玛丽"一样，期待下一关的未知，你就赢了。我给你推荐一本书叫《有限和无限游戏》，当你用这个视角看待自己今天的经历，你会发现今天不过是你往明天走的一把梯子而已，认真过但不苛责自己。

孩子，其实，我不是希望你爱上直播，而是希望你能具备这样的生活技能。这个世界的变化越来越快，人生不如意十之八九，只有你放过自己，才能不被曾经的经历而伤害。做抖音直播，不过是你修炼人生态度的一个关卡而已。

过去这两年，我讲了好多堂课，给好多主播做了指导，我说得最多的一句话就是"你足够优秀，独一无二的你值得被看见，你比你卖的任何品牌都值钱，你只要发挥出来自己独特的优势，无人能敌。"

这不是一句空空的鼓励，我的心里真就是这么想的，只要是商品，多多少少都是可以被批量生产的，而作为主播的你才是真正稀缺的。是你把一个冰冷的产品变得有温度、有情感价值，所以你赋予了这些流水线上的产品以灵魂。

当你知道自己原来这么重要时，你就要替未来的自己照顾好今天的自己，好好睡觉，好好吃饭，好好直播。最后，附主播能力进阶表供你参考(见表16-1)。

表16-1 主播进阶能力对照表

能力项	能力点	新主播	老主播
生活洞察力	能带着“显微镜”在生活里观察用户的行为习惯，通过被观察者的行为理解用户心理活动。能观察自己的心理活动，整理可共情的语言，为讲品提供个性化素材	☆☆☆	☆☆☆☆☆
有效表达力	有逻辑、有重点、有节奏的场景表达与演绎	☆☆	☆☆☆☆☆
合作意识	与场控运营、短视频、商务的默契配合。对待新主播的有效帮助	☆☆☆☆	☆☆☆☆
迭代自驱力	主动参与复盘询问优化建议，主动学习公司内外部优秀主播讲品方式。通过刻意练习提升自己的职业技能和主播素养	☆☆☆☆	☆☆☆☆
进阶能力	个人IP魅力、运营思维、直播行业深入了解、老带新意识	☆	☆☆☆

附录　做一个终身成长的直播人

朋友，你相信我们中的绝大多数最终都会离开直播这个行业吗？我一直都有这样的预感，时代的风口始终都会存在，但你我并不见得总能赶上风口。

你是不是以为接下来我会说抓住做直播带货的末班车，趁着风口好好捞一笔？相比于这句话，我更想说："朋友，别那么着急，直播只是你走过的一段路。无论你过去走得多艰难，也无论下一段路有多崎岖，你都已经成长了。"

在这本书的结尾，我想和大家聊聊我自己，说说我是怎么从农村走出来，怎么从燃气公司的一线员工变成京东、抖音、"交个朋友"三家公司的业务老手，又怎么最终走上了创业这条路；说说一个从焦虑、迷茫到思路渐渐清晰的我，一个从会害怕失败到接受失败的我，一个走了一些"冤枉路"但每段路都认真走过的我。

朋友，当你感到迷茫、焦虑的时候，可以来这里看看我。看完好好睡一觉，明天继续往你想去的方向走一步。

出生7天差点见阎王，"土狗"的一生被她改变

1988年2月末的一天，我在北方的农村出生了。我的出生让本不富裕的家庭更加雪上加霜。这并不是一句玩笑话，也一点都不夸张，因为我们家的生活条件本来就很艰苦，而我一出生，身体就出现了问题。

据老妈说，我出生的时候鼻子呛黑水，满月的时候只有5斤8两(2900克)，而且出生7天后就因为肺炎住进了儿童医院的保温箱。我老爸老妈为了给我治疗，花光了家里仅有的一点积蓄。

自此以后，我落下了肺炎的病根儿。不知道看这本书的朋友们有没有孩子，如果有的话，你一定知道肺炎对一个小孩儿来说有多可怕。我的肺炎每年至少会定期发作两次，一次是11—12月北方气温骤降的时候，还有一次就

是2—3月气温开始回升的时候。

我是典型的体弱多病、瘦小干枯的北方农村小孩儿，上小学时作为全班最矮的男同学坐在了教室的第一排。我的学习成绩还算靠前，但并不是排名前十的好学生，因此我上课时非常害怕老师点名让我回答问题或背课文，因为我会紧张到手心出汗，双腿哆嗦，说话时嘴是木的，甚至有一次还咬到了自己的舌头。

今天我非常自信地跟你说，我当年就是这么不自信。但今天我走上了创业这条路，做了抖音电商认证讲师，一年要在线下讲几十次直播电商百人大课，我还摸索着做抖音号和视频号跟大家作分享。

这一切的改变，都源于我在小学三年级时新换的一位班主任，王海英。三年级下学期开学的第一天，班主任带着一位戴着眼镜的年轻女老师走进了教室，对我们说："同学们，老师由于身体原因以后就不能再带咱们班了，今后王海英老师就是咱们班的新班主任了。"

我记不清第一次见王老师时她的穿着了，但始终记得她的长相：樱桃小丸子一样的齐刘海短发，一双炯炯有神的眼睛，鼻梁上架着一副眼镜，脸上有两个酒窝，说话时总是带着笑。

当时坐在第一排的我万万没想到，我命运的齿轮就这么开始转动了。

开学后不久，王老师让我站起来领读课文《赵州桥》，我整个人像被雷击中了一样，完全不知所措。三个字一停顿，五个字一个错，两句话一重复。当时我感觉我的嘴和舌头像打了麻药，完全没有了知觉，只听见全班同学哄堂大笑。

"大家别笑，你站起来也一定紧张。咱们找一个朗读好的同学给大家示范一下吧。"王老师面对全班同学说道，然后拍了一下我的肩膀，叮嘱我道，"小宇，回家你再多练练，明天还找你读这段。"

唉，心里一块大石头，终于砸在脚面子上了。真疼！当天放学回家我就开始一遍一遍地读那段课文，晚上9点多，我妈绝望地说："大儿，睡吧，明早我5点叫你再读。"

第二天还没到5点多我就自己醒了，起床后继续读，觉得练习得差不多了，就给老妈朗读了一遍。"妈，这样行吗？"我问

老妈忙着做早饭，回应道："挺好的。"

走在去学校的路上，我越来越紧张，越来越不自信了。快到学校的时候我恨不得装病请假回家。

老师到了教室首先点名让我再朗读一遍。果不其然，我读得和昨天一样糟糕！王老师则说："比昨天好多了，但还是紧张。今天放学晚走一会儿，我跟你再练练。"

就这样，我被老师课后留下了。我以为她会很严厉地批评我，但是并没有。老师就跟我聊家常："我的小侄子，刚四五岁，说话有时候还淌口水呢。他去幼儿园也紧张，后来我就教他把老师和同学们当成大白菜，读课文表演小节目的时候就当自己一个人站在白菜地里，这样就不紧张了。你也试试。"

说实话，站在她的办公室里，我怎么可能不紧张呢。打开课本的时候，我在心里默念"白菜，白菜，白菜"。按照王老师的方法，我连续朗读了几遍后，效果果然好了一点点。

这一次王老师"验收"的时候，我顺畅了很多，王老师为此还表扬了我。我第一次被老师表扬了！那天放学回家，我一路小跑，跑过村头的白菜地里，拿出课本，大声朗读了一遍《赵州桥》。

后来，王老师开始给我增加训练强度。她会早上给我布置一个词，让我以这个词为核心讲一段话，大约就是20～30秒的长度，下午放学前让我说给她听；再后来，她让我把一个词变成一篇小作文，至少要说上1～2分钟，同样也是放学之后"验收"合格才能回家……

有一天，王老师对我说："小宇，回家让你妈妈给你买一个大一点的镜子，每天早上早起10分钟，眼睛盯着镜子里的自己练习讲话，讲顺了再来学校给我讲一遍。"我听话地照做了，然后渐渐开始自信起来了，性格也活泼了，不再唯唯诺诺的。

小学五年级的时候，学校组织六一联欢会，王老师向校长推荐了我做联欢会的主持人。我从没想过我会当上主持人。为此，王老师开始教我演讲，教我演讲时的语气、眼神、动作和走位。我的主持稿是王老师写的，每天放学她都拿出专门的时间陪着我练习。

朋友，如果你看完了这本书，你会发现，我在教主播讲话节奏时用的就是王海英老师的方法。

小学六年级的时候，我们镇上16所小学要组织一个喜迎千禧年的演讲比赛，王海英老师为我争取到了代表我们小学去比赛的机会。她给我写了一篇演讲稿，叫《给理想的种子插上翅膀》。我获得了人生中的第一个第一名。是的，我从三年级的磕磕巴巴小男孩，变成了我们镇上的"小演讲家"。

我没想到过，我的父母也没有想到过，王海英老师让我成了一个有了一技之长的农村小孩，就是这个一技之长，让我不再像一只不自信的“土狗”，让我在高中、大学，甚至工作之后都有了被别人记住的技能。直至今天，我能以表达为生，写微信公众号、讲课、拍视频、出书。

1997年，王海英来我们学校时，她是师范学校的应届毕业生，而我是她带的第一届学生。到我写这本书的2024年为止，王海英老师已经在我们镇子的学校工作了27年。这27年里每一个被她教育过的孩子都是幸福的，这几年我越发地感恩，经常觉得当年要不是遇到了她，我可能是另外一个状态。

朋友你看，这就是我，由一只不起眼的农村“土狗”变成一名抖音电商认证讲师的过程。这个过程少不了两个要素：

第一，要想进步就一定需要刻意练习。没有人能随随便便成功，即使你在抖音、微信视频号上每天都能看到不同的造富神话，但我依旧相信，扎实练好基本功，未来才有可能少跌倒。所以我这本书里讲了很多帮助你练习基本功的东西，我总是催促你不断练习，这一点的确受王老师的影响。我很难说什么“人定胜天”的话，我知道就算努力也不见得会获得百分之百的成功，因为运气不见得每次都会选中你我，但还是觉得能力的提升会在最大程度上提升成功的可能性。

第二，要知道自己的成就感来自哪里。我自己能走上直播教练这条路就是受了王海英老师的影响，是王老师改变了我，我希望做王老师那样的人，能够影响更多人。我人生中很大的成就感就是来自我带过的直播人，他们越成功，我的成就感就越强，最终使我走上了直播教练这条路。哪怕有一天我不再做直播教练了，我还是希望自己能成为给更多人传道、授业、解惑的那个角色。这是我人生的底色。这本书能让更多没有机会来上课的人理解直播、学会直播，这件事儿对于我来说更有成就感。

再次感谢我一生的恩师和贵人，王海英老师。

粉碎骨折14天后上班，因为无偿帮忙而转行互联网

2006年夏天，我在运气的帮助下终于考上了二本。后来王海英老师说：“小宇，你是咱们班第一个考上大学的。”是的，朋友，你不知道，一个农村小学里走出来的大学生是少之又少。

当时我根本没有资格挑选学校，只要是愿意招收我的本科院校我都愿意去；在选专业的时候，我选了一个叫作“建筑环境与设备工程”的专业。至今我都没后悔选了这个当时自己不知道是什么的专业，我只有感谢，因为要不

是上了个二本，对于当时学习成绩很一般的我而言，人生又是另一个不太好的版本了。我主修的是城市管网燃气输配方向。

你很好奇，为什么一个学燃气输配的人最终会去京东、抖音、“交个朋友”这样的互联公司做业务操盘手呢？之后我还走上了创业这条路，还把自己的老东家“交个朋友”变成了自己的一个甲方。这又是一个非常奇幻的故事。

2010年春节前，也就是我大学四年级上学期快要放假的时候，全班一半以上的同学都找到了工作，而我却还没有被任何一家企业选中。在放寒假的前三天，一家名叫新奥集团的燃气企业去我们学校招聘。当时企业招聘的人员很实在，对方说：“我们在全国校招了将近350个学生，有五六个学生已经毁约了，所以希望在就近的学校再补招一批同学。”

就这样，我在放寒假的前一天找到了工作，签约了新奥集团。

新奥集团会在每年6月份把全国招聘的大学生们汇聚到廊坊，进行为期一个月的封闭培训。2010年6月18日，我和另外300多个来自五湖四海的大学毕业生一起来到了廊坊。当时在信息收集表上有一行要写个人特长，我写的是“主持演讲、活动策划”。

在为期30天的培训中，我一共主持策划了6场活动，成为那一届学生里的文艺骨干。要不是当年王海英老师教会了我这个技能，我是一点儿都没有机会在这个300多人的集体里脱颖而出。集体培训结束后，同事们去了全国不同的城市工作，我留在了廊坊当地的新奥燃气分公司。新奥集团的总部也在廊坊，这为我日后从燃气公司向互联网公司转型埋下了伏笔。

去燃气公司上班的时候，我一开始以为自己会被分配到类似于工程技术部这样的专业部门，但实际上我们一批入职的新人都被分配到了工作一线：我的伙伴去了客服部门做投诉电话接线员，我去了管网检测部门做室外燃气管道检测员。要是从体力的角度来说，我的工作会比较累，主要工作就是带着管道检测仪器，沿着城市管道每天一步一步地做防漏气测试。这个工作我做了两年，基本上把廊坊市主要区域的街道都走了一遍，我想这也是我为什么这么喜欢廊坊的主要原因——我是用脚把这个城市丈量了一遍。

我来自农村，觉得大学毕业能有个可以自食其力的工作已经很开心了，但和我同时入职也在一线工作的另外四个同学里，有两个入职半年内就离职了，他们觉得大学毕业做这个工作没有发展空间。但我觉得挺好的，主要是因为我有一群非常好的老同事带着，大家一点儿都没把我当外人，我成了这个团队里被大家照顾的小兄弟。

2011年4月10日，我在结束户外工作返回公司的途中出了车祸。同事驾驶的车辆刹车出了问题，我们为了躲避其他车辆撞到了路边的树上。

朋友，这是我人生中第一次离死亡这么近。在送我去医院的救护车上，我脑子里只想了两件事儿：如果能活下来，第一要好好爱自己的父母，因为一个人死后就没有知觉了，但那些活着的至亲却要承受永远失去的痛苦；第二要好好做自己喜欢的事儿，我不甘心只做一个管网检测员，我更不能死在这个岗位上。

我在医院做了核磁共振，发现只是左臂肱骨粉碎性骨折后，特别高兴。我同事问："你是不是撞傻了？"我说："脑子、内脏没事就好，哪怕只剩一只胳膊，我都能好好地活下去。"

至今，在发生车祸之后13年里，我能乐观地面对绝大多数事情，跟那场车祸有很密切的关系。朋友，你说我算不算因祸得福？我觉得算。

手术14天后，我挎着绷带去上班了，当时很多人以为我是在作秀，还有一些同事背地里议论："你看时博宇这孩子多聪明，人家挎着绷带来公司，这就是告诉公司领导不要亏待我，也不闹，但就是给所有人看，让公司领导看着办。"

其实，我根本就不是那么有心机的人，只是想证明自己是一个哪怕只有一只手也能有价值的人。我没有和公司要过一分钱的赔偿，我压根也不会要。

一只手的我除了能干原来检测管道的工作，还能写一线同事的工作报道，还能给他们拍工作照片。一只手的我，比原来两只手的我更努力，做的事更有价值。公司给我一份工资，但是我能既做好业务，又搞好安全生产的宣传工作。我每个月都有四五篇报道发布在集团的网站上，越来越多的一线同事喜欢我，因为我从不宣传自己，只宣传他人；越来越多的集团领导认识我，因为我是为数不多的把基层员工的工作状态呈现给大家的人。我参加集团组织的各种演讲比赛，我还演话剧，我还自编自演小品，我给集团做各种活动的临时主持人，我还给同事们做婚礼策划和主持人……

但，朋友，这一切都是义务的。你说我这是高尚吗？不是，我只是在不断寻找我人生的可能性。我有好几次被集团里的大领导看上，要调我去集团做宣传工作，但我都拒绝了。我很担心自己适应不了体制内的宣传岗位，也不擅长处理复杂的人际关系。但我不能不磨炼自己的本事，只有让自己越来越有能力，我才有可能真正冲破这个壳子。

朋友，在车祸后的第四年，我等到了这个机会。

2015年3月15日，我在廊坊市的一家驾校练习科目二，新奥集团的一位朋友突然打电话给我："博宇，能来帮个忙吗？救一下急。"集团做了一个叫一城一家互联网O2O业务，3月15日这一天在廊坊启动仪式，打算在商业中心连续做7天的户外路演。当天上午，他们发现没有活动主持人。

朋友，你敢相信，一个活动万事俱备，只差一个主持人吗？你说这是不是天赐良机？

我到现场的时候，对方给我的所有资料只有一张A4纸大小的宣传单，上面关于公司的简介不到200字，剩下的都是商家的优惠信息。这时候这个项目的老板走了过来，其他人都称呼他"老大"。

老大说："你准备几分钟，之后试试看。感谢你来帮忙。"

我准备了大约10分钟之后，一只麦克风就递到了我的手上。半小时后，我完成了第一轮口播，老大走过来就问："博宇，你愿不愿意来我们公司做市场宣传？"

我当时有点蒙：我只是来帮忙的。介绍我来帮忙的那位朋友说："老大，你得让他来，他太优秀了。咱们团队就缺少这么有能力的人。"

我的朋友转过来对我说："博宇，这是咱集团的子峥总。你一定要来一城一家，你的才华在这里用得上。"原来眼前的这位子峥总，就是集团创始人的儿子。我当场就答应了。

朋友，你看，我因为给人家帮忙主持活动，就从一个燃气公司的员工变成了一家互联网公司的市场经理。这个事儿是不是很神奇？要不是当年王海英老师教会了我如何做主持，我怎么可能有机会完成这个人生的跨越？

当然，我还要感谢这位当时把我喊来帮忙的朋友，她叫叶子，也是我人生当中很重要的贵人。每年的3月15日，我都要给叶子发一条信息，感谢她当年的知遇和引荐，冥冥之中让我往自己要去的方向又走了一大步。

2015年3月15日，是我步入互联网职业生涯的起点，我成了一城一家网络科技有限公司（简称"一城一家"）的第一个城市市场经理。从地推发宣传单页到组织商超路演，从自己主持策划活动到写微信公众号文章……我全都做了。

3个月后，我成了一城一家第二站石家庄的市场经理，负责在当地招兵买马组建市场团队，开始和电视台、大学兼职、本地生活打交道。

半年后，我成了河北大区的市场经理，当时我们已经开了廊坊、石家庄、邯郸、邢台、张家口、保定和唐山7个城市分站。

一年后，我又负责了安徽和江苏两个省的市场团队。2017年年末，一城一家的业务已经覆盖了全国52个城市，我成为整合营销副总监，负责52个城市的市场经理选拔和考核，同时负责全国市场人员和新媒体人员的培训，以及全年各类大促活动的策略制订和宣发。2018年年初，我还接手了一城一家的用户运营工作，第一次把市场营销和用户运营两套体系打通。

其实，我们公司没有设整合营销总监一职，公司有公司的考量，而我也有我的想法。2015—2018年，我完整地走完了互联网营销和用户运营的各个模块，这已经足够了。

今天回想一下，我能走上直播教练这条路，和当时我给全国52个城市的同事每周做培训密不可分。很多事当时并没有人督促我，但我觉得自己应该做。我做这些也不仅仅是为了公司，更是为了自己。我希望自己的能力越来越强，希望自己越来越有价值。所以这三年的时间里，我几乎没有休息过，这也是到今天我已经没有所谓休息日概念的起源。我已经习惯了把工作和生活完全混合到一起，睁眼就工作，睡前也工作，而且还挺开心的。

人生没有白走的路，每一步都算数。我总是用这句话去鼓励每一位中控人员、场控运营、主播朋友，我鼓励大家不要有那么明显的岗位界限。特别是在直播这种需要团队默契协作的行业里，一个人有100种不想做事情的理由，但一个人要是真的能想明白什么叫"技多不压身"，他会非常有动力去做这些貌似对自己没什么价值的事。我就是很典型的、把所有该不该我做的我都做了的人，我给公司带去了价值，最重要的是我拓展了自己的能力边界，让我最终走上了一条更加光明的路。

往眼下看，职场里充满了算计，但从长远看，你其实没有什么竞争对手，你只需要有稀缺的价值……

自2015年我开始带实习生和应届毕业生起，转眼快10年了，这些人中有很多已经成了各行各业的人才，我们一直有联系，逢年过节的一句问候还挺温暖的。我很难把这些人的成功归因到我的身上，但我依然感谢他们把我当作某个阶段给他们点了一盏灯的人，这也是最终我会走上直播教练这条路的原因。就像我觉得王海英老师和叶子是我的"贵人"一样，我被我的"贵人"改变着，我也愿意给别人当"贵人"。

接下来，我的第三位"贵人"就要出场了。

面试京东差点被淘汰，跑到抖音后开始怀疑自己

2018年5月，我在朋友薇薇的推荐下去了京东面试。说实话，面试前我

觉得无比心虚，因为京东的招聘需求上写着至少要有两年电商行业经验，而我之前完全没有做过电商工作，我参加面试的又是京东商城最大的部门 3C 下的电脑数码事业部，据说这个部门非常难进。

第一次走进位于北京市亦庄总部的京东 C 座大楼时，我感到非常震撼。那是我自己从没想象过的大公司，宽敞明亮的开放式办公环境，每个人都挂着红色的工牌，会议室里有人在讨论。我面试的地方在一个硕大的茶水间，大家三三两两地喝着咖啡在开会。

我的第一位面试官是一位戴着眼镜的女士，这是我人生第一次接受正式面试，我显得紧张而局促。她问了我以前的工作亮点和对电商的理解。第一个问题我滔滔不绝地说了 20 多分钟，而第二个问题我就很难说出重点了。我很坦诚地承认自己对于电商不太了解，但我对做营销和运营都很有经验，之后我就把话题过渡到了如何洞察用户心理，如何设计活动流程，如何推动用户情绪，以及如何设计营销话术和传播物料上。

最后她问了我一个问题："你面试的其实是电脑数码事业部下的文具仪器组的第三方业务小组的整合营销岗位。这个岗位是一个实际操作岗，没有助手，需要直接做业务，而且我们这个组在整个部分的占比很小。你以前是一家公司的整合营销副总监，带那么多人，你还愿意来吗？"

说实话，我当时有点懵，惊讶于还有人会坦承自己的部门小。那一刻，我觉得这位女士一定是一个善良的人。

"我愿意，我自己就是从一个燃气公司的一线员工做起来的，所以我不会因为这个岗位没有助手就放弃了。"

"你为什么愿意呢？"她看着我反问道。

我心里想的是整个北京做电商的公司京东一定是第一呀，如果我能进入这个体系，就能学到更专业的电商知识了。于是，我回答道："我想做电商，电商未来还会更好的，我不怕从头开始干。"

这位女士之前都是笑着和我说话，但到这里她面无表情地说："好的，我了解了。你等下。"

10 分钟之后，我进入了第二轮面试，是这位女士隔壁组的男士面试我。这一轮我表现得更加糟糕，因为对方在整个面试过程中问的问题都很刁钻，而且全程没有给我任何正反馈。

半个小时后，我进入了第三轮面试。面试我的那位领导说话特别冷，在我做完自我介绍和工作履历介绍之后，他问我："你觉得你能干好这个整合营销的工作吗?”

“我今年已经30岁,转行做电商的营销工作看起来有点晚了,但我其实特别享受从头开始把一件小事做好再慢慢做大的过程。我这个人没有啥工作时间和休息时间的概念,我会抓紧一切时间把自己的工作能力提升上来。”我回答道。

他先是盯着我看,然后低头叹了口气,说:“你等等。”

我的心当时就凉了半截,我推测他大概率会觉得我不太符合这个岗位的需求。大约10分钟后,人事专员就过来通知我回去等消息。

第二天,人事跟我谈了薪资和预计的入职时间。天哪,我通过面试了!

入职第一天,我再次见到了那位面试我的女士!她笑得很开心,说:“博宇,你是我们团队第一个整合营销人员。以前我们这种团队都不会配置这样的岗位,加油好好干!期待你给咱们团队带来新增长。”

后来这个人成了我的宏姐,我在她的团队工作了一年,跟着她承接了部门的拼购业务,业绩做到了整个集团前三名,内容营销业务做到了事业部第一名;长期给文具类目中小商家做培训业务,帮助了很多新入行的商家实现了弯道超车……她给我争取了很多机会,鼓励我做了很多新的尝试。她还带着我出差去见客户,让我给客户做集中培训……这一年我成长得飞快。

后来人事告诉我,当初面试时公司领导很担心我不能沉下心来工作,是宏姐力保我,给了我这个机会。时至今日,我都在想,要不是宏姐当年的知遇之恩,可能我的人生又是另一番景象了。

朋友,你看,当你想做一件事,当你足够渴望的时候,当你全力以赴争取的时候,一定会有被你打动的前辈。我真正开始做电商整合营销工作是在30岁,这个年纪看起来是不是有点大了?是不是和很多做主播、做中控、做场控运营的伙伴很相似。但其实直播这个行业并没有那么严格的年龄设置,直播就是给很多人弯道超车的机会。但直播也很残忍,因为数据是不会陪我们演戏的,我们只有全力以赴做好这件事,才有机会突破现在的困境,去做下一个更有机会的事情。

经常有新人来问我大学毕业后如何规划职业生涯。我的回答一直是:“毕业前10年,不必去规划。路是走出来的,不是规划出来的。走你想走的路,吃你能吃的苦。10年之后,你会渐渐知道自己要往哪个方向去。”

我越来越相信,当你越有决心做一件事的时候,你就越会有“贵人”相助。2019年年初的时候,电脑数码事业部的综合大促岗位开始招聘负责人。按理说，我这种入职不到一年的人是没有资格报名的，但是宏姐支持我去尝试。但是宏姐说："博宇，你可能选不上，但你有和别人不一样的想法，你去感受一下。选不上也是个锻炼。"

的确是这样。宏姐为我争取到了这个名额。在选拔的时候，其他所有候选人对大促的理解就是如何给商家分配京东软件首页的坑位，而我说的是京东应该把内容作为一个新的增长点，调动商家和我们一起共创内容。之所以会提这个方向，是因为我在过去半年多的时间里，就是带领上千个中小商家在京东已有的内容板块里找到了商机——我独立策划的内容活动在2018年12月31日的微信端口上线，叫"2019给自己个胶带"。对，你没看错，我卖了一个文创产品的胶带。产品是我找的设计团队设计的，由商家完成制作。活动上线2天，话题讨论度超过120万，销售了2000组文创胶带。

当时，我是拿不到京东主力资源的，但我的这个尝试还是震惊了部门领导。基于以往的经验，我判定内容是商品销售增量的新来源，这背后对应的是用户的情绪。

在那次竞聘中，不出意外地，我落选了。但这也不影响我去表达自己对于生意的看法。这件事让我因祸得福，当时有一位部门领导觉得我这个想法很有创意，决心把我调到别的部门。在京东做了整合营销之后，我转岗到了电脑数码事业部的用户运营部门，独立负责一个指标。简单地说，就是要让每个用户在购买我们部门商品的时候多买点其他商品，而考核我的指标是一人多单数量。这个指标我带着两名实习生做了一年，做到了整个京东商城的增速第一名。我们的增速当年超过了京东超市等快消品部门，2019年年末我也因为这个指标而升职加薪。

但在加薪后不到一个月里，我就去了抖音集团。2019年12月末，我的一位同事去了抖音的商业化部门。有一天他发了一个朋友圈说抖音集团（当时的字节跳动）的市场部和运营招人，我就给他点了个赞。几分钟之后，他联系我说："博宇，要不要来试试？我帮你内推。"

就为这一句话，我给了他简历。2020年2月3日，大年初十，我接到抖音集团的面试通知。当时抖音集团招聘的岗位是市场部下的"用户增长UG团队"。在之后的40天里，我参加了6轮面试，最终在3月中旬接到正式录用通知书，确定了入职时间为4月6日。

你一定很好奇，一个岗位到底有多重要，会有6轮面试？

2020年4月1日，罗永浩老师抖音电商直播首秀，完成了1.18亿元的商品交易总额。我在清明节时开始往北京海淀区搬家,4 月 6 日完成入职。一直到入职的当天,我才知道自己来的根本不是用户增长团队,而是抖音集团市场团队马上要成立的新部门——电商市场策略。对,你没看错,抖音电商部门是 2020 年 6 月正式公布成立的,在 2020 年 4 月的时候,我入职了集团市场部,参与电商市场的筹备工作。所以,我一直到离职都不是电商部门的人,但我服务了电商部门所有的市场宣传工作。

当时抖音集团内部无法确定这个团队的归属,所以我就被多个团队交叉面试了 6 次,而且当时市场部门在全力筹备罗永浩老师的抖音首秀,所有人都非常忙,这也是当时人力部门希望我在 3 月末入职的原因。

我在公开场合说自己全程参与了抖音电商市场工作的全部筹备过程,这句话一点水分都没有。从日常宣传到全年的“618”“818”“双 11”、年货节、三八节以及“521”所有的大促节点的市场工作都是我所在的团队来完成的。与此同时,我们做了董明珠、丁磊、雷军等企业家的抖音带货直播,还包括一大批明星的带货直播首秀,而且还尝试了汉服十三余、美团机票等创新型业务的直播首秀。

你看到我前边说了这么多业绩,感觉我的抖音职业生涯一定很顺利是吧?但其实,我在抖音工作的这段时间里,对自己的能力产生了质疑。原因有两个:

第一,我感知到自己作为唯一一个以电商为背景的人,在一个以纯品牌市场为导向的团队里的“格格不入”。同事们都是看品牌收益,而我看的是业务收益。这个差别会显得我很奇怪,很难得到领导的认可,但我又实打实地能做出来电商需要的业绩。

第二,我不太适应当时的工作氛围。我一直都觉得很多内卷行为是不产生实际收益的,所以我就把自己放在了一个虚拟的真空状态里。实话实说,我当时只是想看看这个新的平台怎么崛起,新的内容形式怎么和商业化结合,以及我的新角色能做成什么事情,我能提升什么能力。但我的业务做得一定不比别人差,甚至很多时候我会做出更好的成绩。这就决定了我在当时处于边缘化,但与此同时,我又有拿得出手的业绩。我当时的那种状态很拧巴。

我在抖音一共工作了 14 个月,当我把抖音电商所有的市场业务全都做完一遍以后,我知道自己是时候离开了。我把自己的抖音职业生涯当作人生的一场进修课,所以我吃再多的苦、熬再多的夜也是为了自己,得找个实操场地去看看我的东西到底实不实用。

2020年下半年，我开始对接罗永浩老师的“交个朋友”这家多频道网络(MCN)机构。在这里，我遇上了人生中的第四位贵人——我在“交个朋友”的对接人，李天一女士。

在“交个朋友”帮公司赔钱，离职后成为老东家的直播教练

2021年2月，在我生日的当天晚上，刚好和李天一女士约了吃饭。饭间，她问我要不要去“交个朋友”自己操盘业务试试。当时我就心动了。在北京这座城市，如果说给做抖音直播带货的MCN机构做一个排名，“交个朋友”一定是排在绝对头部的，而且又是我在业务里一直合作的伙伴。但出于职业道德的考虑，我没有马上答应。

2021年4月，“交个朋友”抖音直播一周年，我和部门伙伴一起完成了这场活动的全链路宣传，效果很好。一周年庆典之后，罗永浩老师带着大直播间搬到了杭州，而李天一女士选择留在北京开展新的直播业务。她跟我开玩笑说：“博宇，这回我们北京‘交个朋友’没有了罗老师的光环，你来了就是一穷二白地做新业务。”

第二天我见了李天一的领导张雅珺(以下简称“张姐”)。说是面试，其实是聊天。张姐在听了我的一些想法后，当场说：“博宇呀，来创业吧，你太适合创业了。”在入职“交个朋友”前，我提了3个比较过分的要求：

第一，自己独立负责一块业务，做“交个朋友”的达人直播，只有李天一女士是我的领导，因为我不想被内耗。

第二，我的团队一个“交个朋友”的老员工都不要，我要自己独立招聘新员工，因为我不想有什么团队隔阂。

第三，我愿意自负盈亏，前面只拿基本工资，要是做好了，希望能分到更高的利润，因为我把这次当作创业。

没想到，这3个要求对方都答应了。于是2021年6月，我离开抖音去了“交个朋友”。

事实证明，我还是不行！李天一女士和张姐真的履行了对我的所有承诺，但我在入职后的4个月里都在给公司赔钱。实不相瞒，团队是我招聘的，业务是我自己选的，但其实从单月利润上看，我的达人业务进展得非常缓慢。人员最多的时候，我负责14个人的达人运营团队和5个人的内容团队，但我就是没有给公司赚到钱。在8月初的公司月会上，罗老师说：“时博宇这个团

队，一场直播卖20万，这个业务对公司能有啥意义呢？”

但张姐说：“他这是从零到一做的达人素人孵化业务，虽然没盈利，但这个业务难度很大，我们再给他一些时间。”你知道当时我有多感谢张姐和李天一了吧？如果不是有她们帮我抗住了公司的质疑，我可能会在入职后的第三个月就被裁掉了。

10月，“交个朋友”北京分公司做了第一个垂类账号——“交个朋友”酒水直播间。11月公司开始筹备第二个垂类项目，打算做运动户外赛道，当时我手里还有正在合作的达人业务，并且业务终于扭亏为盈了。李天一试探性地问我：“博宇，要不要去做运动户外这个直播间？比达人业务的利润空间会好很多，而且你的团队很完善，能力也够。”

于是，我和另一组伙伴分别成为运动户外项目的AB组，轮流来做这个日播项目。我自己招聘来的这批同事，有几个留下来做达人业务，剩下的跟我转型做了垂类直播间。我两条业务并行，并且主动和李天一沟通，把内容团队交给更有能力的伙伴。

公司的垂类直播间早期处于摸索模式，我作为这个项目的运营负责人为了打通各个环节，把商务、短视频、主播所有岗位都熟悉了一遍，而且介入很深，最终总结下来，那个阶段的“交个朋友”是以运营为中心制的体系。我能推进所有部门同事的分工和协作，并且我真正懂各个岗位的业务，甚至我能自己谈商家合作、自己出引流短视频、自己给主播做培训。可能在别人看来这是出力不讨好的事，但在我看来，我要是想把直播间做成功，就要把所有环节都打通。所以这也为我后来做直播教练打下了基础。

其实我当时心里憋着一口气，这次一定要做成，而且得很快做成，不然我辛辛苦苦从各行各业挖来的好苗子就要跑了。是的，我来“交个朋友”组建的这个团队很神奇，我没有招聘什么有相同行业资深背景的人，我找了做过娱乐直播、同城直播、货架电商运营等相关行业的人。当时李天一女士给了我很大的支持，对我的招聘没有一点异议。但这批人跟着我在给公司亏损了4个月之后，就开始在“交个朋友”快速成长了。在公司当年开的垂类直播间里，60%的直播间里都是我当时招聘的那批“小白”成长起来的运营。

2021年12月到2022年2月的3个月时间里，运动户外直播间成熟了。我把自己带的优秀人员留在这个项目里，在2月末启动新的招聘，3月13日开启“交个朋友”通勤男装这个项目。这一次，我又挖到了宝藏伙伴金少鸿。日后金少鸿成了我心目中“交个朋友”非常优秀的运营管理人才。在入职“交个朋友”之前，少鸿是做教育广告投放的。他面试了“交个朋友”的其他部门岗位，反馈都和岗位不匹配。最后简历到我手里的时候，我如同见到宝藏一样，因为他也是一个工作时不会给自己设立边界的人。我不仅要求有创业心态，也要求自己的伙伴以创业的心态来做每个直播间。

2022 年 6 月 1 日，我从“交个朋友”离职，主要是我的身体出现了一些问题。低质的睡眠加上熬夜加班，还有非常不健康的夜宵生活，让我去了两次急诊。从那之后，我都非常注重身体健康，熬夜尽量不过零点，而且我自己创业之后，也不让我的团队熬夜。

我原本打算回廊坊休养一段时间，然后再开始创业做直播培训或者陪跑。但在 5 月 31 日晚上我发布了离职微信文章之后，阅读量很快就破了 2000，有 37 个朋友分别在我的微信公众号后台和微信私信里聊合作。我从来没想过自己会这么受欢迎。

就这样，在离职后的一周内，我就远程接了自己的第一个合作项目——帮助跑步博主瑟瑟。这其实是我当时在“交个朋友”孵化的一个达人项目，但后来因为公司业务转型合作终止了。后来接了这个项目后，我就负责他的项目运营、人员招聘和培养、重点商务伙伴的关系维护和直播间的运营。当时我们赶上了 2022 年下半年的运动户外风口，半年做了 7000 多万元的成交额。

这件事给了我很大的信心，原来我离开“交个朋友”之后，也可以帮助一个企业或者客户做好直播全链路的管理。后来我又做了篮球解说员王猛、跳操主播仲昭金等运动领域的直播带货项目，都是从零到一搭建团队，最终都获得了不错的成绩。后来我就专门帮已经做直播的企业和客户提升全岗位的运营能力。除了帮助甲方招聘人员、现场指导直播之外，每周我还把所有服务的甲方员工拉到一起做现场培训。这时候我就变成了“时老师”。

2023 年 5 月末的一天，李天一来问我：“博宇，喊你回来你不愿意，要不咱合作吧？你来给北京‘交个朋友’做内训，所有直播岗位的流程都帮我们来一遍，然后你还得帮我调整一下大家的心态。项目多了，团队容易散，大家的成长性变弱了，这个你擅长，你当时带的这批孩子今天在公司依旧表现很好”。

就这样，我在 2023 年夏天成了北京“交个朋友”的内训师，成了我老东家的一个乙方。能给“交个朋友”这样的头部机构做内训，一定是让我名利双收的。

这件事对我来说还有一个隐形福利，就是让我在离职一年以后，有机会看到这个组织的变化。我以局外人的身份完成了中控、场控运营、主播、商务、短视频、综合中台等所有直播岗位的重新梳理，并且以有效协作这个视角帮助以上所有环节促成默契合作。

时至今日，我依旧感谢我的“贵人”李天一和张姐，要不是当年她们给了我一个自己摸索业务的机会，我是断然不会这么快走上创业这条路的。所以，朋友，如果你也想创业，你最需要做的就是在现在的企业里把本事练好。我不是教你自私，也不是怂恿你死心塌地为老板干活，而是想告诉你，要做有价值的事，做那些难事，特别是在打工期间，在公司的平台上，为自己积累经验，失败了你自己承担的成本也很小，所以你要这么想的话，就不会再想着上班“摸鱼”了。当然我个人的观念可能失之偏颇，但这是我自己打工这么多年来骨子里认同的想法，而且我也是这么做的。

成为抖音电商认证讲师，相比传授技能，我更想让你安心睡觉

2022年夏天，我离开“交个朋友”开始创业以后，带了不少于上百个刚步入直播行业不到半年的新人，其中有项目操盘手、有主播、有商务人员、有运营，也有短视频项目制作人员。

在一个项目里，甲方老板因为压货太多，公司面临倒闭，凌晨2点，我俩坐在他的办公室里抱头痛哭，我说：“我的咨询费不要了，我给你把这批货清理完，让你少赔点。”之后，我去了他们公司所在的城市，和他的同事每天一起做直播，最后在“618”期间把货处理掉了80%。后来，这个甲方老板成了我很好的朋友，并且在项目合作结束半年后，偷偷给我支付了所有服务费。

在另一个项目里，一个年轻人非要去缅甸做玉石生意，我以为他开玩笑，没想到过了几天他真的要辞职。当时这个年轻人工作心不在焉，他的团队想开除他，但我更加担心他一旦被开除，可能就会更快走上那条错误的路。我和他聊了两次，最终答应他的公司把他培养成一名合格的运营人员。4个月后，这个项目结束了，这个年轻人虽然没能留下来，但是他已经具备了做一个运营的能力。半年后他联系我，告诉我他在广州做珠宝直播，成了运营，还负责给全公司的主播间做培训。他给我看了他写的课件，讪讪地说：“老时，我做直播的思路就是‘抄袭’你的，你别笑话我。”

在另一个刚启动的项目中，我把负责短视频拍摄和剪辑的年轻人培养成了运营，当时甲方的项目很小，只有三四个人，想在市面上找到适合的运营人员。在征得这位年轻人的同意之后，我每场直播远程指导他，我俩一边直播一边微信语音。我每个月给这个年轻人定新的目标，他达成了，我就找他的

老板给他涨工资，半年时间里，这个团队壮大到了10个人，这个年轻人后来成了团队的项目统筹。

还有一个项目，主播入职14天，最好直播成绩是一个半小时卖了一个999元的二奢包。这个甲方找到我的时候，这个主播已经有了辞职的打算。我从云南项目直接飞到甲方的公司，用了24个小时给这个直播团队做了培训与现场指导。这个主播很聪明，第二天我临走前验收的时候，她进步已经很明显了。后来我又通过电话指导了两次。大年初三，这个主播直播的单场成交额破10万元。她第一时间给我发来了巨量百应的截图，并说："老时，等我整理一下这几天的问题，我再来请教您。我下个目标是单场50万！"

朋友，我为自己看到这些年轻人的改变而高兴，我为自己服务过的企业获得成功而高兴。

我从东北农村出来，一路走上创业这条路。这是我当年从来不敢想的一条路。我在2022年以前特别迷恋"努力"这两个字，因为我觉得自己就是凭借着个人的努力一路上得"贵人"相助，才能不断地把事情做成。但最近这几年我突然发现，我生在了一个好时代，我赶上了2011—2021年中国移动互联网高速发展的红利期，还赶上了直播电商蓬勃发展的这几年……如果不是这个时代，我可能过得远没有现在这么开心和自在。我也发现了原来运气真的很重要，我经常想要不是当年遇上了王海英老师教我演讲主持，要不是有叶子把我介绍去当路演主持人，要不是有京东的宏姐拉了我一把，要不是有抖音朋友的支持，要不是有"交个朋友"的李天一和张姐的认可，我还会这么幸运吗？

不会的。这个世界比我努力、比我优秀的人有很多，但我的确是运气的宠儿。我就经常想，怎么能维持住自己的这份幸运？我想了很久很久，答案就是这几年做一个真正能教会别人的直播教练，帮助一个个企业真正做好直播。在个人能力范围内，挖掘更多的直播人才，把自己的本事都教给他们，并且用自己身边的资源帮助这些人成功，这样我就从一名直播教练变成了一名老师，甚至变成了一名挖掘人才的"投资人"。这些被我挖掘出来的人将来成功了，我也就成功了。他们会和我合作，会找我帮忙，会给我介绍更多的业务，也有人会加入我的公司成为我的创业伙伴。

2023年年末，我成了抖音电商认证讲师。朋友，世界就是一个圈，当年我离开"交个朋友"，后来"交个朋友"成了我的甲方；当年我离开抖音，如今我成了抖音电商讲师。到我写书的这一刻为止，整个抖音电商大约有120名认证讲师。这给我了很多的底气，我能第一时间得到抖音电商的政策信息，我还能去培训更多的商家，把做直播精细化运营的方法分享给更多人，帮助大家少走弯路，这件事让我非常有成就感。

我自己创业马上就要两年了，发现很多做直播的朋友都很焦虑：老板焦虑，运营焦虑，主播也焦虑……很多人都把抖音直播当作玄学。我承认的确没人可以完全掌握做直播的全套方法，因为抖音的算法不仅对外保密，还会根据接下来的目标去进行阶段性的调整，所以我们所有做直播的人都像是盲人摸象。

我个人的微信号、抖音号、视频号、微信公众号经常会在后半夜收到做直播朋友的留言，大家经常会有一种无助感，感觉用尽全身力气但是直播结果依然不理想。还有朋友问我做直播怎么才能不失眠？

说实话，做直播这个行业，我也曾焦虑过。但是后来，我找到了两套方法，让自己和做直播的人不失眠或者少失眠：

第一套就是把自己的知识形成体系。就像我写的这本书一样，我把做直播时的流量逻辑、团队框架、直播流程和直播细节都给大家整理出来，让你像拥有了一本字典一样可以快速去看算法趋势、团队结构、执行细节等内容，基本上能解决你没有清晰思路做直播的困惑。你也可以尝试通过学习解决你的问题。

第二套方法就是我真的是想开了。一场失败的直播，对我的影响不会是毁灭性的。我要做的就是精进自己的本事，掌握越来越多的技能，然后去完成每天的挑战。在新的挑战过程中，我会尝试新的方法，只要我不抱怨、不坐以待毙，多摸索几次总能成功。

我虽然没有办法保证每次直播都做得很好，但依然希望每次直播都可以尝试一些新鲜的东西。对可承受范围内的不确定性保持好奇，我觉得这是我走上创业这条路的原因。虽然直播把我折磨得够呛，但是直播还是给了我很多快乐，也让我赚到了钱。可以说，直播和创业以及其他有挑战的工作，本质上都是给像我这样不安分的人准备的。

不要失眠，多运动，多晒太阳，多看书，去和朋友聊聊天，不要让自己困在工作里。

朋友，我把自己这些年的成长经历和思考写进了这本书的最后，感谢你在看完了前面的直播知识以后，还愿意看我的故事。我很希望这本书前面的章节让你能理解直播，我更希望这本书最后的内容能让你理解自己，不再焦虑，既脚踏实地也仰望星空，让自己每天进步一些，让自己活得更加自信和自由。

最后，特别感谢我的创业黄金搭档子健和上海交通大学出版社的信艳编辑，帮助我完成了出书的梦想，也感谢这一路上家人和朋友们的支持。祝大家勇敢做梦，终身成长。

关注直播教练老时的公众号“开播进行时”，获取课程所需的电子表格